三十七人の著者　自著を語る

三十七人の著者　自著を語る

編集　渡邊　勲

知泉書館

はしがき

私が財団法人東京大学出版会の編集者となってから、ほぼ半世紀にわたる編集活動を振り返った時、それらの仕事の意味は何であったのかを自分なりに整理したいという思いに駆られました。私が関わった書物は三三〇点余りになりますが、すでに多くの先生方が鬼籍に入られています。

そこで私が担当させて頂いた、現在ご健勝で活躍なされている三十七名の著者の方々に、かつて執筆した『自著』について、今の時点でどのように考えておられるか、率直なご意見をお聞かせ頂くことが、私にとって編集人生を振り返るうえでも大変意義があり、一つの節目になると思えたのです。

このような経緯で、先生方には、自著について今どのような思いを抱いているか、そしてその研究と現在の関心がどのようにつながっているのかを、お尋ねしました。さらには先生の著作を読んできた読者にお話ししたいことがあるとすれば、どのようなことかをお聞きしました。

このような私の手前勝手な願いをお聞き留めていただき、それぞれの思いをもってご執筆いただいたのが本書です。

平均年齢八〇歳になる著者の方々に不安な気持ちで投げかけたこれらの問いに対する反応は、自著や読者への言葉に止まらず、現在の学問状況についてのご意見など多岐にわたるものでした。今更ながら学問的精神のもつ強靭さと誠実さが心に響きます。

本書は、これらの著書をかつて読まれた研究者や年配の読者だけでなく、すでに旧聞に属するものとして未読の若い読者にとっても、戦後のわが国の学問の軌跡と先人が悪戦苦闘する姿は、新たな視点や関心を呼び起こすのではないかと思います。

最後に、本書の刊行が、著者と編集者の営みを読者にも共有して欲しいという私の願いと、現在厳しい学術出版の環境の中で苦心を強いられている編集者の皆さんの参考になれば、これにまさる喜びはありません。

二〇一八年四月

一路舎

渡邊　勲

三十七人の著者　自著を語る

目　次

第一部　一九七〇年代の「仕事」

第二部　一九八〇年代の「仕事」

第三部　一九九〇年代の「仕事」

＊　＊

三十七人の著者　自著を語る

第一部　一九七〇年代の「仕事」

頭は「中道」、心は「アカ」で書いた『明治憲法体制の確立』

坂野　潤治

背　景

今から四七年も前に刊行されたわが著作であるが、その大枠については今でも大きな修正の必要は感じていない。

ただ、本書が価値中立的な実証史学の一例として取り扱われてきたことには、長い間、違和感を抱いてきた。八〇歳になった今も、頭は「中道」でも心は「アカ」だからである。

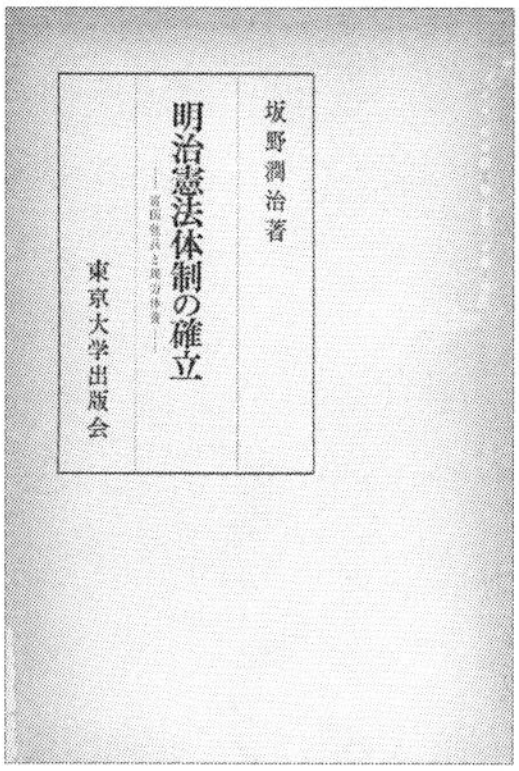

1971年刊

「アカ」の心からすれば、本書に登場する「藩閥」や「民党」は、共に非難の対象である。その気持ちを一生懸命抑えた結果、一見すると価値中立的な叙述になってしまったのである。

それならば共感できる「アカ」の側を分析すれば良さそうなものであるが、六〇年安保のいわゆる挫折組に属する私には、わざわざ自分のご先祖様たちを研究したいという気持ちは、全くなかった。それよりも自分がはね返された体制と体制内野党の分析の方に関心があったのである。

体制と体制内野党の中で特に関心を持ったのは、野党第一党の自由党の政策転換である。本書の副題が示唆しているように、「民力休養」論から「富国強兵」論への転換がそれである。この関心の背景には、「強兵」論の岸信介内閣を退陣に追い込んだ六〇年安保闘争が、「富国」論中心の池田勇人内閣の出現で、急速に衰退していった経緯がある。一大学でも、多い時には二〇〇〇人近いデモが組織できたのに、一挙に二〇〇人規模に落ち込み、さらに一〇〇人集まれば成功という時代が、あっという間に来たのである。この経験は強烈であり、おそらく挫折の最大の原因だったと思う。

この経験はごく最近の学生諸氏も味合ったと思う。集団的自衛権の容認には最大一〇万人もの学生や市民が集まったのに、それが成立して再びアベノミックスの時代になると、総選挙での野党共闘の推進ぐらいしか出来なくなったのだから。

当時と今日の大きな違いは、一九六〇年代には、自民党内でのことではあるが、政策転換は首相の交代によって行われたのに、今日のそれは同じ首相によるマスクの取り換えによって行われている点である。

明治中期に話を戻そう。以上のような背景から私が関心を持ったのは、「民力休養」を掲げて藩閥政府の「富国強兵」と正面衝突を繰り返していた自由党を大きく転換させた星亨という人物である。その内容は著書に譲って、ここでは星の発見をもたらした「史料」について一言しておきたい。

史　料

本書が依拠した史料は、主として書簡と政党機関誌である。このうち書簡の方は、各派の政治家の主観的な動機に迫れるもので、国立国会図書館の憲政資料室に通いつめた日々は、今でも懐かしく思い出される。

しかし、この手法は先輩の伊藤隆氏（東大名誉教授）に教わったもので、私が特に誇れるものではない。

私が密かに自負しているのは、政党機関誌の史料的価値の発見である。政党の機関誌などというと手前味噌ばかりが並んでいると思いがちだが、実はそうではなかった。今日の研究者なら誰でも知っている第四議会（一八九二年末から九三年春）前後の最大野党自由党の政策転換は、同党の機関誌『（自由党）党報』を丹念に見ていった結果、突然の論調の変化に気がついたのである。

今日では自由党の党報をはじめ、明治、大正、昭和の政党機関誌の主なものは皆な復刻されているが、本書執筆中の一九六〇年代末から七〇年代初頭には、復刻版もゼロックスも存在しなかった。先に記した国会図書館憲政資料室と並んで、東京大学法学部所属の明治新聞雑誌文庫が私の仕事場となった。

憲政資料室でも明治文庫でも、当時は現物を閲覧することが出来た。明治中期の政治家の私的な書簡や同時期の自由党の機関誌を手にする時の緊張感は今でも忘れられない。自分が何か崇高な仕事をしているような誇らしさを感じたものである。

しかし、貴重な史料を閲覧するのであるから、それなりの代償は払わなければならない。コピーは勿論、万年筆やボールペンも禁止で、小学生に戻ったような気持ちで筆箱に一杯鉛筆を詰めて通ったものである。この鉛筆で必要な部分を長方形のカードに筆写するのである。一千枚は優に超えるそれらのカードは、今もカード・ボックスに入っている。

ただ、憲政資料室での政治家の書簡は、カードというわけにはいかなかった。四〇〇字詰めの原稿用紙に、読めない字は字数分升目を空けて筆写していくからである。明治期の草書体の手紙を読むことは、日本経済新聞の夕刊に載っていた、漢字四つを分解したものを元に戻すパズルと似た面がある。分解された字をいくらいじくり回しても、なかなか分からない。しかし分かる時には直勘で、見た瞬間に分かるのである。丹念に終わりまで書き写しているうちに、同じ文字に出くわし、今度は瞬時に分かり、最初の空白部分も埋めるのである。

カード筆写には、大きな弱点がある。カードをもとに原稿を書いている時に、その前後の部分が読みたくなっても、ゼロックス・コピーと違って、写してないのである。

しかし、利点もある。『(自由党)党報』の中の面白い部分に遭遇するのに結構時間がかかるから、肝腎の記事を見つけた時には相当に疲れている。そこに到ってから鉛筆でカードに書き写すのだから、省エネしか手はない。何度も読み返した上で、一番面白い箇所だけを書き写したカードには、無駄がない。いざ原稿を書く時には必要な箇所だけがカードに記されているのである。

省エネは八〇歳になった今でも、いわば習い性になっている。なにしろこの歳で原稿は手書きである。パソコンを使えないのが最大の理由であるが、二〇〇字詰めの原稿用紙にボールペンで書くのだから、地の文も引用文も、出来るだけ短くしなければ、体が持たない。その結果、本書も二五〇頁に満たない。簡潔な叙述が私の取柄だとすれば、それは省エネを迫られた結果である。ただし、本書の原稿だけは、ボールペン書きではない。万年筆、それもモンブランである。最初の著書に期するところがあったのであろう。

表題と肩書き

本書表題の「明治憲法体制」という言葉は、今では日本近代史研究の中で一応の市民権を持っている。たとえば、二〇〇二年刊の『展望・日本歴史』第一九巻の表題は、「明治憲法体制」である（安田浩・源川真希編、東京堂出版）。

しかし、本書の刊行当時は、こんな言葉は日本近代史研究では使われていなかった。そのため私の本は、本屋さんの歴史の棚ではなく、憲法の棚に置かれた。

本書の基になった三つの論文は、一部の研究者の間では、少しは注目されていた。本書の第一章は、日清戦争以前の地租軽減をめぐる藩閥政府と旧民権派の対立と妥協を、第二章は同戦争後の地租増徴問題をめぐる対立と妥協の経緯を分析したものである。それが偶然、当時盛んであった寄生地主制の確立時期をめぐる論争と関連したのである。なかでも日清戦争前の確立を唱える故安良城盛昭氏が、本書第一章の基になった私の論文（『史学雑誌』一九六八年一二月号）を高く評価してくれた。

そういう訳で、もしその表題を慎ましく『初期議会政治史研究』とすれば、本書は歴史学の棚に置かれ、ある程度は売れたと思われる。しかし、憲法学者の間で私の名前を耳にした人は、ほとんど居なかったと思われる。

それに加えて、本書初版時の私の肩書きは、「千葉大学人文学部助手」であった。千葉大学は有名大学であるが、そこの「助手」となれば話は違う。他の大学の「助手」や博士課程の修了者が「助教授」として千葉大学に職を得るのが普通であり、そこの「助手」が著書を出すというのは余り例がなかった。憲法学者の間では全く知られていない千葉大助手の本が売れるわけはなかったのである。事実、本書は初版一五〇〇部を売り切ったところで品切れ扱いとなり、一一年後の一九八二年に「復刊第一刷」が出るまで、完全に姿を消してしまった。

しかし、これらのことは後で分かった話である。当時の私はこの表題こそ、本書の内容を表すものだと信じていた。

本書の最大の特徴は、悪名高い大日本帝国憲法も、憲法である以上、藩閥政府にとって都合の悪い箇所もあったことを明らかにした点にある。藩閥政府も旧民権派も、明治憲法という制約を忠実に守って、その上で「富国強兵」か「民力休養」かを争ったのである。衆議院の権限も参政権の範囲も、戦後の「日本国憲法」の足下にも及ばない「明治憲法体制」ではあったが、憲法の制約を逸脱しないという点では、当時の藩閥政治家は近年の自民党政治家より、はるかに立憲主義的だったのである。

ただ、この「制約」は、多くの点で立憲政治自体の「制約」にもなっていた。「明治憲法体制」の下では、「立憲主義」が立憲政治の発展を妨げていたのである。本書刊行以後、私は、この「立憲主義」の歪みを「デモクラシー論」で克服しようとした吉野作造に、強く魅きつけられていく。その所為か私は、戦後民主主義の下でも、「立憲主義」という言葉がどうしても好きになれないでいる。

恵まれた研究環境

先に「肩書き」に不満があったともとれる文章を書いたが、決してそうではない。千葉大学人文学部の助手になったのは、私が前田康博先生（故人、千葉大学名誉教授）に無理をお願いした結果である。東大文学部の全共闘による封鎖は、全学的なそれよりも一年長く続いて、六九年末にようやく解除された。当時文学部国史学科の助手だった私が、紛争の終了と同時に千葉大学の助手への転職を希望した理由は、今となってはよく分からない。あるいは当時の私にも、よく分かってはいなかったのかもしれない。しかし、結果から見れば、それが正解で、千葉大に移った丸一年後に本書が完成した。前田先生は、東大出版会に渡す前の原稿に眼を通して下さった。この時から亡くなられるまで、先生は私の研究上の導師でありつづけた。

一九六八年四月に東大助手に採用された三ヵ月後に大学紛争が起こり、一年半以上の間研究室に入れず、紛争が終ると、三年契約で千葉大の助手になったというと、苦難の連続だったように響く。たしかに苦労がなかったわけではない。しかし、研究者としては、大変恵まれた環境にあったと言える。何しろ大学に来ても勤務先の文学部の建物に入れないのである。さりとて給料を貰っている身だから、大学に来ないわけにはいかない。仕方がないから、赤門を入ってすぐの明治文庫に通った。大学院生の五年間にも結構明治文庫にはお世話になったが、この一年半ぐらいは今でいうサバティカルみたいなものだったのである。慌てて付け加えれば、教授会と学生・院生の間に立つ助手としての気苦労は大変なものであった。

好環境は千葉大に移ってからも続いた。東大助手時代に二年間にわたって千葉大の非常勤講師として日本政治史を講義していた関係で、同大学に助手として移って以後も、その講義を続けさせてもらった。講義をするのであるから助手としての雑務は免除された。助手だから教授会にも委員会にも出れない。講義をするのだから雑務は免除される。要するに週一回の講義以外は、すべて私の研究時間だったのである。

本書は、それ以前に発表した三つの論文をベースにしているが、論文集ではない。二四九頁と比較的短い著書であるが、序論から結語まで書き上げるには、自由な時間が要る。千葉大学はそれを私に与えてくれたのである。

ＡＮＵと本書の英訳

本書の初版は一九七一年五月一日付であるが、それから一二日後の五月一二日には、私は妻と幼い子供二人とともにオーストラリアの首都キャンベラに居た。オーストラリア国立大学（ＡＮＵ）の客員研究員の職を得たのである。当時はまだ国定通貨制で、一米ドルは三六〇円、一豪ドルは四〇〇円であった。今日では一米ドルが一一四円になると「円安」として喜ばれるが（二〇一七年一〇月現在）、三六〇円ではアメリカ経済がもたないだろうし、日本人の海外旅行者もいなくなるであろう。ましてや一豪ドルは四〇〇円で今日の四倍以上の円安である。千葉大学の助手ではもちろん、学長の給料でも、とても一年間の滞在費は払えなかったであろう。

幸いＡＮＵのフェローで明治政治史を専門とするアンドルー・フレイザー博士が、私を同大学の客員研究員に招んでくれた。地質学の分野では当時すでに世界水準に達していた兄の坂野昇平（京都大学名誉教授、故人）がキャンベラ滞在中に同氏と仲良くなり、その縁もあって私に声を掛けてくれたのである。フレイザーさんとの付合いはその後も長く続き、年に一回来日される時には、必ずビールを飲みながら談笑したものである。

しかし、本書の英訳という点では、キャンベラ滞在中にＪ・Ａ・Ａ・ストックウィン教授と識り合ったことが大きい。ある会合で日本から来た教授がオーストラリアの日本研究を絶讃し、もっと日本語版を出すべきだと言って、私に同意を求めた。本書を刊行したばかりで意気軒昂だった私は、話は逆ではないですか、と応じた。その会の後で同じ方向の研究室に戻る途中、ストックウィンさんが、自分が英訳してみようか、と申し出てくれたのである。様々な事情から本書の英語版は大幅に遅れたが、一九九二年にイギリスのラウトリッジ社から刊行され、三年後にはペーパー・バック版も刊行された。日本語版刊行後二一年経っても、英語圏では歓迎されたのである。もちろん翻訳者はストックウィンさんである（Junji Banno, *The Establishment of the Japanese Constitutional System*; Translated by J.A.A.

Stockwin, Routledge, London, 1992)。ストックウィンさんとは、二〇一七年の今日でも、友達付合いをさせてもらっている。

本書と就職

一九七一年にANUに滞在していた時、テニュアという英語を初めて耳にした。パーマネント・ポストを指す言葉である。当時の私は三年契約の千葉大学助手だったから、テニュアなしだった。ANU滞在中は三年契約の二年目だったから、帰国して一年で任期が切れる。その上、私と違ってテニュア付の中学教師であった妻も、一年間もの休職はできなかったから、その職を辞めて一緒にオーストラリアに来てくれた。二歳と零歳の子供と退職した妻と任期切れ寸前の私の四人が、オーストラリアの首都キャンベラで生活していたのである。今から振り返れば、私たちは人生最大の危機にあったのである。

しかし、私たち夫婦には、そんな将来のことを心配する余裕はなかった。初めての外国での生活に適応するだけで、精一杯だったのである。

私と違って妻は英語にはあまり不自由しなかったが、夕食会は大変だった。シドニーやメルボルンとは違って、片田舎にある首都のキャンベラでは、各自の自宅で週末に開く夕食会は、大切な社交であった。毎週末に誰かの家に三組ぐらいの夫婦が招ばれて午後七時半から一二時頃まで手料理を味わいながら談笑するのである。不文律ながら貸借関係は厳しい。三回招ばれたら四回目には返さなければならないのである。帰国間際のお別れ会は別勘定だが、それまでには貸借ゼロにして置かなければならない。メンバーは毎週一組ずつ替わるが、招ばれた相手は必ず招び返さなければならないから、主婦にとっては大変な負担である。

それやこれやで、来年のことなど構ってはいられなかったが、それでも全く不安がなかったわけではない。

滞在の残りがあと半年ぐらいになった時、お茶の水女子大学の青木和夫先生（故人）と先輩の大口勇次郎さんから連名の手紙が来た。開けてみると、帰国したら翌年（一九七三年）から同大学に助教授として来ないか、という内容だった。手紙を持って家中を駆け回った。刊行直後にキャンベラに来て、無我夢中で適応している間に、本書は日本では結構評価されていたようである。本書は家族四人の将来を保障してくれたのである。

自著を語る

私はこれまで、自著について語ったことはない。ましてや「自分史」的なものを書いたことはない。そういうことは恥ずかしいことだと思ってきた。

しかし、渡邊勲さんのお誘いは、断れなかった。渡邊さんが東京大学出版会で最初に編集に当られた本が、私の最初の著作だったというのである。これは禁を破るに値する偶然だった。

それでも実際に筆を執るのは、気が重かった。八月末の締切りの時には、まだ一行も書けていなかった。しかし、何時までも引き延ばすわけにもいかないから、葉書を書いて、一〇月末まで待ってくれと頼み込んだ。

一〇月中旬には、さすがに筆を執りはじめた。意外にも楽しい仕事であった。この本を書いた前後のことが、次から次へと思い出されるのである。当初は四〇〇字二〇枚など、とてもとても、と思っていたのが、途中から筆の走りすぎを必死に止めることになった。大変心地よい企画を持ち込んでくれた渡邊さんに心から感謝して、この一文を終わりたい。（二〇一七年一〇月二三日）

（ばんの・じゅんじ　一九三七年五月生まれ。東京大学名誉教授。〔著書〕『近代日本の国家構想一八七一―一九三六』岩波書店、一九九六年、『日本憲政史』東京大学出版会、二〇〇八年、『帝国と立憲――日中戦争はなぜ防げなかったのか』筑摩書房、二〇一七年）

書かなかったことを、書いておこう『近代的土地所有』

椎名　重明

私の著書『近代的土地所有――その歴史と理論』には、忘れられない想い出がある。その一つは、ブリティッシュ・ライブラリーとロンドン大学のゴールドスミス・ライブラリーに、三か月通って書き溜めた大切なメモ・ノートのことである。当時在職していた立正大学の研究室から、分厚いノート二冊入りの鞄が盗まれたのである。必死になって方々探し回っても、見付からず、校内のゴミ焼却処に連絡し、警察に届け出た。数時間後、五反田警察署から連絡があり、キャンパス裏手の塀の上の有刺鉄線に引っかかっている鞄を発見した。金めのものはなかったが、ノートは無事であった。あのノートが無くなっていたら、私の『近代的土地所有』もなかったであろう。

もう一つの想い出は、目の病気である。当時は、マイクロフィシュ・リーダーで、PP（Parliamentary Papers）を読んだ。今日のパソコンとは違い、画面の白

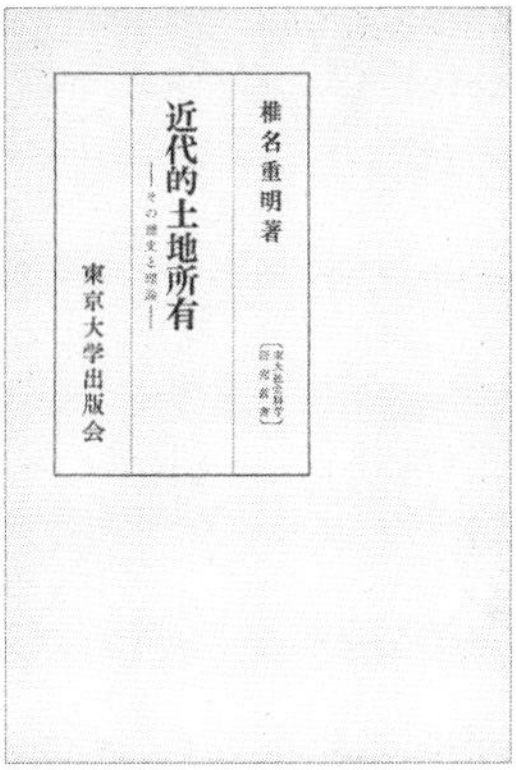

1973年刊

黒が逆なだけではなく、下から熱風が上がって来て、まともに目に当る恐るべき機械であった。「リッチモンド委員会報告」や「農業大不況調査委員会報告」など、『近代的土地所有』に掲載されている（一六八―一七一頁）一九世紀末大不況期の厖大な議会史料を、その機械で読んだ。今にして思えば、それで私は緑内障になった。その後、立正大学から東京大学に移り、間もなく渡邊さんのお世話で『近代的土地所有』が出版された。そしてその翌年、私は東大病院で眼の手術を受けた。当時としては最高水準の治療も、その効果は年を経ずして失われた。しかし、医学の急速な進歩と次世代の眼科教授やスタッフのお蔭で、齢九〇を過ぎた今日なお、私は本を読み、パソコンで著作することが出来る。

第三の想い出は、土地制度史学会での共通論題報告のときのことである。司会は畏友岡田与好氏であった。報告後、質疑応答に移るや否や、最前列にいた理事代表の山田盛太郎氏が「ハイ」といって手を挙げ、所感を述べられた。私の報告には、エクスプリシットな講座派批判はなかったが、司会者のとりまとめに、それと思われるところがあり、山田氏も、そのように理解されたようであった。『近代的土地所有』出版後、最もよき理解者岡田氏の書評がなかったのは、残念至極であるが、彼は、その年、在英中であった。いつかのイギリスからの便りに、「あなたが一九世紀末に興味を持つ意味が解かった」と書いてあった。日本にいれば、さぞかしよい書評を書いてくれたであろう。

拙著で述べたように、「近代的土地所有」の理論的規定は、資本制地代によって与えられる。しかし、地代論的に規定される近代的土地所有は、いわば理念型であって、資本制地代が二本の脚で立ったような近代的土地所有者は、「資本主義の母国」イギリスにおいてすら、存在しない。無から有は生じない。土地所有が存在しない資本制（差額）地代から近代的土地所有は導き出せない。農業における超過利潤は、「横取り」する者＝土地所有者がいなければ、地代に転化しない。

土地所有は資本主義の歴史的前提であるだけでなく、資本主義の恒常的基礎である。そのことは、言い換えれば、土地所有の近代的・資本主義的形態と近代的土地所有の法律的形態（土地所有権）との照応関係も、国により、時代により、異なるということを意味する。農業が「半封建的」でも、工業を中心とする国民経済の資本主義的構成は成立したし、それに照応する土地所有の法律的形態が形成された。

イギリスでは、土地の商品化は、労働力商品化とともに一三世紀から始まる。営業の自由、囲い込みの自由は、市民革命の主要な政策であった。エンクロウジャーは、大土地所有者の「改良」“approvement”として、一九世紀末まで続く。農業における資本の自由――資本の保障 security of capital――は、法（制定法）的には、「第一次借地法 First Agric. Holdings Act (1875)」による「テナント・ライト tenant right 保障」として成立するし、貴族的大所領に関する「土地売買の自由」free trade in land の実現は、一八八二年「継承不動産権設定地法 Settled Land Act」の改正まで持ち越される。

『近代的土地所有』の主要なテーマ「継承不動産権設定」は、市民革命以後の混乱期に始まるが、ほぼ同じ時期に、「不動産抵当銀行」land banks の設立が、並行して行われた。

マルクスは、「交換過程」の章の中で、一七世紀最後の三分の一期の土地銀行構想に触れ、「土地を貨幣材料にするという思想」は、「完成したブルジョワ社会において初めて現われた」と言っている（『資本論』向坂訳一、一六〇頁）。人類史上初めての画期的構想が、挫折せざるを得なかった理由については、一言も触れていない。彼が、土地抵当銀行をブルジョワ的発想と見ていたのか、それとも地主的発想と把握していたのかも、わからない。しかしいずれにせよ、土地銀行を「完成したブルジョワ社会」の産物とするのは、納得し難い。そもそもイギリスの土地銀行構想そのものが、市民革命の「画竜点睛」（大塚久雄）ともいうべきイングランド銀行に対立するものであったこと、イギリスで挫折した土地抵当銀行がドイツ（Rentenbank, 1850; Hypothekenbank, 1872）や日本（日本勧業銀行、明治三〇年）では成功したことの説明がつかないからである。

「独立の土地所有論」＝「土地所有の体系的取扱い」のないマルクス（『近代的土地所有』一四頁）には、土地銀行と継承的土地所有権との関係――貴族的大土地所有者とブルジョワ階級との対立関係――に関わる問題意識はない。

土地の譲渡抵当 mortgage を前提とする土地銀行は、当然のことながら、単純不動産 fee mple つまり freehold を担保＝保証財源とする。

ブリスコウ John Briscoe は、「ナショナル土地銀行設立趣意書」（一六九五年）の中で、「イングランドの自由保有不動産、換言すればイングランドそのものが、最良の保証財源である the freehold estates of England, or England itself the best Fund of Security」といっている。イングランドはフリーホウルドの国であり、そのフリーホウルド（事実上の私的土地所有）こそは金銀に勝るとも劣らない安定した保証財源であるという認識を示す。

チェンバレン Hugh Chamberlaain の土地銀行は、「単純封土権その他の不動産権」Estates in Fee simple, &c. として定期借地権 lease for a term of years を担保物件に含めている。占有移譲 living Pledges についての取り扱い規定はないし、譲渡抵当貸付け金利子の滞納に対しても、「死んだ担保物件 dead Pledges」の売却・又貸し等は行わないというだけで、「生きている担保物件」に関する文言はない。

アスギルの土地銀行も、土地抵当銀行であり、フリーホウルドを担保とするが、彼自身が法廷弁護士であったため、不動産権の法的内容に立ち入った言及が目に付く。「イングランドの土地の様々な権限 titles は、法曹関係者の創案 Invention によるものだ」(John Asgill, Several Assertions Proved,In Order to Create another Species of Money, 1696; p.38) という彼は、その実例として「限嗣不動産権廃除 Recoveries to bar Estates Tail」や「不動産占有回復訴訟 Possessory Actions (Ejectments)」等を挙げる。それらが土地抵当を容易ならしめるというわけなのである。「我々はイギリス法を変えようとは思わない」[1] "Nolumus Leges Angliae mutare" は「法曹聖人たちのモットー」the Moto of the Sages of the Law であるというアスギルは、法廷弁護士出身の下院議員として、土地銀行に関する彼の「創案」を法案として提出する。

土地銀行が破綻した後、彼は、「土地所有権 freehold は様々な土地負担 incumbrances によって制限されている」といい、「取得した土地を子孫のために設定する settle on their Posterity のは、近年の一般的傾向である」という（Asgill, *An Essay on A Registry for Titles of Lands*, 1698, pp.1-3; 23）。それは、フリーホウルドが「完全な不動産権 clear estate」――金銀に勝る担保物件――たり得ず、土地銀行への土地信託（譲渡抵当）が、継承不動産権設定にとって代わられなかったばかりか、逆に、大土地所有者の継承不動産権設定の普及によって、土地抵当金融が阻害されたという認識を暗示するものである。

土地銀行挫折の後に、アスギルが下院において「土地所有権登記法案」Bill for Establishing a Registry for Titles of Lands を提出したのは、「眉唾」ではない。それどころか、彼は、「土地譲渡登録法 Statute of Enrollments（1535）にはない（一年期限の）売買契約と売却 bargain and sale（for a year）という捺印証書 deed、および、賃借権と復帰権放棄 lease and release というもう一つの捺印証書とによって、土地所有権譲渡を行う現今の不動産移転手続き（common conveyance）」を問題視し、「二つの捺印証書による完全な土地譲渡方式」は、「コモン・ローを両端に置き、ユース法 Statute of Use (1535) を真ん中に置いて、土地譲渡登録法の裏をかく Statute of Enrollment is bilkt 秘密譲渡 Clandestine Conveyance である」(Ibid., pp.10-11;31-34) と論難する。そのような「近年の弁護士たちの考え出した創案」に代わるものとして、彼が作成した新たな「土地所有権登記法案」は、「イギリス国内のフリーホウルド所有権のみならず、地代、賃借権の譲渡、譲与、委託譲渡 Conveyances, grants or Assignments すべての登記」を義務付ける。コモン・ロー上の土地所有権とエクイティ上のユースを登記することによって、「売買契約と売却」、「賃貸借と復帰権放棄」とによる土地譲渡登録法の回避を防止する対策は、一世紀半後に施行される「土地譲渡法」Land Transfer Act, 1862 (25/26Vic. c.53) を先取りするものとして、注目に値する。

「売買契約と売却」、「賃借権と復帰権放棄」、および「和解譲渡 Fine」等は、アスギルが冒頭に掲げた「土地に賦課される一二の諸負担 Incumbrances on Lands」の一部に過ぎない。彼自身がいうように、イギリスの土地所有権は相続 Descent と買収 Purchase によって取得される (p.11)。貴族的大土地所有は、殆どが相続不動産である。しかも一七世紀後半には、大土地所有の世襲財産化、「厳格継承不動産権設定 Strict Settlement」が急速に普及しつつあった。そのことは、すでに『近代的土地所有』の第一章で指摘して置いた(2)。

アスギルは、前著の末尾で「土地に対するより好都合な設定 A more convenient Settlement for Lands」の研究を標榜していたにも拘わらず、継承不動産権設定については立ち入った検討を行わない。土地所有権に制限を加える一二項目の「土地負担」“Incumrances”――封土公示譲渡 feofment・譲渡承認による土地譲与 grant with attornment・和解譲渡 fine・売買契約と売却 bargain and sale・賃借と復帰権放棄 lease and release・地代負担 rent-charge 等々――を列挙するのは、それらの土地負担を解除し、単純不動産権として登録することが主目的なのである。しかし、土地負担軽減・解除方策については、言及しないし、限嗣不動産権廃除についても、提案していない。継承不動産権設定は、彼の念頭にはない。ポロックのように、「限嗣相続、継承不動産権設定は、絶対的な単純所有権を志向する市民社会的傾向に対する特権階級の反抗」である（『イギリス土地法』一二三頁）と言うならば、アスギルは、地主 landed men よりも商工業者 moneyed men を念頭に置く「市民社会派」なのである。ガウチによれば、アスギル土地銀行の出資者の多く（五七%）はロンドン在住者で、その比率は、イングランド銀行（七四%）よりは低いが、ブリスコウ土地銀行（二六%）を大きく上回っている（P. Gauci, *Regulating the British Economy, 1660-1850*, pp.55-56）。彼は、「難攻不落の社会的城塞の脇腹 flank of impregnable great social fortress」を突く長子相続法 law of primogeniture 批判者たち」（J. Thirsk, "Younger Sons in the 17th Century"; *History*, 54, p.357）とは異なり、継承不動産権設定によって家産を維持する大土地所有者を重視してはいなかったのである。

『近代的土地所有』最後の「補論」――「不動産登記法」――に書いてあるように、一九世紀後半になっても、捺印証書による不動産譲渡方式にこだわり、継承不動産権をそのままにして、土地に賦課された様々な負担 incumbrances だけを廃除しようとする地主たちと、そのような地主の身勝手を非難する資本家たちとの対立は続く。その対立関係は、一七世紀末の大土地所有者の意識にはあっても、アスギルを初めとする土地銀行家たちの意識にはなかった。土地銀行はフリーホウルダーを援護するものであり、大土地所有の現有権者はフリーホウルダーであると考えていたのである。土地銀行が挫折した最大の原因はそこにあったといってよい。

貴族的大土地所有の継承不動産権設定と土地銀行の不動産抵当とは、相容れない。土地銀行構想の中に継承不動産権設定がないように、『近代的土地所有』の中に土地銀行への言及はないが、土地譲渡捺印証書を担保とする地方銀行の関係者にとっては、捺印証書に代わる土地登記制度は、「金融業に対する重大な妨げ」であったという記述はある（三四〇頁）。同時期の一銀行家が言っているように、不動産金融のよい保証 good security とは、要するに「売買・譲渡抵当可能な」不動産権であり、捺印証書であった（George Rae, *Country Banker; Hiis Clients, Cares, and Work:From an Experienceof Forty Years*, 1885, pp.94-98）。

イギリスの貴族的大土地所有は継承不動産権設定によって守られ、イギリス型近代的土地所有となった。貴族的・領主的土地所有を近代的土地所有たらしめたのは、資本制農業であり、リースによる大借地農場制である。土地は、金銀とは異なり、持ち運べないばかりか、それ自体に価値があるのではない。土地所有ではなく、土地占有が――土地を利用する資本家的経営者が――所有者に富をもたらす。しかし、地主は「超過利潤をポケットにねじ込む」だけではない。土地所有に対する資本の規定性は、地主の資本家への従属を意味しない。だから、イギリス近代土地法は、「地主・借地農関係法 Landlord and Tenant Law」である。

アスギルの自然認識とは異なり、農業においては、資本家と労働者だけでなく、生きている自然もまた労働する。自然がなければ、人間は何も生産できない。それどころか、自然的存在である人間は、自然なしには生きられない。一三世紀のマートン法以来の地主（領主）的権利――「アプルーヴメント」の権利――は、近代的土地所有権に継承されるが、一九世紀後半には、公共の利益、公共緑地保全のために、制限される。名称（略称）は同じコモンズ法 Commons Act でも、一三世紀のコモンズ法は領主的アプルーヴメント法であるのに対し、一九世紀末のそれは、アプルーヴメント禁止法である。マナーの荒蕪地 manorial wastes は農民の入会地 commons であった。残り少なくなった緑地を市民の憩いの場所、公共緑地として保全するのが、略称「コモンズ法」の始まりであった。そして遡ってマートン法第四章 Statute of Merton, 20Hen. III, Cap. IV, 1235 にコモンズ法という略称が付加された。マートン法第四章には、コモンズ法というタイトルもなければ、囲い込みという言葉もない。それどころか、原文はラテン語で、英訳は、後から付け加えられた。領主はマナー荒蕪地等の残余地を「自分の利益に供する faciunt commodum suum」ことが出来るという文言が "make their profit" という英訳になり、当該箇所の欄外に "Approvement by lords" という見出しが付けられた。そしてその "approvement" が "inclosure" を意味するものと解釈され、一九世紀末まで領主的囲い込みの法的準拠とされたのである。領主たちは、貴族院 House of Lords 議員として、絶大な権力を保持していたからである。

今日では、旧領主の地主的自然権も農民の自然権（入会権）も、市民的権利＝環境権――人類の普遍的な権利としての人権――によって否定される。渡邊さんに出して頂いた『農学の思想　マルクスとリービヒ』（初版一九七五年）、『団体主義』（一九八五年）等は、或る意味では『近代的土地所有』のいわば続編であるが、私が今思うことは、その延長線上にある。

註

（1） Asgill, *Several Assertions*, pp.37-38. Cf. F. W. Maitland, ed., Bracton's Note Book, pp.104-111 (The fifth Argument, Baronial Nolumus).

（2） 拙著より一〇年後に出版されたバーバラ・イングリシュとジョン・サヴルの好著『厳密不動産権設定——歴史家への手引き』Barbara English and John Saville, *Strict Settlement; A Guide for Historians*（1983）によれば、"strict"とは「限定された restricted」という意味であり、「より限定された限嗣相続 stricter and more elaborate entail」のことであるという（p.13,114）。また、それは、「通説のように Orlando Bridgeman と Geoffrey Palmer の発明に帰せられるべきではなく、発明と発展の結果 the result of evolution as well as invention と見るべきである」という（p.16）。その通りであろう。しかし、厳密不動産権設定は、主として「婚姻による設定 settlement by marriage」であり、したがって「家族世襲財産設定 family settlement」であるというハバカック John Habakkuk やボンフィールド L.J. Bonfield の見解を支持しながら、現有権者（当主）の相続権者指名を「一般指名権 general power of appointment による厳密不動産権設定」としているのは、納得し難い。というのは、それは、捺印証書・遺言・私法律等による厳密不動産権設定とは異なり、現有権者の当該不動産の売却・譲渡抵当・リースの自由を留保するものだからである（Ibid., pp.29-30）。不動産処分権を現有権者のものとしたまま継承者だけを厳密に規定するのは、継承財産権の保証を現有権者の主観的意図に委ねるものであり、著者が引用しているポロックの指摘通り、継承不動産権設定の主旨に反するものと言わざるを得ない。

（しいな・しげあき　一九二五年六月生まれ。東京大学名誉教授。〔著書〕『イギリス産業革命期の農業構造』御茶の水書房、一九六二年、『農学の思想——マルクスとリービヒ』東京大学出版会、一九七六年、増補新装版二〇一四年、『プロテスタンティズムと資本主義——ウェーバー・テーゼの宗教史的批判』東京大学出版会、一九九六年）

通史への異議申し立て　『日露戦後政治史の研究』

宮地　正人

はじめに

私の最初の単行本となる『日露戦後政治史の研究――帝国主義形成期の都市と農村』が、伊藤隆氏の推薦で東大出版会の渡邊勲氏の手により刊行してもらったのは、一九七三年十月、私が東大史料編纂所に入所して半年ほど経った時であった。本書の次は戦後史をやるぞ、と意気込んでいた私が、思いもかけなかった幕末政治史史料の編纂を行うこととなり、入所前にはほとんど読むことの出来な

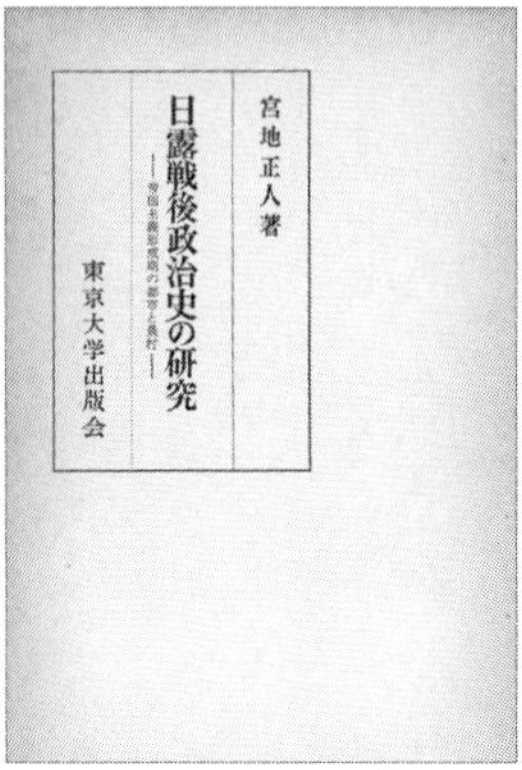

1973年刊

かった井伊家史料の古文書を読めるように、四苦八苦している時期である。日露戦後という研究対象時期から戦後に進もうと思っていたのに、全くなじみのなかった幕末期に、一気に五十年もさかのぼってしまったのは、今の若手研究者や院生から見ると不可解かもしれないが、私にとっては、この日露戦後をテーマとするようになったのも、全く他律的な原因だったのであり、今から考え

ても我ながらいささかおかしい気がしている。

他律的に一から始まった研究テーマと「私の大学」

私は一九六六年三月に東大国史学科を卒業、卒論テーマは「明治初年の通商司政策」であった。開明派官僚と評価される伊藤博文・井上馨・大隈重信がこのような強圧的財政政策を強行することもありうるのだとの知見も現在までの私の財産になっているが、政治と経済の接点となる財政政策の面白みに惹かれて、なんとか大学院にもぐり込めた私は、修士論文には大隈財政から松方財政の転換問題を扱おうと決めて、安易に考えていた。ところが研究史を整理してみると大石嘉一郎氏と大江志乃夫氏の両説が併立し、いくら史料をまさぐっても、その外側に出ることなど到底無理なことが次第に明瞭となり、研究者になることは土台無理、修論をそれなりに片付けて、中学か高校の日本史の教師になろう（教えることは嫌いではなかった）と腹を固めつつあった。ところで大学院に入った当初から歴史学研究会の校正バイトをやることになり、今はどうか知らないが、自動的に編集委員にさせられてしまった。院生としての見通しの立たない鬱屈とした日々の個人的感情とは別に、歴研の科学運動としては「建国記念の日」反対運動（一九六六年十二月に「二・一一」と決定）や佐藤栄作内閣が六八年十月に予定している日本近代化讃美「明治百年記念式典」反対運動などが差し迫ったものになっており、実働部隊の一員として動きまわることになったのである。

この多忙な運動の中で、歴研の大会テーマも「明治百年」に正面から対決しなければならない、それには日本帝国主義形成期の国家と人民という対立構図をきちんと立てる必要がある、との筋が編集委員会の論調となった。この議論を主導したのは日清戦後経営という財政政策をふまえ寄生地主制と日本資本主義との構造的関連性を明らかにしつつあった、豆タンクのようにエネルギッシュな一橋大学若手研究者の中村政則氏であった。幾回かの議論の中で一九六七年五月二十八日、歴研全体会のテーマが「帝国主義とわれわれの歴史学、日本帝国主義と人民——「九・五民衆暴動（＝日比谷焼打事件）」をめぐって」となり、主報告者が中村氏、サブが自由民権研究第一人者の江村栄一氏、そして「近代史だから宮地もやれ」との「御下命」で、全く他律的に共同報告者に加えられてしまったのである。日清・日露戦後経営は中村氏の独擅場、民衆運動には抜群のセンスがある江村氏は暴動参加者の資料蒐集と分析、金魚のフンの如き宮地は、その後の歴史的展開をやれとの指示のもと、仕方無く日露戦後の地方改良運動の諸パンフを読む羽目になったのである。この他律的「御下命」が下るまでは帝国主義段階の日本は勿論、地方改良運動など全くの無知、一からのにわか勉強である。ところが東大総合図書館や経済学部が所蔵している関係図書・資料を素直に読んでいくと、それまでの通説だった「村落共同体の再編成を天皇制国家が強制的かつ大々的に行う」といった性格ではなく、帝国主義日本の農村基盤を創立するための伝統的部落共同体破壊と行政町村の「国家のための共同体」転化政策こそが地方改良運動ではないのかということに気づかされた。地方行政機関と帝国主義との関係性こそが問題の本質だと感じ取ったことで、いとも安易にそれまでの修論のテーマを放り投げ、地方改良運動分析に切り替えてしまったのである。この意味では中村氏は私の大恩人、研究者の片隅に何とか私を置かせてくれた「救世主」的存在の学者となったのである。後日聞いたところでは、当時の中村氏は一橋大学で院生指導の資格を未だ持たされていなかったとのこと、となると私は中村氏の一番弟子の栄誉を有していることとなる。東大の国史学科は近代史を指導すべき下村富士男氏が死去して指導教官がおらず、七一年四月、私が国史学科の助手に採用された時に伊藤隆氏が着任、私の大学院五年間、指導教官の不在のまま、「私の大学」となってくれたのは中村政則・江村栄一氏をはじめとする歴史学研究会編集委員会の面々、その学恩を今日まで私は感謝しつづけている。

史料・資料を漁って「修論」完成、そして「第一章」へ

一方で、東大内の文献・資料を貪欲にあさりながら、修論となれば原史料分析が不可欠と、先輩たちの意見に従い群馬県庁文書の調査に出向くことになった。現在では立派な庁舎の中に収蔵されているはずだが、六七年段階では木造の収蔵庫、目録に従って自由に閲覧・撮影することを許され、地域での地方改良運動の展開過程を十分に把握することが出来た。一村一社政策、部落有林統一政策、若者組の青年会・青年団への改組再編運動等の上からの指導の全体がつかめるようになると、この要請を地域に具体化し運動を担っていく有志者・篤志家のあり方が問題となってきた。東大駒場入学以来の友人、鷲山恭彦氏の祖父は遠州掛川在で報徳社を結成・発展させ、大日本報徳社の幹部も務めた篤農家の典型、彼の家に伺い、調査させてもらう中で、在地の報徳運動の実態とその中心的担い手に関してもイメージをつかむことが出来るようになった。大地主地帯ではなく中農層の部厚い存在が報徳

運動の前提となっていたのである。

常時金欠でも動機づけられればバリバリ調査・研究することが出来るのが青年期だけに許された特権なのだろう。六七年年末、「地方改良運動の論理と展開」と題した修論にまとめ上げることが出来、何とか六八年四月には博士課程に進むことが出来た。この修論は『史学雑誌』七〇年第八・九両号に「地方改良運動の論理と展開(1)(2)」として、また報徳社活動分析部分は同誌七一年第二号に「地方改良運動における報徳社の機能」として掲載してもらえたのである。これを本書に加筆して収録し、第一章「地方改良運動の論理と展開——日露戦後の国家と「共同体」」としたのである。

図式的通史理解からの脱却、そして「第三章」へ

博士課程一年の一九六八年五月から六九年一月は東大闘争の嵐の年、ほとんど何の制約もない自由な院生の身でミクロコスモスの中で展開していく政治運動の発生、諸党派の形成、運動の急成長、局面の劇的転換と潮目の反転、事態の終息といった政治史の基本カテゴリーを直近で目撃し体験できたことは私のように「社会的政治史」への志向性を有している者にとっては、かけがえのないものとなった。この経験が東京大学出版会から刊行された『講座日本史6　日本帝国主義の形成』（一九七〇年十二月刊行）に執筆した論文「日露前後の社会と民衆」の背景となっている。六七年五月の歴研「共同報告」と修論を踏まえ、日清戦後から第一次大戦に入るまでの農村と都市の「社会的政治史」の全体的鳥瞰図をここで自分なりにようやく描くことが出来たのだが、この論文を執筆する中で気づ

かされたことは、日清戦後都市民衆運動指導者グループの魅力とその複雑性だった。課題の発見は論文執筆過程でも起こりうるものなのである。

それまでの私のとぼしい通史理解では、一九〇三年末、『万朝報』の日露開戦論への転換による幸徳・堺らの退社、翌〇四年、非戦論を掲げる『平民新聞』の発刊、一九一〇年大逆事件による「冬の時代」の到来、ロシア革命と米騒動による労働者・農民運動の出発と社会主義運動の再生という図式だったのだが、日清戦後の都市運動の主要部分は、日露戦後、幸徳らのグループと訣別して主戦論に転じながらも、東京・大阪・神戸をはじめとする各種の都市民衆運動の呼びかけグループとなり、更に大正政変やシーメンス事件の主役に成長している。どのような構成で、いかにして運動を組織していったのか、自分にとって不可解な歴史事象を自分が納得したいといった単純な動機がいつも自分には働いてくる。大枠では当時の思想史において「立憲帝国主義」という枠組みで語られるものへの政治史的関心なのだが、上からの目線で帝国主義者とレッテルを貼るのではなく帝国主義強国に成り上がった帝国主義国での民衆運動指導グループの内包している矛盾全体を包みつつ、藩閥＝政友会体制という支配の枠組みを打破し歴史を前進させる性格をも彼等は一面では豊かに保持しているのではないかとのモチーフのもと、東大法学部明治文庫にかよいつめて論文に仕上げ、「国民主義的対外硬派論(1)(2)」として『史学雑誌』七一年一一・一二号に掲載してもらった。本書の第三章「国民主義的対外硬派論――日露戦争以降の都市政治集団」はこれを収載したものである。帝国主義国での民衆運動指導グループの矛盾は対外問題勃発の際に極めて明白になる。第一次大戦開始と対華二十一ヶ条要求に抵抗する論理は、彼等の中には皆無だった。

革新自治体運動の高揚、そして「第二章」へ

一九六〇年代後半は東大をはじめ全国のほとんど全ての大学で大学闘争（立場によっては「紛争」とも呼ばれているが、客観的には両者の性格が混在していたと私は見ている）を経験した時代であるとともに、六〇年代後半から七〇年代前半は、六七年の美濃部革新都政の成立以降、六八年の琉球政府主席選挙での革新統一候補屋良朝苗氏の当選、七〇年の蜷川虎三革新京都府知事の六選、七一年の黒田了一革新大阪府知事の当選と革新自治体が全国各地に成立していき、都市民衆運動も公害反対運動など様々な市民レヴェルの運動が形成・成長していった時代でもあった。

私も国民主義的対外硬派の分析をする中で、彼等の呼びかけに応え、彼等を下から支えていった日露戦後の都市民衆はどのような構成をなし、如何なる都市変容の中であれだけ活性化していったのかに、六〇年代後半からの革新自治体運動の高揚を背景に、関心を深めていった。当然その出発点は六七年歴研共同報告「日比谷焼打事件」の歴史的評価問題にある。私のそれまでの乏しい通史的理解では、米騒動の国民的経験によって労働運動が成立・成長し、それ以前は友愛会的労使協調主義の社会改良運動しか存在しないといったものだったが、それで解けないとすれば、ではどのように枠組みを構成すればいいのか？　これも具体的なデータと資料に即して論点を絞り込むしか方法は無く、東京市の都市構造とその変容に関し、工場労働者・建築労働者・日雇労働者・国家資本下の「雇用人」・

出職人・居職人・スラム住民・中小商工業者と丹念に材料を集めることから作業を開始した。自分なりに理解できたことは、電動機の導入をはじめとする日露戦時期からの本格的資本主義化の波が従来の旧い都市構造を大きく分解していった一方で、年功序列制度は全くの未確立のまま、極めて高い労働者の移動率と農村部分からの都市への流入者・寄留者の急増、スラムの拡大といった一連の要素が、財閥・大資本・都市地主層への中小商工業者の強い不満と結びつき、この時期には恒常的な都市不安定性をつくり出している。これは「社会的政治史」的に表現すれば、「都市民衆騒擾期」ともいえる歴史段階となるだろう。いわゆる「冬の時代」はこの不安定性と併存していたのだ、という見通しとなった。

このような枠組みで私は、一九七二年五月二八日の歴史学研究会近代史部会で「帝国主義形成期の都市民衆運動――東京市を例として」と題して報告した。この報告は七二年歴史学研究『大会別冊号』に所収されたが、誌面の都合上、原稿を極端に縮めざるを得ず、本書第二章「帝国主義形成期の都市民衆運動――東京市を例として」に収めるに当たっては大幅に加筆することとなった。

一九二〇年代の構図、本書の結論部分に至る

おそらく一九七二年のある時期、助教授として赴任してきた伊藤隆氏が東大出版会と話をつけ、私に、本に纏めないかとの有難い誘いをかけてくれた。感謝しつつ纏めることを考え始めた時、これまでの自分の研究は第一次大戦に入るところで終わっている、それぞれの運動と都市分解の結束を自分

は未だつけていない、これを何とか自分なりに処理しなければ研究書の体裁をなさないと、本書の結論部分を第四章「「大正デモクラシー」運動の指導と民衆」と題して執筆をはじめ、第一次大戦終結期、これまで扱ってきた諸課題がどのような変化をきたすのかに絞って史料を検討していった。とすると第一次世界大戦の終結により世界史的レヴェルでは、戦争がもはや人命を含めコストがあまりにもかかりすぎ、戦争が国民を団結させ他国民・他民族を侵略して利益をもたらす意義を喪失してしまったという意識をつくり出す段階に入ったことが、自分に明瞭となった。古典的帝国主義世界体制は崩壊し、その崩壊の中でロシアでは革命が勃発、世界資本主義から離脱してしまった。それに資本主義諸国が対応したのがヴェルサイユ条約体制であり、東アジアでのワシントン体制の形成となる。また米騒動以降、本格的独占資本主義確立とともに労働者階級は都市民衆騒擾期の構成要員から自己の階級形成に向かい始める。このため、大戦後の「大正デモクラシー」運動では従来の国民主義的対外硬派の影響力は減退し、吉野作造の政治思想が急速に社会の中に浸透していく、との枠組みが自分なりに納得できるものとなった。但し、第一次大戦で百万単位の戦死者・戦傷者を出したのはロシア・イギリス・ドイツ・フランスなどのヨーロッパ諸国家であり、日本は逆に三大強国の一つとして帝国主義国としての世界的地位を上昇させてきたことも、一九二〇年代前半の冷厳たる事実であり、とりわけ植民地にした朝鮮と従属下に置こうとしつづけた中華民国での強烈な反日民族運動は民衆レヴェルも含めた日本人の帝国主義国民の意識を刺激しつづけたことも併せて見ておかなければならないし、更にシベリア出兵での日本軍部の侵略失敗からする強烈な反ソ反共意識も高まっていた。

この複雑な一九二〇年代前半の社会的空気を激変させたのが二三年九月一日、関東大震災という自然大災害を政治的に利用した、警察・陸軍・憲兵、そして帝国在郷軍人会による朝鮮人・中国人・社会主義者たちの虐殺事件となった。この白色テロにより、成長し始めたばかりの日本の労働運動は大きく左右に分裂させられることとなった。

「回想」を終えるにあたって

このような構図を本書の結論部分としたのだが、何としても収まりのつかない結論である。しかし矛盾を矛盾ではないと糊塗せず、その総体を提示する以外、歴史学的分析は存在しえないと、私は、当時も今も思いつづけている。したがって本書の「はしがき」には「本書をまとめる際、あらためて、あつかっている問題の重さと重苦しさを感じさせられ、アジア史を研究している友人たちの、人民をとりあげるあの軽快さや革命段階を区分するあの明解さにしばしば羨望の念を禁じえなかった。だがこの重圧感は、人が他の人を論議するより自分を問題にすることが何倍か困難であるということと共通性を持っているものであろうし、またとりあげた諸問題が現在に至るまで基本的にはほとんど解決されていないこととも深い関係をもっているのだろう。しかし歴史学研究が本来的に研究だけで完結しない性格をもっているとすれば、現在の日本に生きようとする歴史学徒の我々にとって、このような重圧感はかならずしも全く不必要なものではないと私は思っている」と書かざるを得なかった。

この「本」を仕上げたら戦後史、つまり同時代史に取り組むぞと意気込んでいた私が、一に生活のため、全く無縁だった幕末期を結果的に研究対象とするようになってから、かれこれ四十数年となってしまったが、一九六七年から七三年という青年時代の七年間、日本帝国主義形成期の研究に没頭できたことは、今日に至るまで、自分にとって貴重な財産になりつづけている。通史としての幕末維新期をとらえる上で、なによりも大切なことはその対象との正しい距離感・バランス感覚をもちつづけることである。さもなければ、本人が真剣に論じていることが、自分の思いを対象に投入しているだけなのか、自己の低い背丈に対象を切り縮めているだけなのか、論の激しさに反比例して読者を興醒めにするだけのものになってしまうだろう。世界史の中での帝国主義大国となった日露戦後の日本国家と人民との関係を実証的に研究しえたことは、世界史の中での幕末維新変革を通史として理解する上での何よりの財産となっている、と私は思っているのである。

（みやち・まさと　一九四四年一月生まれ。東京大学名誉教授。〔著書〕『幕末維新期の社会的政治史研究』岩波書店、一九九九年、『通史の方法――岩波シリーズ日本近現代史批判』名著刊行会、二〇一〇年、『21世紀歴史学の創造②　国民国家と天皇制』有志舎、二〇一二年）

若き日の著書とその後の研究成果　『明治期農村織物業の展開』

神立　春樹

一　大学院生時代の苦闘の書

本書『明治期農村織物業の展開』の章別構成は、序論、第一章「織物業発展の様相と農村織物業における問題の所在」、第二章「北埼玉織物業の動向」、第三章「羽二重業発展の地域的様相と石川県機業の展開過程」、第四章「福井羽二重業の展開過程」、第五章「農村織物成立・発展過程の特質」、である。一九七一年三月の東京大学農学博士学位論文「近代農村工業史の基礎過程」をもとに、修士論文の精髄を一つの章として組み入れて一書としたものである。若き日の、大学院時代の研究成果の取りまとめである。

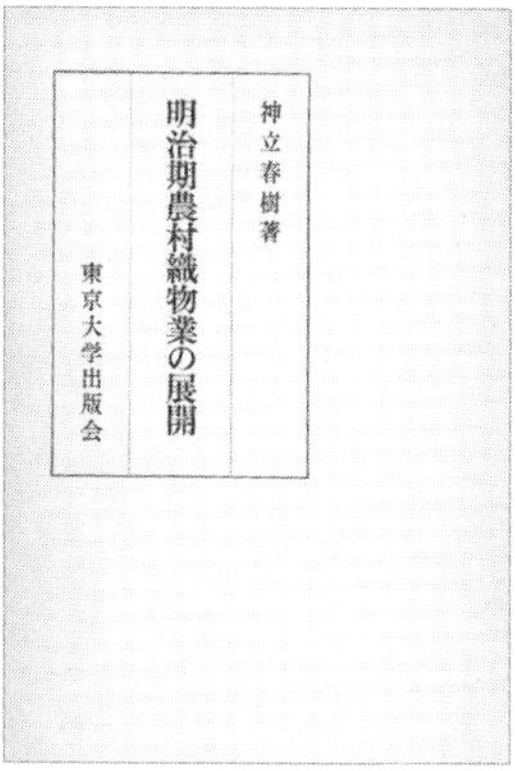

1974年刊

修士課程の北埼玉綿織物業史研究

指導教授古島敏雄先生のもとでの大学院時代の研究は、

修士課程では北埼玉の近代綿織物業史、博士課程では北陸地方の近代絹織物業史である。より具体的には、前者は青縞と呼ばれた国内向け織色木綿生産、後者は福井・石川の輸出羽二重生産である。私が試みた織物業の地域類型的分類、第一類型―都市巨商資本の転化形態である紡績資本の兼営織布型、第二類型―在来機業の農村工業的発展型、第三類型―伝統的な在来機業の手工業的展開型、における前者は第三類型、後者は第二類型である。前者では農家家内工業を追い、後者では在来産業の発展を追うことを課題としたものである。

修士課程入学後に埼玉県地域に展開した農村織物業を対象とする研究を行なうことになったが、既存の文献や統計書などによって、多様な展開を見せる埼玉県域の織物業のうち、北埼玉郡地域の農村織物業を対象として設定した。現地踏査における北埼玉郡域の市町村役場文書、旧同業組合文書の調査、機業家などの所在調査を行なったが、これらの現地調査を通じて、羽生の買継商小島完吉商店の帳簿類が最重要であることとなり、この小島完吉家文書調査を行なうこととなった。この調査は修士二年目七月に古島先生の科学研究費補助金の援用、古島研究室大学院生の参加など古島研究室あげての調査であった。この調査の後、直ちに収集資料の整理に取り掛かり、八月末には整理を大幅に済ませた。この本調査に至る過程も容易ではなく、本調査、その収集資料の整理は真夏の猛暑の中での取り組みであった。九月になってたまたま登校した時に秋の健康診査を受診したが、肺結核に罹っていることが判明、直ちに絶対安静・療養生活となった。それはかなり重度で長期にわたることが予想されたが、古島先生の、博士課程に進学して療養に励むという助言に従い、修士論文「明治後期における農村工業の存在形態」を作成・提出して修士修了、博士課程に進学し、全くの療養生活を二年間過ごした。その中で行なったことの一つは先の織物業地域的類型化の試みであり、取り組むべきは第三類型地域であるとしたことである。ここで修士論文での北埼玉織物業の類型的位置づけも行なった。

博士課程の福井羽二重業史研究

この取り組むべき福井羽二重業史を対象とする研究は、統計書、機業史文献などによる第三類型地域内の類型的特徴把握による主対象地の設定であり、県庁文書・町村役場資料調査、現地聞き取りなどの後、主要対象地を福井県坂井郡春江村及び周辺町村とすることとした。その現地調査は多数の調査参加者と費用を要するが、再び古島先生の科学研究費補助金援用と古島研究室あげての支援による現地調査を一九六七年一〇月に行なった。収集資料の整理、検討などを行ない、博士論文「近代農村工業史の基礎過程」を作成した。一九七〇年二月提出し、七一年一月博士学位を授与された。これにより、修士課程以来の長期にわたる研究にようやく一区切りをつけることができた。そしてこの論文をもとに本書『明治期農村織物業の展開』が東京大学出版会から刊行された。修士二年後半から三年間ほどの全くの療養生活を挟む十年間にわたる苦痛・苦闘の書である。そして古島先生、すでに博士課程を修了し大学などに勤務していた海野福寿・中安定子両先輩や研究室の有馬達郎助手をはじめとする古島研究室院生一同の支援の賜物である。感謝申しあげたい。なお『明治期農村織物業史調査研究の記録――一九六〇年代　北埼玉　福井・石川　調査と論文』（二〇〇九年、教育文献刊行会）はこの苦闘の記録である。

二　本書の学界における位置と特性学界の状況と本書の位置

学界の状況と本書の位置

折から日本経済史分野の研究は産業革命研究で、製糸業、紡績業の優れた研究成果がある時で、織物業ということで私の研究も日本産業革命研究に組み込まれた。当時の研究状況について石井寛治他編『近代日本経済史を学ぶ　上・明治』（一九七七年）「はしがき」は、戦後の近代日本経済史研究は、「日本資本主義論争」を重要な学問的遺産として受け継ぎつつも新たな資料の精力的発掘・駆使により豊かな史実解明。当初——明治維新・地主制研究、一九六〇年代——産業革命期研究、七〇年代——より若い世代による一九二〇年代以降の個別研究、と記している。更に同書の石井寛治「産業革命論」は、一九三〇年代に始まる科学的研究だが多くの研究者による詳細な実証研究が行なわれるのは一九六〇年代以降で、一九六〇年代の研究成果は、一九七〇年代前半にかけて次々と発表された、それらを理論的傾向に即して強いて区分すると、宇野理論・それに近い立場からの実証研究に佐伯尚美『日本農業金融史論』（六三年）、林健久『日本における租税国家の成立』（六五年）、柴垣和夫『日本金融資本分析』（六五年）、長岡新吉『明治恐慌史序説』（七一年）、高村直助『日本紡績業史序説』（七一年）、旧講座派の延長線上の、高橋誠『明治財政の研究』（六四年）、石井寛治『日本蚕糸業史序説』（六二年）、中村政則他『日本地主制の構成と段階』（七二年）、神立春樹『明治期農村織物業の展開』（七四年）などである、としている。

また滝沢秀樹氏は、著書『日本資本主義と蚕糸業』（七八年）「はしがき」に、「山口和雄氏編著の『日本産業金融史研究』三部作が完結し、それとほぼ同時並行的にすすめられてきた研究が、高村直助『日本紡績史序説』（上・一九七一、下・七一年）、石井寛治『日本蚕糸業史序説』（七二年）、神立春樹『明治期農村織物業の展開』（七四年）、その他の具体的な形で既に結実をみている今日、戦前日本の繊維産業史に関する研究は一つのピークを形成したといってよいであろう。それらの研究は、対象とする産業全体の発展構造を、金融的諸条件や市場構造を含めて、個別資本や賃労働に関する詳細な実証的分析によって裏付けつつ解明し、更にはその発展を支えた経済政策のあり方、ひいては戦前期日本資本主義の特質究明にせまったものであり、それ以前の「通史」的・あるいは「個別実証」的研究の水準を大きく超えるものであった。それらの諸研究が、大石嘉一郎氏編著の『日本産業革命研究』上・下（七五年）に代表される様な戦前期日本資本主義の全体像の再構築を目指す研究の中で、極めて重要な位置を占めていることも、ここであらためて指摘するまでもない」、と記している。

なお本書書評には、工藤恭吉書評（『土地制度史学』第六五号、七四年一〇月）、古庄正書評（『社会経済史学』第四〇巻三号、七四年一〇月）、矢木明夫書評（『歴史学研究』第四一七号、七五年二月）がある。

本書の特性

このように本書には、石井寛治、滝沢秀樹などにより、新しい繊維産業史研究を切り開いたとの位置づけを与えられているが、原論文題目、本書表題、構成、そして終章の第五章が第一節「福井県織物業展開地域の農業構造と地主制の動向」、第二節「北陸水田単作地帯における機業成立・発展過程の特質」、であるように、織物業の研究とはいえそれは展開地域の農村構造との関連を検討するものにとどまっている。そしてこれが本書の特性であり、本研究の特質である。

三　その後の研究の進展とその成果書

産業・地域・生活編成研究

一九七〇年四月に岡山大学教員となってから、この近代在来産業史研究は岡山県域の産業を対象として行なった。それは花莚業についての『近代藺莚業の展開』（九九年、御茶の水書房）となり、さらに麦稈真田業についての『近代日本の麦稈真田業――文献と統計』（二〇一三年　教育文献刊行会）・『近代日本における麦稈真田業』（一三年、同）となっている。花莚は明治大正期の、麦稈帽子製造原材料の麦稈真田紐も昭和初期までの主要輸出品であり、ともに岡山県は第一の産地である、その原料の藺草、麦藁は地元産であり地域の農村・農業と結びついた農村加工業である。

岡山着任間もなく地理学者葛西大和氏との共同で今治綿工業史の研究を行ない、共著『綿工業都市の成立——今治綿工業発展の歴史地理的条件』（八四年、古今書院）が成ったが、これは産業の発展を地域の特性との関連でのいっそうの考察の契機となり、その視点からの多くの論文によって『産業革命期における地域編成』（八七年、岡山大学経済学部・御茶の水書房）を刊行した。この書は、第一章「本書の課題」、第二章「岡山県の産業構造・地域構成の形成」、第三章「物産県外移出入の状況」、第四章「産業革命期の地域の状況」から成り、岡山県の産業の発展と地域編成についての検証であり、高度経済成長期にいっそう明確となった県南と県北の経済格差は産業革命期に形成されたことを明らかにしたものである。経済史と地理学にまたがる学際的分野のもので、多くの書評を受けた（この書は、九九年九月学術博士論文となった）。この書の後、さらに近代在来産業の展開にともなう地域編成の研究は、『近代岡山県地域の都市と農村』（九三年、同）、『近代産業地域の形成』（九七年、同）となっている。さらに『近代東京東郊地域史論』（二〇〇五年、同）という東京近郊地域の産業と人々の生活を検討したものとなった。

産業、地域についての研究とそれを書とする過程で、産業、地域にとどまらずに生活についての研究に至っていたが、この生活を対象とした諸論文をもって『明治期の庶民生活の諸相』（九九年、同）を刊行した。この書は、第一部「明治期における都市・農村住民の生活状況」、第二部「「村是調査書」にみる農村民の生活状況」、の二部構成で、第一部は、第一章「松方デフレ期の都市住民・農村民の生活状況——岡山県下を事例として」、第二章「明治後期の岡山県南部における農村生活——佐藤悦太郎『ある老人の想い出の記』『ある百姓の日記』より」、第三章「「職工家庭」の生活状況

――一九一一（明治四四）年「職工家庭調査」の一整理」、第四章「東京の木賃宿――一九一一（明治四四）年「木賃宿戸別調査」の分析を中心として」、第二部は、第五章「明治後期の岡山県一農村における農村民の生活状況――岡山県赤磐郡高月村の「村是調査書」による検討」、第六章「一九一〇年代の山陰一農村における農村民の生活事情――島根県八束郡大庭村「村是」（一九一九年）による検討」、第七章「大正初期の中国山地農村における農村民の生活事情――鳥取県日野郡岩見村の場合」、第八章「明治後期の神奈川県一農村における農村民の生活事情――神奈川県都筑郡中川村の「村是調査書」による検討」からなり、いくつかの事例研究を集成したもので、各地の都市住民・農村住民の生活状況をみたものである。

このようにして産業・地域・生活三編成論からの明治期研究＝日本産業革命研究という構想に至っている。

明治時代研究

明治期の農村織物業史研究は、機業家の帳簿はほとんどなく、様々な手法により研究を進めたが、北埼玉織物業研究の際には地域踏査などで当時の状況を彷彿させるものは田山花袋の『田舎教師』における描写であった。このことから明治文学作品を歴史研究に関わらせることが可能であると思うに至り、いくつかの文学作品を検討し、それらの諸論文をもって『明治文学に見る明治の時代性』（九九年、岡山大学経済学部・御茶の水書房）を刊行した。さらに岡山大学の前身校史などの諸論文を取りまとめて『明治高等教育制度史論』（二〇〇六年、同）とした。

このように、私の研究は、明治期の産業、地域、生活の研究、更には明治時代の研究へと展開したのである。

志の原点への遡及

色覚異常の私は、そうであるが故に高校時代、自然科学、特に生物学を専攻し遺伝学を勉強したいと思うようになった。当時は色覚異常者には進学にも制約があり、そうであるならば科学史をと思うようになりダンネマン『大自然科学史』などを古書店で購入するなど歴史に目を向けていったが、やがて大学農学部卒業論文に取りかかる頃、埼玉県の一名主家石塚義英家文書にめぐり合った。その東葛飾郡上吉羽村は利根川派川の権現堂川沿いの水害を蒙ったところである。当時は地主制史研究が歴史関係分野での主要課題の一つであったが、時恰も古島敏雄編著『寄生地主制の生成と展開——京都府乙訓郡久我村の実証的研究』（一九五二年、東京大学出版会）が刊行された。久我村は桂川の西岸、水害常襲的な地である。この上吉羽村の研究は同じように河川沿いの村の関東地域の事例となると思いながら、この石塚家文書と取り組み、やがて「寄生地主的土地所有の生成過程——旧武蔵国葛飾郡上吉羽村の場合」という論考とし、一九六〇年大学院に入学し古島敏雄先生の門下となった。古島先生没後に晩年一〇年頃の諸記録による古島著『社会を見る眼・歴史を見る眼』（二〇〇〇年、農文協）の［3］には門下に集いし人々について記されているが、「神立春樹さんも最初は地主の問題を扱うつもりで大学院に来た」と私に論及され、自分がしてきたようなことの事例追加となるようなことは意味がないと「拒否した」と記されている。折から先生は『産業史Ⅲ』（一九六六年、山川出版社）となる研究をされていた時で私はその下で埼玉県の農村織物業の研究を始めた。それが本書『明治期農村織物業の展開』に至った。そして岡山大学の日本経済史担当教員として明治期の産業・地域・生活研究、明治期研究をそれなりにしてきた。

しかし当初の志は消え去ってはいなかった。岡山での地域史研究の過程で県北蒜山山麓地域の村の徳山敬猛の手稿本「農業子孫養育草」という近世の一農書に惹かれ、岡山大学所蔵徳山家文書、現地踏査、徳山家調査などによって、『近世の一農書の成立――徳山敬猛『農業子孫養育草』（文政九年）の研究』（〇五年、御茶の水書房）を取りまとめた。序章「農書研究における本農書と本研究」、第一章「徳山敬猛『農業子孫養育草』の構成と内容」、第二章「『農業子孫養育草控』（文政七年）とその成り立ち」、第三章「本農書成立の背景――山中地域の特質」、第四章「本農書成立の背景――家と人」、第五章「備中の一農書『一粒万倍　穂に穂』――本農書との地域比較」、終章「本農書の成立」、附論「日本の江戸時代の農書――その歴史的意義」という構成である。かつて古島先生に「押しとどめられた」近世農村研究の一つができあがり、漠として抱き目指した科学技術史、古島敏雄先生の下で近世農村・農学史研究をという若き日の望みが果たされ、いまなおその分野の最高の古島敏雄『日本農学史　第一巻』（一九四六年）に連なることができたという思いに私は至ったのである（この書は二〇一八年三月文学博士論文となった）。なおこの農書研究は、学部時代の石塚義英家文書と取り組み、近世農村の基本的村方文書によって近世の村を感得していたからこそできたのである。なおその当時の論考も、その中の一論点に絞った『村方争論・事件にみる近世農民の生活――近世農村史の一齣』（〇六年、同）という書とした。この農書研究書の刊行は、若き日の取り組みがともかくも達成された、まさしく「若き日の願いは年老いて後、豊かに満たされる」（ゲーテ）に通ずるという思いに至っている。このように若き日の志への遡及も、本書を刊行していたからできたのである。

若き日の研究は本書『明治期農村織物業の展開』となった。そしてその後、近代日本の産業・地域・生活編成研究、明治時代研究となり、さらに近世農村・農書研究の遡及に至った。いずれも本書刊行があってのことであり、私の研究の遍歴において本書刊行の意義は極めて大きい。そして、かつて本書を編集してくださった渡邊勲一路舎主のこのたびの編著書に執筆した本論考は、はからずも私の研究の歩みの取りまとめとなった。まことにありがたく思う次第である。

（かんだつ・はるき　一九三四年四月生まれ。岡山大学名誉教授。〔著書〕『産業革命期における地域編成』御茶の水書房、一九八七年、『明治期の庶民生活の諸相』同、一九九九年、『近世の一農書の成立――徳山敬猛「農業子孫養育草（文政九年）」の研究』同、二〇〇五年）

思えば、あれが旅の始まりだった『中世民衆の生活文化』

横井　清

小文集『中世民衆の生活文化』は、一九七五年の四月に初版が出た。今では傘寿を少し過ぎたが、当時私は三九歳で、その五年前の七〇年四月から、京都市右京区の巨刹妙心寺に隣接する仏教系（臨済宗）の私立大学に、日本史担当の専任教員として勤めていた。寺院後継者の養成を主目標にする学院を前身とした小さな大学だったが、伯父が住職をしていた下京区本塩竈町の寺（浄土宗）が幼少時の遊び場所でもあったせいか、法衣姿が行き来する光景や随所に立ち込める匂いには、おのずと馴染み深いものがあった。

1975年刊

東京大学出版会の渡邊勲さんから私の本を企画出版したいとの話が来たのは、元の職場を離れてその大学に職を得るまでのあいだ、あちこちから受ける原稿書きの仕事を生活の頼りとしていた時期だったし、また勤めだしてからも月々の待遇のことやら研究上の悩みやらを思い合わせると、そのままずっと研究生活を続けられるのかどうかさえもが不透明であった。ともあれ、渡邊さんとは同会刊行の『講座日本史』（歴史学研究会・日本史研究会編）の仕事で知り合いになっていたし、しばらく考えさせてほしいと返答したように思う。

これは、後々に偶然聞き知ったことだが、京都に事務局を置く日本史研究会を母体にして中世史学界に名を馳せていた中堅・新進気鋭に次いで、この、立命館大学出身の私に初めて彼が企画を持ち込んでくれた理由は只一つ、先述の講座の第三巻（七〇年七月刊）に私が執筆していた「下剋上の文化」の生原稿を一気に読み終えての印象による、という。自分にはよく判らないのだが、私の〝文体〟が専門家のそれらしからず平易で、そこが琴線に触れたということだった。

しかしながら、彼が、いかばかり熱く思い込んでくれようと、そのような企画がたやすく成り立つはずはなかった。当時、すでに人目に触れていた文章はまだ少なく、これから精出して書くと意気込んではみても、学界に多少とも意義を認められるものを量産できる見込みなどは皆無だった。実力のほどは、この自分が一番よく知っていた。

そうこうするうちに、いかに非力・遅筆の身であっても、勧められた仕事を少しずつ仕上げて行く内に、紙数ばかりは一応積み重なり、遠くからじっと目を凝らして仕事ぶりを観察しつつ、でき上がった物を丁寧に読み込んでくれていた彼としては、自身の目論見をますます強めたという。他人事のような言い草だが、本心を申せば実にリスクを伴いやすい企画ではなかったかと思う。当時、関西方面の研究者に会って評判を訊いていた彼が、出張中でもあって疲れた面持ちで問わず語りに呟いた一言も、私には忘じ難いものであった。「まったく思いの外の評判も聞かされたりしましてねえ」。

だが、彼のほうでもっと困ったことには、企画を進めて行く上での絶対不可欠の条件、つまりは「推薦者二名」が得られなかった。編集者が切歯扼腕、如何に苦心してくれても、当の企画に賛同し、推薦者になって下さるようなお人は、大袈裟な話ではなく当時の日本歴史学界には一人もおられなかった。海の物とも山の物とも知れぬ「著者」の実情を考慮すれば無理からぬ事態だったろうが、そんな裏話を耳にし得たのもごく最近のことであり、あの頃の自分の裸形を鏡に映し出されるかのようで「さもありなん」と苦笑したものの、それに続く「秘話」には胸打たれて、絶句した。

というのは、熟知の渡邊さんから相談を受けておられた中世史家で、いずれも東京都でご勤務のお二人が遂に、推薦者としてサインをして下さったそうである。お名も聞き知って驚いたが、ここでは控えねばならない。既に鬼籍に入られたお二人に対して、遅きに失したけれども衷心より御礼を申し上げたい。

それにつけても、この歳頃に及んで、いつ、どこで、どのような人々のお世話になって自分の仕事が世に出てきたものか、また、幾人の頭を押さえ込んだり足を踏んづけたりしながら今日まで生き永らえてきたものか、などと、自省を促される思いが強い。受けた疵の痛みはいつまでもしたたかに残すが、こうむった恩義への感謝の念や、加害・不埒・不仕付けの記憶は薄めやすく、時には力づくでも意識の底に沈めては、先を急ぐ。

＊　＊

さて、いっぽうの私の方では、渡邊さんの関知せぬところで幽かな不安が影を大きくしてきていた。一つには、なんと言っても出版会の看板の〝大きさ・重さ〟であり、二つには、出身大学であろうが勤務先の大学であろうが、およそ「大学」とか「研究室」とかいう名の〝小世界〟にたむろする人間たちが図らずも醸し出す、湿気の多い濃密な空気とでもいうべきものであった。被差別部落と遊廓を目前にする、一見して何の変哲もない京都の下町のお町内に明け暮れ居住し、出生や育ちのことを巡るごく私的な事情も重なって「まわり」との心情的な関係の均衡に気遣いしながら成長してきた若者にとっては、自らの行動指針を体得すべく、近畿各地から移ってきていた借屋住民たちの思惑や態度や言辞を、人情味とあわせて冷静かつ的確に観取することが肝要だったが、それ相応の年配に達してから肌身に沁みた研究者の世界の空気は、お町内での空気と酷似していたように思える。こう言えば、そんなのは如何にも古い気風だ、狭い世界の話だと一笑に付す向きも多いだろうが、こちらにすれば切実な問題であった。万一にも憤懣や侮蔑、特には陰湿な嫉妬を引き出すような立居振舞いがあってはならず、よろずに控えめにありたい、地味でありたいと、そういう風な気分に浸されがちであった。こんな話をおわかり頂くのは決して容易ではあるまいし、それに、うんと若い世代の人々にとっては、まるで日本昔話に出てくる〝小心者のお爺さん〟の気苦労話みたいで、おかしかろう。

それなのに渡邊さんからは、〝尺玉花火〟顔負けの話が飛び込んできた。彼が言うには「本体をこれまでのようにケースに入れるのはやめた。ただし、表紙にカバーを付ける。カバーはカラー印刷で『上杉本洛中洛外図屛風』の祇園祭山鉾巡行の場面を切り取って宛てる」のだと、さながら従来の東京大学出版会が倒産し、新組織に生まれ変わる宣言のような活気であった。ともかく従来の専門書とは一気に趣を異にして、賑々しいというか、派手派手しいというか、大売り出しのチラシの話というか、ともかく吃驚仰天したが、同時にこの身が、何かしら湿って冷えびえとした薄暗い空間から青々とした天空へと羽音を立てて飛び出すかのような、そんな風情が感じられて、いっさいの不安も何も、瞬時に吹っ飛んだ。思い切り、やりたいようにやってもらえば良かった。

初刷りの本の包みが届いた日、帰宅して、居間に座り込み、妻子が頭を寄せて笑顔で覗き込む中、一冊を掌にのせて、カバーにじっと見入るうちに、何やらこみ上げてきて、目頭が熱くなった。出たッ！という思いに併せて、知らぬ間に背後に迫ってきた何者かに黙ってそっと小脇をくすぐられたような、そんな気分さえ湧いてきた。心底は、嬉しくてならなかったのである。

ちなみに、カバーの片隅にはやはり渡邊さんの発案で短いコメントを付していた。山鉾巡行の図柄に合わせて「町衆《まちしゅう》」の盛んな心意気を謳い上げたつもりであったが、当時か少し後にか、鉾町《ほこちょう》の住人であったお方（故人）がそれを瞥見して、「山鉾の巡行やいうても、これではまるで今どきのデモ行進みたいや」と漏らされていた由、伝え聞いた。

今にして思えば、あれは多分、戦後の歴史学の理念による祭礼神事・山鉾巡行の歴史的意義の読み替え、それへの根深い違和感が、市中のど真ん中から、あの人独特の婉曲な言い回しで表明されていたのではなかったか。もし、そうだったとしたら、小文集の各論を通じて著者自身が年来模索してきていた〝民衆史の見方の転換〟（後述）という課題と、どこか底の方で繋がっていたのかも知れない。

ところで小文集には、一九六二年から七四年まで、都合一三ヶ年の間に公表したり手元に置いたりしていた個別論文・批評文や読み物など一七篇を集めて、三部に分けていた。あの当時、もし誰かが「全体を通じて提唱しているのは、どういうことか」と問うたとしたら、こういう答えになっていたのではないかと思う。むろん、同学の方々による批判や評価のことにはいっさい言及せず、自分勝手に極力単純化すればのことであるが。

＊　＊

中世民衆史の研究では偏った狭い民衆のイメージを排し、民衆の本意に釣り合うような見方を常に重んじて、視点や方法を素直に見直しながら幅広く探求して行くように努めよう。

万事について、もっと多面的に、陰陽表裏を併せ見て、そして外面だけでなく彼ら民衆の〝内面〟にも、しっかりと、丁寧に、光を当てることにより、民衆史の実際面を見直そう。その際、民衆同士の間にも差別／被差別の問題は存在したことを軽視も無視もせず、直視して行くことが必要だと考える。そのあたり、私なりに多少試みてみた結果を各論で示したので、批判を請う。

以上。

本文の《I部》では、中世民衆の考え方や他界観などと共に、枚挙にいとまもないほどに多様に発達していた「あそび」の形態や性質のこと等も含めて、民衆の日常生活と結びついた文化現象を見渡してみた。

《Ⅱ部》では、商人・手工業民（いわゆる職人さん）の仕事の環境や、京都の町人各層（家主・借家人）の暮らしぶり、町屋《まちや》（町の庶民住居）の有りさま、更には、男子が年齢一五歳で成人と見なされたことの法的・社会生活上の意義、等々を考えてみた。

《Ⅲ部》では、社会的な差別の実相を探ると共に、ケガレ・キヨメの観念や、卑賤視（人を身分や地位が低く卑しいと厳しく見下すこと）された人々の実生活を視野に入れながら、そういう厳しい問題の発生源とか拡大の経路とかにつき、宗教人の果たした役割の再検討とか、被差別民衆の中での忌避や差別心とかいうことも含め、従来の学界では常識となっていた考え方を省みて、さらに深い視点から考え直してみる必要性があるのではないか、と問うてみた。

また、同じく《Ⅲ部》の各論の内、「中世における卑賤観の展開とその条件」では、恩師の先駆的な学説も視野に入ってのことだが、いわゆる部落史研究で指導的な位置にあった研究者（当時はまだ少数だった）の間では通念とされていたような事柄も、根本から考え直さねばならないのではないか、と申し立てるとともに、かねてより史料の扱い方や歴史用語の解釈に関しては、総じて研究者が見せやすい、いささかならず不用意な姿勢に不安を感じていたことから、部落史研究全体が一から出直す必要性があるのではないか、ということまでも威勢よく叫んでいた。収録した小文集の刊行に先立つこと一二年余、一九六二年末の意見だったが、ほとんど中世史研究・部落史研究の両面で説得性はなかったようだ。我が嘴は、未だ黄色かった。

さらには、一二年後の一九七四年の論考「中世民衆史における『癩者《らいしゃ》』と『不具』の問題」では、仏教者の果たした現実の役割を再検討し、中世社会で「癩者」と呼ばれ、社会の各層から極度の忌避をこうむると同時に、仏教思想の業病観（難病を前世の悪業の報いだとみる考え）に立脚して救済の対象と認識されてもいた重病者、並びに、身体障害のゆえに社会的差別をこうむり「五体不具」の語で総称されつつ〝無用の役立たず〟と見なされていた人々について、戦前戦後の研究から教わりながら、既知のものも含めて、各種の文献資料を見直してみた。そこでは歴史研究者の共通の課題を見つけ出して行くことが必要だとまでは考えは及んだが、とうてい結論めいた意見は開陳できずに終わっていた。

ついでながらその小文は、初出予定誌から故あって引き取り、補充の後、一九七四年三月に、急遽勤務先の「紀要」に掲載してもらったものである。面識はまだなかったがお送りした別刷りを一読された東京の一中世史家からは、早速に懇篤な返書を頂いた。一後進に届いたその文面に漲るお気持ちに、私は強く励まされた。これ以上の言及は控えるが、その方から、そのような書面を受けたことによって、私は小文の収録を決心し得た。差別問題の論議に関して大方の理解が得られるか否か、また、誰一人として向き合ったこともないが、療養所で暮らし続けるほかはない元患者の皆さんのお気持ちを今更の如く逆撫でることにはならないか、更には、論旨の運びの行き届かない点を充分に補正せぬままで、果たしてよろしいのか等々、思い煩うこと多く、収録を迷っていたのである。その辺りの事情については、こんにちでは周知の、二〇〇一年五月の熊本地裁判決（原告全面勝訴確定）以降は

「ハンセン病」関係の書籍類が続々と刊行され、メディアもまた急ぎ報道の幅を広げ始めた事態を思い合わせれば、まさに隔世の感があったが、それはともあれ、刊行後当分の間、各方面・各職域・各年齢層の読者からの質疑・意見・感想は、ほとんどがこの「癩者・不具」の小文一つに集中していた。専門医・看護師その他療養所関係者の方々をも含めてのことである。

なお、小文集の読者から受けた最後の手紙は、一九九八年八月九日付、六〇歳の女性からのものであった。別人の本で小文集があるのを知って取り寄せたといい、幼少時に一緒に遊んだ被差別部落の友達のことがずっと気になっていたので、退職後に急にいろいろと読み出したのだが、この本では河原者といわれた人々のことが書かれた箇所を読んで、感ずる処があったといわれる。この人の場合、幼い頃の体験と記憶が、半世紀ばかりの歳月を経て小著へとつながったわけで、著者にとっては感慨ひとしおであった。

＊　＊

小文集刊行から満四年で専任教員職を退き、一か年限りの非常勤職に転じさせてもらったが、その願い出が大学執行部で正規に承認された後、自分にとっては驚きの一語に尽きる事態が生じた。つまり、新年度から受け入れた学生のなかに新潟県出身の女子学生がいて、東京外大の中国語科に在籍していたが、日本歴史を勉強したくなって本学をめざしたといい、ある日、書店で（あの）本を見掛け、ふと手にして読み出したら止まらず、その結果、決心したという次第であった。

後にも先にも、あの文集が絡んでくる忘れ難き話題の中で、それは際立ったものだった。さても、

さても、あの文集の、いったい何が、彼女をそこまで動かしたのであろうか。ともあれ、何もかもが済んでしまったことであり、万事は〝今後〟に掛かっていた。やむなくこちらの事情を告げたものの、当然、こちらの心境も穏やかではなかった。彼女はその後、京都での暮し向きに苦労は絶えなかったようだが、幸い師友にも恵まれてよく頑張り、佐渡出身の祖父がその一員で生還者だったという満蒙開拓団の経緯を追う卒論を仕上げて卒業し、やがて新進の日本画家と結婚。今は御夫妻息災にて京都伏見の里で後半生の日々を送る。

想うに、一九七〇年代前半のあの時期に、出版会に渡邊勲という、志を持つ新進の編集者がいて拙稿を手にしてくれなければ、あの文集は影も形も無かったし、従って、その後における歴史研究者としての我が道筋もおぼつかなかったのである。これを「奇縁」と言わずして何と言おうか。その彼を、あれほどまでに突き動かした何かと、一学生の人生を方向転換させた何かとは、同類のものだったのか、否か。答えは永久に得られまい。だが、とっくの昔に御役御免になり、いまさら著者自身があれこれと喋々すべくもない小文集だとはいえ、それは、渡邊さんとの出会い、そして彼女との対面の思い出に堅固に結びつきながら、我が旅の終わりの日まで生き続けよう。

（よこい・きよし　一九三五年一〇月生まれ。〔著書〕『看聞御記――「王者」と「衆庶」のはざまにて』（株）そしえて、一九七九年、『光あるうちに――中世文化と部落問題を追って』阿吽社、一九九〇年、『日本中世文化史論考』平凡社、二〇〇一年）

大企画を完成させた歴史家たち　『大系日本国家史』、『一揆』

峰岸　純夫

私は二〇世紀の後半に東京大学出版会の大きな企画二つを引き受けた。そしてその一つ『大系日本国家史』全五巻は一九七六年に、もう一つの『一揆』全五巻は一九八一年に完成させた。とりわけ前者の編集過程はベトナム戦争の最終段階の時期で、その情勢への国際的・国内的注目と重なって作業が進められた。それ故、私も含めて多くの研究者に気分の高揚は否定できない状況にあった。

前者の編者は、古代は原秀三郎、中世は私、近世は佐々木潤之介、近代（二巻）は中村政則の四名

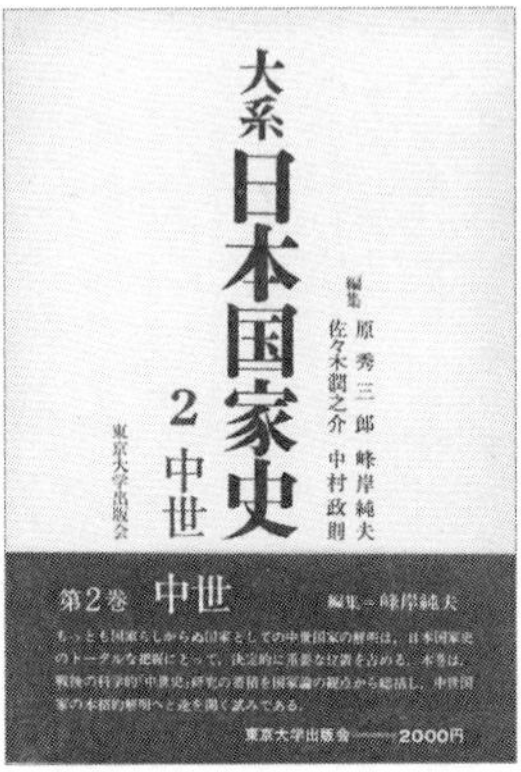

1975年刊

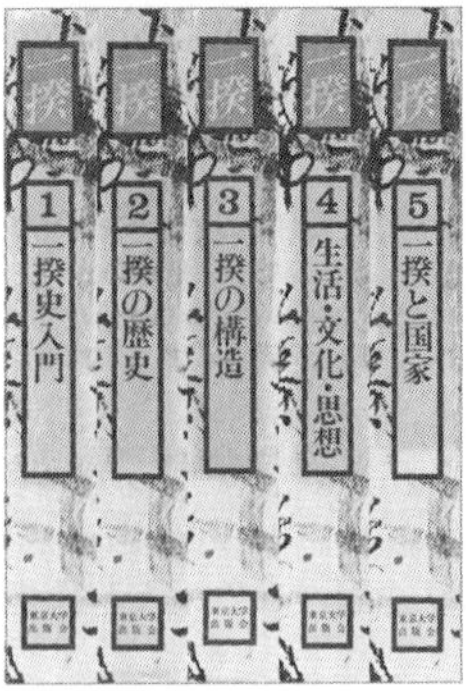

1981年刊

で、今日では佐々木氏・中村氏はすでに故人となっている。後者の編者は、青木美智男・入間田宣夫・黒川直則・佐藤和彦・佐藤誠朗・深谷克己・私・山田忠雄（アイウエオ順）の八名で、そのうち青木・佐藤・佐藤・山田の四氏はすでに故人となっている。

前者の「国家史」中世編の執筆者は、序説の私以外は、北爪真佐夫・入間田宣夫・三浦圭一・佐藤和彦・藤木久志の六人で、そのうち私と入間田・藤木氏以外の三氏は故人となっている。後者『一揆』は中世・近世の研究者三四人からなり、当時若手の研究者の多くを組織したので、そのうちの今日の故人は六人である。

東大出版会の若き熱意あふれた渡邊勲さんに引き込まれて、懸命になって編纂と執筆にかかわってから、ほぼ四〇年の歳月が過ぎ去った。いっしょに口角泡を飛ばして議論し合った同志もかなりの方々が故人となられた。私の「あの世行き」も近いかと思われる今日の時点で、その回顧をしておくのもよいかなと思った。

一　『大系日本国家史』を編む

戦争中に群馬県の前橋中学に入ってすぐ、一年生の夏に終戦、やがて戦後の学制改革で中学は高校となり通算して六年間をこの学校で過ごした。その時に戦後の東大卒の教員、三津間先生が赴任してきて、『日本人民の歴史』をテキストに学習会をしようと提案した。そこで同級の大谷喜伝次氏（後に東大生となり都学連委員長）らとサークルを作ってテキストに学び、マルクス・エンゲルスの階級闘争史観に初めて触れた。三〇年も経て私は群馬県立博物館の館長として会議に召集され、県庁に赴いた時、副知事となったかの教員とまみえることとなった。驚いた私は、かつて授業以外でマルクス・エンゲルスのご指導いただき、私の人生にとっては非常に良かったと述べたところ、氏は「若気の至りでいろいろやったな」と笑いながら語った。

その後の長い人生の中で、マルクス主義歴史学に傾倒し研究者になっていく中で、私の書斎の座右にはいつもマルクス『資本論』やエンゲルス『家族・私有財産、国家の起源』などが置かれていた。戦後間もない当時は、マルクス主義歴史学の全盛時代で、中世史研究において石母田正・永原慶二氏らの成果に学び研究を進める中で、マルクス主義歴史学の道を歩むことになった。この企画をこなすことになった時、改めて歴史研究の原点とも言うべき国家の歴史と国家支配のもとに位置づけられた被支配階級（身分）とその階級闘争の歴史を解き明かす機会に恵まれた。

本書においては、私の序説「日本中世社会の構造と国家」は中世編全体の総論であるとともに社会構造（階級支配の在り方）と国家との関係を明らかにし、北爪真佐夫「中世天皇制論」と入間田宣夫「鎌倉時代の国家権力」は中世国家論を、三浦圭一「中世の分業流通と都市」は分業・流通の経済的視点から国家に迫り、佐藤和彦「中世の階級闘争と国家権力」は階級闘争論を、そして最後の藤木久志「大名領国制論」は権力闘争と階級闘争の戦国争乱の中で成立した地域国家とも言うべき大名領国に焦点を当てる、以上のような分業関係で中世国家論に迫ることにしたのである。

この六人で、それぞれの得意とするテーマと全体構成との関係を話し合いそれぞれのテーマ設定とその内容の吟味を行った。私は、全体編集者という立場から序論の理論的考察を引け受けざるを得なかった。その際、私の念頭にあったのは、戦後歴史学の中で主流的見解となっていた「脱亜論」という主張で、アジアの諸社会と異なって日本はヨーロッパ社会と同様の封建制・農奴制を形成し得たこと、その前提としての「世界史の基本法則」、即ち人類の発展法則として、原始・奴隷制・封建制（農奴制）・資本制へという図式が支配的でそれに拘束されるあまり、古代律令制の公民支配を「総体的奴隷制」とする見解が支配的であった点への疑問であった。

その頃、私たちはアジア史、とりわけ中国史研究者と「アジア封建制研究会」という会を作り研究を重ねていた（「ア封研」は「阿呆研」だなどとの蔭口があった）。その中のメンバーの一人である北爪真佐夫氏が、「アジアの共通の分母と異なる分子」という表現で、アジアを重視する視点を提起し私はそれを取り入れた。

マルクスの古典を解読する中で「農奴制」と若干区別される「隷農制」の範疇に着目し、これを日本社会に適用し活用することにした。古代国家の隷属する（ある面では自立している）斑田農民（公民）の支配を「アジア的隷農制」、中世の荘園や公領において公家や武家の支配下にある中世・近世の百姓支配形態を「封建的隷農制」として把握することにし、この構想で全体を不十分ながらまとめ上げた。その後、この見解が多くの研究者の支持を得たとは思わなかったが、ともかくこの筋で論考をまとめ上げることはできた。

このような枠組みで、マルクスの構想を日本の中世・近世社会に適用し、その具体的な構造のもとにそれを支配する封建的国家の構造についての諸学説を整理しつつ分析を行って、自説を展開した。このことは、歴史理論研究は必ずしも得意でないと認識していた自分にとって、大きな努力を課されることにはなったが、大変よい経験となった。

この論文で最後に提示したのは、鎌倉時代の朝幕国家、室町時代の幕府と鎌倉府の二元的な「兄弟国家」(これについてはその後の解明による)、そして大名領国制国家、その後に近世幕藩制国家へという展開で、それぞれの国家構造を不十分ながら分析しているが、この論考は、後に『日本中世の社会構成——階級と身分』(校倉書房、二〇一〇年)に転載した。

二 『一揆』の完成

今年(二〇一七年)の甲子園球場で行われる夏の全国高校野球は、日本列島を襲った長期滞在の台風の影響を受けて、八月七日の開会式が一日遅れの八日になった。この原稿を書いたり野球を見たりの「ながら族」の私は、この開会式を興味深く見守った。とりわけ、くじ引きで代表となった北北海道の滝川西高校主将の堀田将人君が行った選手宣誓は快かった。彼は「真っ白なユニホームが真っ黒になるまで」「真っ白なボールが真っ黒になるまで頑張ってきた私たちは」、とこれまでの経過を述べ、「全国の高校球児の思いを胸に、最後まであきらめず、正々堂々と全力でプレーすることを誓います」

と述べた。

この宣誓は、全参加選手や会場の応援団、会を運営する高校野球連盟の方々や審判団、さらには全国の高校野球ファンを対象にしたもので、神仏への誓いは全くない。しかしこれは現代における「一揆」、「一揆の誓約」だと私は思った。

このことを前提に話を本題に戻そう。『一揆』は五巻構成で、一巻「一揆史入門」、二巻「一揆の歴史」、三巻「一揆の構造」、四巻「生活・文化・思想」、五巻「一揆と国家」で、その編集委員は、中世史の入間田宣夫・黒川直則・佐藤和彦の三氏と私で、近世史は青木美智男・佐藤誠朗・深谷克己・山田忠雄の四氏、計八人である。編集委員は五巻の中で一人が一つないし二つの論考を発表した。その他の論考は二五人の中・近世史研究者がそれぞれのテーマで執筆した。

私は、一巻に「中世社会と一揆」、五巻に「中世変革期と一揆」を書かせていただいた。そして、執筆者の研究会が、中・近世合同部会五回と中世・近世別のそれぞれの部会一五回（会場は東京と京都）が開かれて議論に議論を積み重ねた後に執筆となり、この間に三年間の歳月を費やした。

この企画の意図は、五巻の末尾に編集委員会のまとめとして、「全五巻完結にあたって」として記載されている。それによると、当時中世社会の構造をめぐって近世史研究者の中世奴隷制論があり、中・近世の評価についての断絶が問題化しており、それを「一揆」（前近代日本の固有の階級闘争）というテーマを貫くことで二つの時代を連結させるというところに、一つの目的があった。

しかし、中世と近世では一揆のありようが異なっていた。近世では一揆は百姓一揆に限定されていたが、中世では荘家の一揆、土一揆などの百姓の一揆のほかに、武士の国人一揆、武士・地侍・住民の地域的結合である惣国一揆、宗教信者による一向一揆や法華一揆などの多様な一揆が存在している。その多様な一揆の考察の上に、土一揆などの階級闘争（人民闘争）の一揆を解明・叙述しようとしたのである。

それ以前、一九六〇年の安保条約反対の国民的運動の高まりの中で、研究状況も人民闘争・階級闘争を主眼に据えた研究がたいへん盛んになっていた。しかし、一九六〇―七〇年代に移行する中で、人民闘争・階級闘争を無視はしないまでも、その周辺の民衆全般、さらには民衆も含む社会全般を視野に入れて研究していく動向が、民衆史研究・社会史研究という方向で高まりを見せてきた。この『一揆』の出版はその変動の渦中にあって、その動向を踏まえる必要があった。そのことを前提に、四巻「生活・文化・思想」には、次の八人（中・近世各四人）の筆者とそれぞれのテーマを配置した。

千々和到「中世民衆の意識と思想」
難波信雄「百姓一揆の法意識」
黒田日出男「中世の開発と自然」
山本隆志「中世農民の生活の世界」
青木美智男「近世民衆の生活と抵抗」
金龍　静「中世の宗教一揆」

奈倉哲三「近世の信仰と一揆」
矢野芳子「「おかげまいり」と「ええじゃないか」」

すなわち、民衆の意識、思想、信仰、その前提にある自然や民衆生活などを叙述の内容としたのである。

なお、この四巻以外の各巻の筆者とテーマをあげると次のとおりである。

〈一揆史入門〉（一巻）
編集委員会「序論」
峰岸純夫「中世社会と一揆」
深谷克己「幕藩制社会と一揆」
佐藤和彦「中世一揆史研究の軌跡」
青木美智男「幕藩制史研究と百姓一揆研究」

〈一揆の歴史〉（二巻）
斉藤利男「一揆の形成」
佐々木久彦「荘家の一揆」
田中倫子「徳政一揆」

池上裕子「戦国期の一揆」
西田真樹「一揆の転回」
斎藤純・吉武佳一郎「百姓一揆」
保坂智・浅見隆「一揆と打ちこわし」
落合延孝「世直し」
松田之利「新政反対一揆」

〈一揆の構造〉（三巻）
山陰加春夫・酒井紀美「中世における一揆の組織と形態」
山田忠雄「近世における一揆の組織と要求」
馬田綾子「中世都市と諸闘争」
吉田伸之「近世都市と諸闘争」
木村茂光・外園豊基「中世の諸階層・諸身分の闘争」
峯岸賢太郎「近世の被差別民の闘争」

〈一揆と国家〉（五巻）
峰岸純夫「中世の変革期と一揆」
佐藤誠朗「維新変革と人民闘争」
入間田宣夫「中世国家と一揆」

山田忠雄「幕藩制国家と一揆」
黒川直則「中世一揆史研究の前進のために」
青木美智男「近世一揆史研究の前進のために」
（百姓一揆史料目録）

以上の中の、私の執筆項目の内容について触れておきたい。まずこの講座の意図も含めて、そもそも「一揆」とは何かという根本的な問いに答える必要があった。私の二論文「中世社会と一揆」（一巻）と「中世の変革期と一揆」（五巻）はそれに応えようとするものだった。

「中世社会と一揆」では、「一揆」の語源から始まる。「揆」とはその意味は何か、本来は、「度」（はかる）という意味の語から、計量・計測などの意に用いられ、それが転化して道程（みちのり）といった抽象的な表現となり、さらに方法・行為といった言葉に転化していったこと、同義の語句としては、「一致」「一味」「味方」「与同」「与力」「同心」「一同」などがあるが、それが中世社会の変動の中で、特定の合意にもとづく目的集団としてクローズアップされてくる、大げさに言えば、「一揆の時代」の出現となったのである。

鎌倉時代には、武家や寺社の間で「一味同心」といった集団の意思とその行動が行われ、在地領主の間では同族ないし婚姻関係を媒介にした姻族を含めた「党」組織が形成された。紀州の湯浅党・隅田党、武蔵の武蔵七党などがあげられる。これらの党的結合を前提にして、中世後期には中小武士団の一揆結合の展開となることなどを叙述していった。

一揆の形成過程での宗教的行事として「一味神水」は重要であり、一揆集団形成の目的やその結合を遵守するための「一揆契状」が作成され、神仏の前で鐘を鳴らして神仏の来迎を求め、その前で「神水」を飲み、一揆契状に署名・押印し（あるいは血判を押し）などして祈誓する、といった一連の行事が厳粛に行われ参加者の誓約（精神的拘束）が固められる。

このような一揆の形成が、あらゆる身分の中で行われ、南北朝内乱期には各地の中小領主層の間でしばしば一揆が形成されたが、この中で特に豊後「角違一揆」は多くの研究者に注目されて論文も多いので、それらを紹介するとともに、南北朝・室町期の三一点の在地領主の「一揆契状」を掲載している。

百姓の一揆については、文安元年（一四四四）の東福寺領備中国上原郷百姓の一七ヵ条にわたる「目安」（百姓中状、「東福寺文書」）を全文紹介し、現地支配の代官の様々な不当な行為に対して一揆を構成し、多様な抵抗を試みる百姓の一揆行動を明らかにし、最後には、広範な武力闘争を含んだ土一揆（徳政一揆）展開の見通しを述べて締めくくっている。

なお一巻の冒頭図版では、鎌倉後期の建治元年（一二七五）の阿弖川荘百姓の仮名書言上状（高野山文書）を掲載した。この史料は紀伊国有田郡の高野山領阿弖川荘の荘民が、地頭湯浅氏の非法（「耳ヲソギ鼻ヲ切リ」などの）を訴えた仮名書の長文訴状で、すでに『大日本古文書　高野山文書』で全文翻刻されているが、その写真版が前と後の一部しか掲載されておらず全体掲載の必要があった。そこで、故郷の高野山で活躍していた執筆者の山陰加春夫氏の御指導により、所蔵者の高野山金剛三味院の許可を得て、寄託収蔵されている高野山霊宝館での調査・撮影を行い一巻の口絵に掲載することができた。また同じころ企画された高野山膝下の『清水町史』にも掲載した。この史料写真の全文は本邦初公開であった。

また二巻に掲載した奈良県の柳生の元応元年（一三一九）の地蔵彫刻石仏に刻まれた正長元年（一四二八）の徳政碑文は、現地を訪れ地元研究者の方とともに撮らせていただいた写真である。この史料は、「正長元年ヨリサキ者、カンヘ四カンカウニオイメアルヘカラス」と正長の土一揆の成果として、この地域の神戸四郷に「負目」（年貢未進などの負債）はないと明言している。これは、住民の土一揆による勝利宣言の言葉である。

五巻の「変革期と一揆」は一巻の論考を受けた形で、中世成立期・南北朝内乱・戦国動乱期の三つの変革期における百姓の動向を粗描した上で、最後の戦国動乱期の徳政一揆に焦点をしぼり詳細に論じている。

一九六〇年代後半の徳政一揆研究の動向は、徳政一揆や徳政令の前提となった徳政状況を把握することから始まり、多くの研究が発表された。それらの研究を踏まえて、荘園領主単位ごとの在地徳政や全体的な幕府徳政を区別しつつ、論を組み立てている。

さらに、一揆の総合化として「国一揆」「惣国」「郡中惣」などの名称で畿内・近国に出現する惣国一揆や山城国一揆、さらには真宗門徒などを中心とする宗教一揆（本願寺一揆）などについて戦国動乱の基礎過程として考察を展開している。戦国動乱という変革期は、各大名間や各地の領主間の権力闘争であるとともに、支配・被支配の階級闘争との複合であり、それに国土を襲う災害（凶作・飢饉など）との絡みあいがある点をも指摘している。

この二つの論考は、後に『中世社会の一揆と宗教』（東京大学出版会、二〇〇八年）の主要論文として収載している。

三　当時の学会状況

この二つの企画が成立した当時の歴史学の学会状況について触れておく。当時は（現在も同様）大学付属の歴史学会とその発行雑誌に東大史学会（『史学雑誌』）・三田史学会（『史学』）、出版社付属では吉川弘文館『日本歴史』などがあったが、東京を中心とした民間の歴史学会としては、私の生まれた一九三二年に成立し、現在の二〇一七年九月には九六一号の会誌発行を数える歴史学研究会（『歴史学研究』）がある。京都を中心に日本史研究会『日本史研究』、大阪を中心に大阪歴史学会『ヒストリア』、名古屋を中心に中世史研究会『中世史研究』、東北を中心に東北史学会『東北史学』などが活動している。また戦後各地に成立した歴史民主科学を標榜する研究会（東京・名古屋・京都・奈良・大阪・九州・北陸・北海道・宮城・福島・熊本など）を統合して歴史科学協議会（『歴史評論』）、全国の歴史教育の会を統合する歴史教育者協議会（『歴史地理教育』）などの組織と発行雑誌がある。

また歴史学研究会と日本史研究会のメンバーが発起して作った毎年夏の中世史サマーセミナー（そ

の他、各時代別に存在）がある。この会は、毎年八月に全国を経めぐって見学と討論の交流を内容として開催されている。私は今も、このような学会・研究会のそれぞれに入会して研究の交流と活動を行っている。

私の参画した『大系日本国家史』と『一揆』の編さんと執筆は、その後のことも含めて、以上のような学会と研究会の活動に負うところが大である。自宅の研究室や書庫以外に多くの雑誌やその抜刷、出版にかかわったり、買い求めたり寄贈されたりした数多の歴史図書が所狭しと壁面を覆い、他の部屋にも進出・侵略している状況にある。息子の一人が、父親の本を全部片付けて清々するのが夢だと語った。夫の研究活動に一定の理解を払いつつも、学会・研究会費の大量送金を行っている妻の苦労は理解できる。しかし、私たちの後を継いで学会・研究会の運営に多くの時間を割いている後輩たちの苦労とその顔を思い浮かべると、今は、なかなか退会はできない。話が少しそれた、これで終了とするが、最後に一言加えておきたい。

以上二つの出版にあたっては、私は四〇歳後半の働き盛りの時代ということもあって自分なりに頑張ってやったと記憶している。研究者共同の編著、すなわち歴史研究者「一揆」の所産ということもあってとりわけ熱が入った。また関東・関西の研究基盤の異なる多くの執筆者との交流を通じて多くのことを知り得て、生涯の友となりその後の研究交流にもつながった。

最近のことだが、『一揆』四巻に「中世民衆の意識と思想」を執筆した千々和到氏が現職最後の編著として、『起誓文と那智参詣曼荼羅』（朝倉書店）と『日本の護符文化』（弘文堂）をまとめてお送りいただいた際に、最初に『一揆』の仕事があったから、生涯の研究としてこのテーマで研究することができたと、しみじみと語ってくださった。これは私たちをある意味では「酷使した」渡邊さんに伝えたい言葉と思った。

この二つの大型企画の作成過程で、渡邊氏は懸命な努力を行った。時には、原稿期限を守らないルーズな執筆者に対して、「執筆期限の約束を守らない執筆者は終身刑にしてよい、という法律が外国にある」とか言って脅した。たまたまある日、家の庭先に人影が見られるので、驚いて不法侵入者かと恐る恐る出てみたら、これは渡邊さんの突然の来訪であった。このようなことまでして、渡邊さんは歴史研究書の発刊に大いに頑張ったのである。

（みねぎし・すみお　一九三二年五月生まれ。東京都立大学名誉教授。〔著書〕『中世の東国——地域と権力』東京大学出版会、一九八九年、『日本中世の社会構成・階級と身分』校倉書房、二〇一〇年、『享徳の乱——中世東国の「三十年戦争」』講談社、二〇一七年）

転換期の象徴だった二大シリーズ　『大系日本国家史』、『一揆』

深谷　克己

1　『大系日本国家史』全五巻

編集の背景と意図

『大系日本国家史』全五巻（古代・中世・近世・近代Ⅰ・近代Ⅱ）は、一九七〇年代中葉の先端的な成果である。私自身は、この企画の中心にいたのではなく、「近世」巻の七人の執筆者の中でも最も

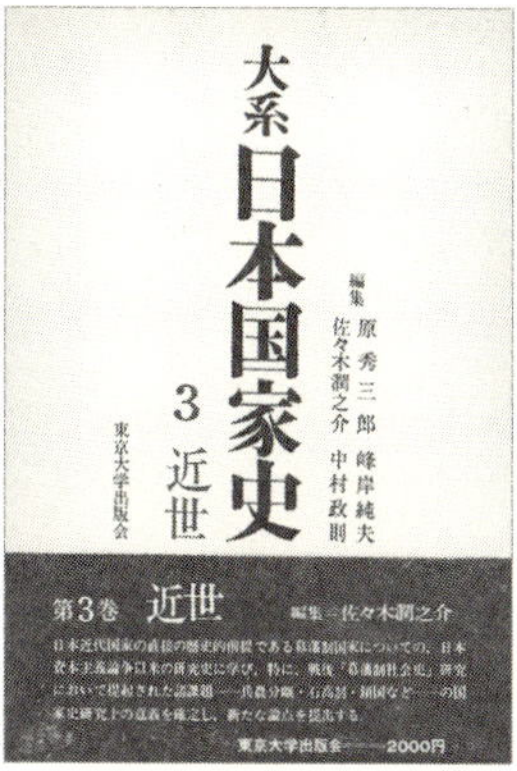

1975年刊

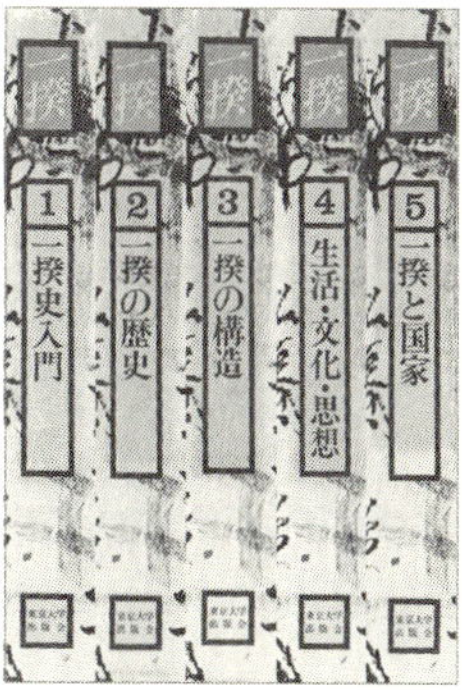

1981年刊

後学の位置にあった。この企画に関して、自著を語るという角度から一文を書くのにはふさわしくない一執筆者にすぎない。ただ、この企画の全体を主導し、「近世」巻の編集（章題も人選も）についても、ご自身の考えを中心に据えて進められたに違いない佐々木潤之介氏はすでに物故している。「近世」巻の執筆者の中でいちばん若かった私も八〇歳に近い高齢者になった。長いあいだ歴史学の流れの中に身をおいて、歴史書の研究・出版に関する議論にも何度も関係してきている。すでに四〇年以上前の刊行書になった『大系日本国家史』についても、その中の「近世」巻についてであれば、いくばくかの意見を加えながら紹介することができるであろう。

今から振り返れば、「戦後歴史学」の勢いが弱まり、新しい問題感覚の歴史学に移り変わろうとする模索がさまざまなテーマで始まりかけた時期だったが、それは振り返ってみて言えることで、それまで牽引者的な役割を果たしたり流れの中心にいた研究者は、蓄積してきたものを継承しつつ発展させることが前途であった。『大系日本国家史』は、広い視野から見ればそういう企画であった。

この企画の問題意識は「大系・日本国家史編集委員会　原秀三郎・峰岸純夫・佐々木潤之介・中村政則」の連名で書かれた、冒頭の「発刊にあたって――その意図と経緯」に、短く簡潔にまとめられている。この四人は、歴史学研究会、日本史研究会、歴史科学協議会などを通じて、古代・中世・近世・近代史研究の先頭に立って、日本史学界の理論的リーダー、問題提起者として牽引役を果たしてきた面々である。「発刊にあたって」に述べられていることを要約的に取り出して、この企画の背景と刊行の意図を確かめてみよう。

「発刊にあたって」は、この時期を「変革の課題と結びついた国家論の時代」と位置づけ、「歴史学が果たさなければならない役割」をそこ（国家史）に求めている。編集メンバーは、これまでに「科学的日本史研究」が「社会構成的特質」の解明に成果をあげてきたことを確認し、続いてそれが「階級闘争論に対応」させられてきたことを指摘する。これは編集メンバーの研究歴によるものでもあるが、当時の状況としては、一九六七年の歴史科学協議会創立を契機に歴史学研究会・日本史研究会も歩調を合わせて取り組んだ「人民闘争史研究」の盛り上がり、そして数年後の熱気の衰えの記憶と切り離せない指摘でもあったと私には思われる。

ただ、編集メンバーは「人民闘争史研究」と順接させるように「階級闘争の主体が人民」であり、そして「人民に対置されるものが国家」である、と対置する。おそらくそこには「人民闘争史」研究に欠けていたか弱点であったのが、「人民」に向き合う「国家」の歴史的研究の不足という受けとめ方があったと思われる。

編集メンバーは、企画の「背景」をこのように説明したうえで、政治学・経済学・法律学などの関連諸科学の中で、歴史学が固有に負う課題は、国家の形成、推移、消滅の過程を歴史的に明らかにすることにあると言う。だが、このことが簡単でない理由は実は歴史学界の中にある。「科学的日本史研究」はその蓄積の大きさに比例するように、時代別の研究環境ができあがって独立の観を呈し、それぞれの時代別に専門研究者が育ち、ふだんは研究交流することもないというのが実態であった。この企画の編集メンバーもふだんは接することが稀であり、企画の大きな意義の一つは、日本国家史という課題で参集して通史を試みてみること自体にあった。

編集メンバーの誰もがこの事情を知悉しており、「方法的にも非常に困難な状態」であることを告白しながら、それを超えるための「問題提起の書」として、この企画をやりとげようとしたのである。

「序説」の幕藩制国家論

「近世」巻は、「序説幕藩制国家論　佐々木潤之介」以下、「兵農分離と幕藩制　原昭午」「公儀と身分制　深谷克己」「幕藩制と天皇　朝尾直弘」「都市と国家支配　松本四郎」「幕藩制改革の展開と階級闘争　難波信雄」「幕藩権力の解体　小野正雄」の七人の執筆者で書き上げられた。最後に「本書のむすびとして　佐々木潤之介」が、他の時代巻と同じ形で置かれている。

冒頭の「序説幕藩制国家論」と末尾の「本書のむすびとして」は、この時期の佐々木が自分の近世国家に関する考え方を余すところなく論じたものである。佐々木は、それまでに近世の成立過程から幕末維新期までを、名田地主論、小農自立論、質地小作論、豪農・半プロ論、世直し状況論など、主として基礎構造に関わる論点を提起しながら、「社会構成史」として描きあげてきた。早くに軍役論は提起したが、それは「抑圧の下層移譲」というような表現でまとめられる権力論であり、国家論としての視野になりきっていなかった。

佐々木はこの企画の「序説」で、これまでに提起した「社会構成史」次元の諸問題に向き合わせて、「国家史」として完結させようと試みたのである。「幕藩制国家」としての成立、確立の諸段階を細かく区切っているのも、すでに「社会構成史」次元での変化についての時期区分論を持っていたからである。こうして佐々木が、分業、都市、公儀、天皇、民族（対外関係）などに目配りし、それぞれの意識関係についても臆せず触れて、全面的に論述してみたのが、この「序説」である。

ただし、「幕藩制国家論」になるためにはこれらのテーマが必要だと考えて各章（兵農分離・公儀・天皇・都市・改革と階級闘争・軍役体系）を配しながら、各章の内容には干渉することをせず、その内容の中の首肯できる論点を「序説」の中に取り込んでいくという対し方で、佐々木は長大な「序説」を書き上げている。佐々木は、方法的立場としてマルクス主義歴史学の立場であることを、「序説」の中の関係「古典」の引用、日本のマルクス主義研究書引用などではっきりさせている。佐々木にあっては、「幕藩制国家」は「封建国家」と同義であり「封建国家」は「農奴制国家」であるが、それは世界史的な「国家類型」であって、その中の一つの国家形態として「幕藩制国家」が日本近世の国家であったという理解の仕方である。

そういう「農奴制国家」は日本史では近世だけの所産である。佐々木の日本中世論は、、安良城盛昭説を受容した「家父長的奴隷制」という認識である。「家父長的奴隷制」の中世は国家形態的には「国家的奴隷制」という見方である。こうした理解は安良城説にはないもので、「古代的王朝国家意識」の影響を見るところからくる。ここから「農奴制」段階へ向けての「階級闘争と支配権力の対応」、その推転の全過程の表現が、日本史に特徴を与えている「兵農分離」である。この過程は、「奴隷農民」の個々の「個別的逃散」という「階級闘争」に対応した「転形」であり、この「転形」が、封建領主の成長、農奴農民への成長、集権的支配権力の登場である。

佐々木の見解は修正安良城説とでも言うべきもので、基礎構造の実態研究を行った佐々木にとっては、安良城のように太閤検地の政策基調論（「作合」否定）だけで「農奴制」への変化を説明することはゆるされない。佐々木は、移行期特有の特権的上層農民（名田地主）の実在を否定できず、そこから「小農」社会になるまでには幾段階もの変化を設定しなければならない。それが国家論としての「幕藩制国家」論に細かな段階を想定せざるをえない理由である。

「序説」の佐々木は、理念化されたヨーロッパ史を軸にして日本史の特質を論じていくというのではなく、東アジア規模でみられる「家父長的奴隷制」がどのようにそれぞれ進展したかを見ようとしている。「序説」の佐々木は封建制・農奴制によってアジアにおける日本先進論を言うのではなく、逆に日本が東アジア世界の中の「辺境」であったことで日本の「農奴制」がどのような特徴を帯びざるをえなかったが問われる。「領有組織」が「社会的権力」として「自立」することが軍事力によって否定されていたことで、「両班制」の朝鮮史より「後進」であったと見るのである。

「序説」は、朝鮮侵略やアイヌ支配、天皇制の問題にも論述を進めているが、それらをすべて取り込んだうえでの結論は、次の通りである。佐々木によれば、「幕藩制国家」とは「国家的所有の強烈な、民族国家としての性格をもった、農奴制国家」であったというものである。あえて「民族国家」という表現を使うのは、この国家が他民族（他人種）に対する排他性を強く帯びるという形成過程を持っていたと見るからである。そして佐々木は、「封建国家」の一形態である「幕藩制国家」においいては、国家権力が「将軍に、その領有組織である幕府に、集約されていた」という認識で締めくくる。将軍権力の専制的性格、というのは安良城説でもあり、修正安良城説に立つ当時の近世史研究者にも広く共有されていた見解であった。以下の各章の執筆者も、この点では同じ認識に立っていた。

各章の要旨

六つの各章は、テーマとしてはすべて「序説」の中で取り上げられている。しかし、各章の内容は、「序説」の一部分に過ぎないのではなく、それぞれの執筆者が論中では独自に対象を選び、それぞれ自立的に考察を進め、また論じている。以下に、各章を独立論考として、要旨を紹介しておきたい。

原昭午「兵農分離と幕藩制」は、あえて「幕藩制の極北」とされる島津氏を事例に兵農分離を追究している。原は、石母田正の戦国大名論が「兵農分離への展望を欠いた戦国大名論」であると批判して、幕藩制が貫徹することがむずかしそうな島津氏の大名領国においても「兵農分離の貫徹した事実」を明らかにしようとする。原は戦国大名島津氏の変遷を追い、豊臣秀吉の九州侵攻によって服属したことを画期に支配体制がいっきょに崩壊し、「天下統一の論理が」九州を覆うことになったと論じる。そして島津氏の戦国大名から幕藩領主への転回を決定づけたのは「朝鮮侵略戦争と太閤検地」であると指摘し、その転回こそが島津氏における兵農分離を意味したと言う。

深谷克己「公儀と身分制」は、若手の一人であった私が、先端的な企画の執筆者に選ばれたことも動機となって、思い切り肩ひじを張った表現を駆使しながら、「封建制のアジア的一類型とされる幕藩制の封建王権である公儀」と、同時に「公儀の政治的主導によって創出させられ存続せしめられた、幕藩制国家の社会編制の一環としての固有の身分制秩序」を相互関係的に考察しようとしたものである。この発想も、将軍専制、身分制の政治創出を強調した当時の近世史認識を反映しているが、「公儀」論はその後の私にとって大事なテーマであり続け、やがて私なりの「政治文化」論を構築しはじめる架け橋になってくれたと考えている。

朝尾直弘「幕藩制と天皇」は、古代・中世・近代についての「天皇」研究が進んでいるのに対し、「戦後の近世史研究」では、「経済的下部構造への問題関心」を中心に進められたこともあって、「天皇」研究が遅れた状態にあるという研究史認識に立ち、あらためて具体的な政治過程をたどることで「幕藩制と天皇」の関係を探ろうとしている。その際、古代と近代の日本史が、「天皇制」を政治体制の根幹にしたということを視野に入れて近世の「天皇」の研究に向かうことが大事であると言う。この論考では、「民衆」視点はしばらくおいて、国家史の一環として「幕藩権力構造の研究とかかわらせ、それぞれの段階における天皇の位置と役割」を確認することに主眼をおく。「織田政権」「豊臣政権」「徳川政権」と具体的に関係を追って、徳川家光将軍段階に、それが朝廷から「独立」し、天皇が「名目的存在」になることを跡づける。朝尾も、将軍権力の専制化という見方では、この頃の幕藩制認識と共鳴していた。

松本四郎「都市と国家支配」は、研究史から、農村の過剰人口を不十分にしか吸収できない都市、輩出する仲間外営業者が「非特権的都市民、市民的反対派として定着しなかった」という問題が残されていることに着目する。このことを「幕藩制国家」という枠組みとの関係で考えるという問題意識に立って、各都市の動きを観察していく。具体的には貿易都市、城下町、畿内都市などを、家持層・借家人層、食糧確保問題に焦点を絞って検討していく。松本は、「幕藩制国家」が住民の生活維持に責任を持った段階から、借家人・奉公人層の増大に連れて、彼らの生活保証の責任者が特定の家持町人や問屋商人たちによる個人的な施米・施銀に依存して「体制」の存続がはかられるようになっていくところに新しい傾向を見る。この傾向は、幕藩制国家の強権性を見ている「序説」などからすると、解体過程についていくつかの論点を提示することになるが、この論考はそこまでは踏み込んでいない。

難波信雄「幕藩制改革の展開と階級闘争」は、これは「一定の改編によって体制の維持・強化をはかったもの」であり、「幕藩制解体過程における社会的変動の集中的表現」であり、その全体像は「領主権力と被支配諸階級との階級闘争を基底に構成されなければならない」ことを強調している。難波は、一八世紀以降の幕藩の改革の特徴をあげて、寛政改革以降は、「恩恵」的政策も後退し、幕藩関係の「分裂傾向」と「吸着基盤を整備した前期的資本の下における農民層分化の激化」が進むととらえる。「領主的危機」としては海防問題と組みあわさった幕府貿易独占の動揺をあげ、藩が「御家」から「御国家」の意識を生み、「社会的意識形態の変容」に着目して、「仁政」による統治という「階級支配の儒学的粉飾」が動揺しはじめることを指摘する。

小野正雄「幕藩権力の解体」は、「幕府を頂点に個々の領主権力が集権的に編成された全領主階級による全人民の支配」が「幕藩権力」であるとして、それの「解体」を探る。そして、それの「解体の時点」は、集権的な権力編成が崩れ「全領主階級による全人民の支配ができなくなった時点」であるとして、文久期に朝廷から諸藩に「直接の政令」が下るようになることを重視し、さらに「長州征伐の過程において、幕藩軍役体系の破綻がどのように表面化」したかを見ようとする。そして、長期間戦争がなかったため、「長州征伐」においてさまざまな問題が噴出したことを紹介して、近世初頭の軍役規定通りの武士団動員の体制は実質的には「崩れ去っていた」と結論する。そして「王政復古」による「幕府の倒壊」が、それへの依存で機能してきた藩権力の力を奪って版籍奉還、廃藩置県へ進んだとして、幕府の倒壊が「幕藩権力解体」にほかならなかったと論じている。

2 『一揆』全五巻

『一揆』全五巻は、近世史研究者と中世史研究者がほぼ折半の参加で作り上げたシリーズである。編集者は、中世側が入間田宣夫・黒川直則・佐藤和彦・峰岸純夫、近世側が青木美智男・佐藤誠朗・深谷克己・山田忠雄で、これは「一揆」というテーマだから可能になった中世・近世協同の企画であった。

中世・近世の章題・執筆分担を目次で一覧すると次のとおりである。

1 〈一揆史入門〉序論（編集委員会）、中世社会と一揆（中世）、幕藩制社会と一揆（近世）、中世一揆史研究の軌跡（中世）、幕藩制社会と百姓一揆研究（近世）、中世の一揆研究文献（中世）、近世の一揆研究文献（近世）。

2〈一揆の歴史〉一揆の形成（中世）、荘家の一揆（中世）、徳政一揆（中世）、戦国期の一揆（中世）、一揆の転回（近世）、百姓一揆（近世）、一揆と打ちこわし（近世）、世直し（近世）、新政反対一揆（近世）。

3〈一揆の構造〉中世における一揆の組織と形態（中世）、近世における一揆の組織と要求（近世）、中世都市と諸闘争（中世）、近世都市と諸闘争（近世）、中世の諸階層・諸身分の闘争（中世）、近世の被差別民の闘争（近世）。

4〈生活・文化・思想〉中世民衆の意識と思想（中世）、百姓一揆の法意識（近世）、中世民衆の生産と生活——開発と自然（中世）、中世農民の生活の世界（中世）、近世民衆の生活と抵抗（近世）、中世の宗教と一揆（中世）、近世の信仰と一揆（近世）、「おかげまいり」と「ええじゃないか」（近世）。

5〈一揆と国家〉中世の変革期と一揆（中世）、維新変革と人民闘争（近世）、中世国家と一揆（中世）、幕藩制国家と一揆（近世）、中世一揆史研究の前進のために——史料と方法（中世）、近世一揆史研究の前進のために（近世）。

目次を見ると、一揆の歴史を理解するうえで必要かつ有用と考えられた問題群が広範に取りあげられている。これらを執筆したのは、実績の豊富な研究者とともに、まだ大学院に在籍している者もふくむ、相当数の若い研究者たちであった。章題は多角的で、直接に「運動史」（闘争史）を扱っていないものもふくむが、それでも「運動史」に接近した視角をふだん持っているか、そうでないとして

も この企画に参加して「運動史」との関連を議論しながら書いたのである。そういう若い研究者が当時はまだかなりいて、この企画の大きな特徴の一つになっている。

『一揆』全五巻は、一九八一年から翌年にかけて刊行されたが、たとえば第一巻の場合、一九八七年には五刷になっている。これも今日では不可能なことだが、一揆の歴史に、専門非専門を問わず、まだ広く耳目が集まる時代であった。

しかしこの企画の最大の特徴は、先に触れたように、中世史研究者と近世史研究者が、各巻ともほぼ半分ずつ分担して作り上げたことである。これは当時でも、たぶん今でも、珍しい協業の仕方であった。

近世史研究では、豊臣政権の太閤検地あるいは最も早い時期の検地に農村史・農民史の大きな画期を見ることが一般的であり、どの地域の研究にせよ、太閤検地あるいはなるべく早い時期の検地帳を探して近世の始まりを検証しようとする研究姿勢は今も続いている。

この企画が始まった頃は、もっと確信的に日本中世を「家父長的奴隷制」社会と「定義」する見方が力を持っていた。中世史研究の側からは、そういう近世史研究に対して、「初めに太閤検地ありき」という歴史の見方で、中世と近世を「断絶」させるものだという批判がなされた。一揆史を研究する者もそういう背景のもとで、中世史、近世史に別れて研究活動を続けており、普段は交流することもなかったのである。

この企画では、「時代区分論」が重要な問題であることを認めたうえで、「中世と近世の歴史的位置関係」を明確にしていくうえで「一揆史研究」も一つの「有効な方法」になりえるという立場を取った。その理由を次のように述べている。

一揆は、土台でもなく上部構造でもなく、一つの運動現象であるが、それゆえにこそ、基礎構造とも政治過程とも文化・思想などともひろく規定関係をもちあう。そのような意味での一揆の「全面性」は、歴史全体の段階把握をすすめるうえで一つの方法的役割をはたしうると考えてよいだろう。

さらに「一揆」主体の中核を、「百姓」身分の農民として、中世・近世を通して問題にできるということも、この企画の根拠になると考えた。中世では「武士」の一揆もあり、中近世とも「百姓」身分になれない農民もおり、「百姓」身分にも階層があり、それらは時代により時期によって複雑であるが、それでも「百姓」身分農民が最も代表的な「一揆」の主体であったことは否定できない。そういう考え方に立って、この企画は、「一揆」を「前近代日本の固有の階級闘争」（編集委員会「序論」）とみることに協同の基礎をおいた。そして、両方の時代の一揆の実態を、一揆行動を主軸にしながらもできるだけ多角的に明らかにすることをめざした。それが目次の幅広さに反映されているのである。

この『一揆』シリーズは、時代区分論のような基礎構造論も意識したが、いうまでもなく一揆史研究の流れを受けて作られている。一揆史研究がどのように階級闘争史研究に変わり、史料・史実・理論の成果が蓄積されてきたかについては、第一巻の「中世一揆史研究の軌跡」「幕藩制研究と百姓一揆研究」において、時代背景にも言及した詳細な研究史記述がある。

ここでは『一揆』全五巻の直近の前史になる「人民闘争史研究」との関係に触れて、この企画が必ずしも順接的にこれまでの研究状況を受け継ぐものでなかったことを述べておきたい。一九六七年から一九七二年までの五年間ほど、創立されたばかりの歴史科学協議会、歴史学研究会、日本史研究会など、規模の大きい在野の民主的歴史学会が、互いに声を掛けあい、こだまを返しあうような勢いで「人民闘争史研究」に打ち込み、大会や特集の企画に取り上げるという高揚の時期があった。学部学生、大学院生の中には一途に「人民闘争史」の研究に打ち込んでいく者が輩出した。しかし、やがて「人民闘争史研究」は潮が引くように勢いを失っていった。近世史の分野で言えば、次第に一揆は規模が大きくなり、幕末維新期には、全国的なものとなるという、願望のような階級闘争史観を前提にしていたことが大きな要因であった。「農民戦争」「革命情勢」「世直し状況」などの提起があり、議論がおこなわれたが、上からの「御一新」が明治維新史を牽引していったことは否定できない。民衆的な運動のそれぞれに主体はあるが、それは闘いの主体であって維新変革に総体として、また地域史として大小の影響を及ぼしているが、それでも維新の政治的主体とは言えない。こういう理由もふくめてさまざまな批判的議論が生み出され、やがて「人民闘争史研究」が学会横断的な大会テーマになったり、特集として誌面を飾る勢いは失われ、全般的に気落ちしたような空気が漂い始めた。

「運動史」の研究に「反封建民主化」の市民的希望も重ねて打ち込んできた研究者の中には、眼前の学会状況に当惑し、あらためてそれぞれの研究課題と立ち位置を探りはじめるようになった。「運動史」の延長上に必然的に出てくる課題と言えなくもないが、「国家史」が表面に現れたのも、そういう状況の変化と関係している。その成果の一つが『大系日本国家史』（東大出版会）であった。

『一揆』全五巻に加わった若い研究者は、「人民闘争史研究」が大きな波を作っていた頃に学生・大学院生として、「運動史」関連のテーマを選び、学会動向に動揺感を抱きながらも、そのテーマを捨てずに研究活動を進めてきた面々である。また中には、国家史への接近ではなく、フランスからの影響で始まりかけた「社会史」の手法を「運動史」に取り込もうとする者もいた。そういう若手の研究者が『一揆』全五巻を担ったのであり、多様な章題の目次化を可能にしたのである。

「運動史」研究にこだわり続けてきた者も、『一揆』全五巻に執筆した頃には、一揆・騒動の見方をそれぞれの仕方で変えてきていた。そもそも「前近代固有の階級闘争」という共通の理解は、依然として旧来の階級闘争史観に立っているように見えるが、その主体が「百姓」と述べた時、すでに大きな変質を起こしているのである。なぜなら「百姓」は政治性をふくんだ身分概念であって、階級概念を使うのであれば「農民」のほうである。戦後、近世史分野の階級闘争史研究を主導してきた林基は、「農民」「農民的反対派」という用語は使ったが、「百姓」という言葉を主語に使うことはなかった。

第一巻の総論的な「幕藩制社会と一揆」（深谷執筆）では、むしろ「百姓」概念を駆使して従来の一揆史理解とは異なる枠組を提示しようとしている。「戦後近世史研究」は、「百姓土地緊縛」、「零細錯圃」というように、農民の政治的不自由と経済的貧弱を徹底的に描いたが、安良城盛昭が「作合否定」(中間搾取禁止)による「百姓(農奴)増加」論を提起し、佐々木潤之介が「小農自立」の闘い(「名子抜け」など)による「小農満面開花」論を提起した。

しかし、それらの提起を支配の論理と組み合わせ、新しい百姓一揆理解の考え方を作り出すことは、できていなかった。総論「幕藩制社会と一揆」は、近世の百姓一揆を、不満の鬱積、激発というように説明していくのではなく、近世の一揆の核心部分にある「違法な集団直訴」を可能にしている起点の政治的水準に目を向けている。

この起点として、将軍になったばかりの徳川家康によって慶長八年(一六〇三)に出された「覚」七箇条が、百姓殺害の禁止と百姓直訴の容認を含んでいることを重視して、「恣意的暴力的支配」から「法的機構的支配」への転換を示すものと評価し、近世の一揆はこの高さを起点の水準に持つものと論じている。もとより将軍家康の慈愛を言おうとしているのではない。「天下人」たろうとする者にそういう法の公布を必要とさせるような、それまでの領主・百姓関係の矛盾の大きさ、百姓抵抗の果断さが各所に見られたということを反映したもの、という法の逆転的な読み方を提示したのである。

この総論の運び方は、近世史研究の流れにつなぐ形をとりながら、「運動史」と政治史への架橋を図ったものと言える。ただ太閤検地論とは違った意味で、近世史の画期性を述べる形になってはいるが、この乖離を埋めるためには、今度は中世史の側で「政道」論につながる一揆論を工夫する必要がある。

さらにこの総論は、中世百姓に比して近世百姓は法や機構に縛られる度合いが大きいというそれまで広く見られた理解に対して、百姓の「公法的存在」性を引き出すことで克服しようとしている。歴史は変化の画期を経れば、それにつれて国家支配の領域が拡張される。ただそういう傾向は否定できないが、生存の不安定さという視角から見ると、さまざまな保護規定は、不自由さの証しではなく――その側面を無視してはならないが――、近世百姓がより「公法的存在」になったことを示すものでもあり、このことが一揆において百姓が個々の要求の正当性を弁じ、総じて「百姓成立」の政治責務を求めていく根拠になっていくのである。

このように、研究史で得られている史実や考え方を踏まえて、そこから新しい「運動史」へ向けて工夫を試みた論考を各所に散りばめているのが、『一揆』全五巻である。

（ふかや・かつみ　一九三九年六月生まれ。早稲田大学名誉教授。〔著書〕『百姓一揆の歴史的構造』校倉書房、一九七九年、『江戸時代の身分願望――身上りと上下無し』吉川弘文館、二〇〇六年、『東アジア法文明圏の中の日本史』岩波書店、二〇一二年）

福沢諭吉の「戦争と平和」『福沢諭吉研究』

ひろた まさき

1 はじめての本

私の初めての著書『福沢諭吉研究』は、渡邊勲さんに火をつけられて、激励と御協力のもとにできた。それまで私は自分の本を創ることは考えもしなかった。生来怠け者で、院生期の論文は、福沢論二本、文明開化論二本くらいで、そのころ丸山眞男さんから「福沢に専念しては」と御忠告、家永三郎さんからは「文章は晦渋」という御批判の葉書を頂いた。一九六四年に初めて就職した北海道では、講義の準備、組合活動、大学紛争で学生委員として奔走、研究どころでなく、論文らしい論文は「北海道開拓民衆精神史研究序説」くらいだった。しかし、色川大吉さんの『明治精神史』は衝撃的で、我々もやろうと安丸良夫さんと二人で夏休みに、信州で庄屋文書、登戸で丸山教文書の調査を行ったことは、それまで図書館にとじこもっていた私の初めての調査研究で（安丸さんは経

1976年刊

験豊かだった）そこで福沢と民衆との関係を明らかにする重要性を痛感した。

岡山へ転任して、やっと静かな環境がもてるはずの一九七〇年の春、『講座日本史』の執筆者会議で上京したが、優秀な研究者ばかりの中で田舎者然の私は皆さんの話を聞くばかりだった。その夜だったか次の夜かに、初めて渡邊さんと二人でビールを飲みながら話をした。そのときに、福沢論を本にするように求められた。急なことだったし、とても引き受ける勇気はなかった。渡邊さんは私より十年若かったが、編集者としては五年長けていた。だから本を創る勇気から、どのように準備するかの手順まで、教えられることになった。それから本にするまで六年耐えてもらった。あえてつけくわえるならば、その直後に廣田一さん（朝日新聞社出版局の編集者）から『評伝』の依頼があり、『研究』をまとめた直後だったのでお断りしたが、直後だからこそできるのでないかと巧みに説得されて、氏からいろいろな助言と刺激を受けながらやっと書き上げたおかげで、『研究』と『評伝』がセットになって私の福沢諭吉の全体像ができた。このセットが私の本の中では一番の出来だと思う。それ以来、多くの研究者によって福沢諭吉に関する研究は大変豊かな成果を積み重ねてきているから、いろんな点で私の福沢論は修正・補足が必要だが、この二冊で描いた福沢の人と思想の軌跡は、それに託した私のメッセージとともに、基本的に変わっていない。

しかし、傘寿を超えた私がいま恥多き自分の人生を顧みて思うのは、福沢は果たして『自伝』に言うように「自身の既往を顧みれば、遺憾なきのみか愉快な事ばかり」であったのか、やり残したことして「全国男女の気品を次第次第に高尚に導いて真実文明の名に恥ずかしくないやうにする事」、

「民心を和らげるやうにする事」そして「大に金を投じて有形無形、高尚なる学理を研究させるやうにする事」の三件を挙げているのは、真っ当な遺言だが、果たしてそれだけだったのか。彼自身の心の奥底には拭えない罪障感に責められている問題があったのではないか。その中でも自己反省と人類の運命とが重なる問題、つまり「戦争と平和」の課題があったのではないか。

2　福沢の思想の転回

福沢にはこのままでは死にきれないという思いがあったのではないか。多くの「遺憾」、「やり残し」があったのではないか。何よりも『福翁自伝』の作り方がそれを物語っているのではないか。そこでは自分の人生を時間に従って叙述しながら、その流れを明治維新で打ち切っている。人生の前半期しか物語っていない。最後には「日清戦争など官民一致の勝利」を「大願成就と云はねばならぬ」と終わっているが、『自伝』としての実質は「前半生物語」である。

『福沢全集緒言』一八九七年は、それまでの自分の全著作を紹介したもので、それは日本近代の歴史とともに自分の人生も語ることであった。「之を読めば何人と雖も開国以来日本文明の淵源来歴を詳らかにするを得べし」と『全集』の意義を語り、その一年後に脱稿した『自伝』では、この『緒言』は「生涯で一番骨を折った」仕事だったと述懐している。『全集』は人生全体を扱う問題だから「骨を折った」のである。『学問のすすめ』以降は、彼の活動は政治にも責任を持つ位置に立つことになり、農民騒擾での農民とのやりとりや政府とのやりとりなど、様々な紛糾や事件にかかわることになり、そういうところでの話は公表したくないことも多かった。『自伝』では語りたくないことが増えたであろう。

『全集緒言』では、全集を刊行する趣意を記し、「余が文筆概して平易にして読み易き由来」を興味深く語って、「江戸中の爺婆を開国に口説き落とさん」として執筆した『唐人往来』の原稿は全文転記している。多くの人に読ませたいという彼の「啓蒙」意欲が伝わってくるくだりである。しかし、最初に出版した『華英通語』(一八六〇年)から『文明論之概略』(一八七五年)・『民間経済録』(一八七七年)までは各書の解題を書くが、それ以降については「官民調和の必要を根本にして綴りたるもの」と評して各書の解題は省略している。加藤弘之が啓蒙期の自書を絶版にして『人権新説』(一八八一年)の刊行で転向声明を発したと同年に、福沢も転向声明といってよい『時事小言』を書いたのだが、加藤の絶版とは逆に、七七年以降の各著書の解題は省略しているのである。

それは彼の思想的転回の問題を示すことであった。慶応四年「慶應義塾」を発足させてから『学問のすすめ・初編』を刊行するまで(一八六八—七二年)の時間は、権力空白期の虚偽意識のもとに、「文明人」になろうとした福沢が自己に最も誠実に生きようとした時期だと、私には思える。それ以降、一八七二—七五年の間に、バックルやギゾーの文明史、ダーウイン、J・S・ミル、スペンサー、トクヴィルなど一九世紀の西洋新思潮に直面し、これまでにない思想的な格闘をもった。猛烈に勉強している。そして彼の啓蒙主義の飛躍と凋落を一気に抱え込んでしまう大著『文明論之概略』を書き上げたのである。この時の苦闘の一端は福沢が自分の思想に二重構造を持ちこみ始めたことにも示される。『全集緒言』でのこれ以降の解題の省略は、彼が書き疲れたというよりも、彼の二重構造に対する自己嫌悪が、解題を書く気にさせなかったのではないか。彼の思想の転回の問題である。『文明論之概略』・『時事小言』の内容に沿って言えば、「相対化」と「方便」の強調の問題である。

「相対化」の重視は、〝中世を暗黒の世と否定して理性の光をかかげた〟啓蒙主義の克服を呼び起こし、「野蛮・半開・文明」の発展段階論をもたらした。人類の歴史を段階的に進歩してきたとし、西洋文明は最高ではなく発展の途上にあるが、今日の段階では最高位にあり、日本はまだ半開だから、西洋を目標に文明化しなければならないとした。発展段階論は、歴史を合理的に解きあかす理論を提供し、どの社会も学べば文明を発展することができるという普遍的な視点を提示するものであった。福沢はここで、様々な文明が百家争鳴して新しい文明ができた歴史を語り、様々な分野における権力の偏重は抑圧や不平等を生んで文明を後退させるから打破すべきだと説いた。しかしまた、百家争鳴を西洋文明内のものとして扱い、他の異なった文明の発展を見ず、発展段階論を固定化することで文明による差別を生む議論も提示することになった。

さらにここで注目しておかなければならない問題は、『文明論之概略』の段階ではまだ啓蒙主義に普遍性を見る側面があり、「方便」はその枠で制御されていたが、『文明論之概略』から『時事小言』へ至る過程(一八七六—八一年)で、それは「マイト・イズ・ライト」の放恣な性格に拡大・転回していったことである。『時事小言』では、「天然の自由民権論」は「正道」「公」ではあるが空想論であると断じ、「人為の国権論」は「権道」「私」であるが現実的で有効である、現実は「世界古今に義戦なし」の有様で、「他人権謀術数を用いれば我亦これを用ゆ」しかないという。だから、まだ「正道」意識を残しながらだが(「正道意識」がないと「権道意識」や「方便意識」は存在しない)、「吾輩は権道に従ふ者なり」と宣言する。「権道」は「方便」である。福沢が啓蒙主義から早熟な帝国主義のイデオローグに転じていくことになったのである。

「方便」の使用は、政治の分野から他の分野に感染していった。一八八六年には二月一八日の『時事新報』論説「成学即身実業の説」で「むかしの学問は学問が目的にして、……今の学問は目的に非ずして生計を求むるの方便なり」と論じ、『品行論』一八八六年では「文明の進歩して貧富の差の甚だしきを致す……世界到る処に無数の独身者を生じて此輩の情欲を満足せしむるためには是非とも娼妓の方便なきを得ず」とみなし、妾を養うは最も恥ずべきことで、やむを得ない場合は、「方便」で世間に知られぬようにすべきだという。

私が『文明論之概略』で驚き感激したことは、「今の亜米利加は、元と誰の国なるや。其国の主人たるインジヤンは、白人のために逐はれて、主客処を異にしたるに非ずや。故に今の亜米利加の文明は、白人の文明なり、亜米利加の文明と云ふ可らず。此他東洋の国々及び大洋州諸島の有様は如何ん。欧人の触る、処にて、よく其本国の権義と利益とを全ふして、真の独立を保つものありや。ペルシャは如何ん、印度は如何ん、暹羅は如何ん、呂宋、爪哇如何ん」。福沢の西洋帝国主義に対する怒りである。その基準には啓蒙主義のいう万国公法がある。文明の道理に従って『学問のすすめ・初編』が愛国心を説く「理のためにはアフリカの黒奴にも恐れ入り、道のためには亜米利加・英吉利の軍艦をも恐れず」の名句は、丸山眞男さんを感動させたが、私は『文明論之概略』の「一視同仁、四海兄弟の大義と、報国尽忠、建国独立の大義とは、互いに相戻て相容れざる」という、日本において初めての愛国心批判に感動した。「自国の権義を伸ばし、自国の民を富まし、自国の名誉を輝かさんとして勉強する者を、報国の民と称し、其心を名付けて報国心と云ふ。其眼目は、他国に対して自他の差別を作り、仮令ひ他を害するの意なきも、自ら厚くして他を薄くし、自国は自国にて自から独立せんとすることなり。故に報国心は一人の身に私するには非ざれども、一国に私するの心なり。偏頗の心なり」と断じたのである。にもかかわらず、彼は「方便」の論理を使って、「報国心」「偏頗の心」を採り西洋帝国主義の側に立つ。「君臣の儀、先祖の由緒、上下の名分、本来の差別等の如きも、人間品行の中に於て貴ぶ箇条にて、即に文明の方便なれば、概して之を濱斥するの理なし」と。

これより二二年後の福沢が『福翁百話』で同じことを詳しく論ずるが、その同じ九七年の三か月後に、幸徳秋水が『二十世紀の怪物・帝国主義』を刊行して愛国心を批判したのである。秋水は文明進歩によって愛国心を克服できるとしたが、福沢は人類にある「自利心」が愛国心を生むとし、科学の無限の進歩が黄金世界をもたらすが、その黄金世界「愛国心の迷を脱して、万物の霊たる人生自然の本分を勤る」世界に至るのは「千万年後」だとしたのである。福沢は秋水の書を読んだか読まなかったかわからないが、日清戦争を「文野の戦争」だと正当化して、国民に戦争遂行のための協力を呼びかけ、その勝利に際しては狂喜して祝ったといわれる。つまり、「方便」「権道」の立場にたって、日清戦争勝利を祝ったのである。この時、彼は早熟なる帝国主義者としてその成功に興奮するだけであったか、それともその心の奥底に、「四海兄弟」「正道」の観念を思わなかったであろうか。

3　福沢の罪障感

二〇一五年、評伝『福沢諭吉』が岩波現代文庫版で再刊される際、四〇年前の作品を再刊する意義があるかどうか自問して悩んだ。それは最終的には読者が決めることだが、私はいまだ自分の福沢像に類似した仕事が他にみられない以上、生き残ってほしいという思いが勝った。とともに、福沢の晩年の陽気な表情の裏に見える寂寞感の秘密を、私はまだ解いていないことに気づいたのである。

晩年の宇宙論・人生論を語った『福翁百話』一八九七年および『福翁百余話』一九〇一年刊をめぐってである。これらは晩年に思いつくままに書いた（口述した）エッセイをまとめたもので、体系的でなく前後矛盾することも多いが、死の間際の率直な思いが吐露されている。それは、宇宙全体の中での人間存在の意義を問うことから始めているのである。そこで言う。「宇宙無辺の考えを以て独り自ら観ずれば、日月も小なり地球も微なり、況して人間の如き、無知無力見る影もなき蛆虫同様の小動物」であると。しかしまたすぐに、「公益を謀り、生涯一点の過失なからんことに心掛けることこそ蛆虫の本分なれ。否な蛆虫の事に非ず、万物の霊として人間の独り誇る所のものなり」と言い換えている。つまり、福沢には、人間を「蛆虫の如き」と称する場合と、「万物の霊」と称する場合とがあるのである。人間は「蛆虫」のように穢れた、罪深い存在であると罪障感を以て見つめ、人類の未来を諦観する場合と、人間が「万物の霊」の「本然の性」に回帰することによって黄金世界に生きる場合とを、それこそ二重構造のように使い分けているといえよう。

福沢は、「日清の戦争は文野の戦争なり」（『時事新報』一八九四年七月二九日）として文明の名によって戦争を正当化し、「平和説発生の機会」（同九四年九月六日）に対しては「如何なる形を以て現はるるも、其実は私の利害のために国家の大計を忘るるもの」と断じ、平和論をイデオロギー暴露で封じようとした。「日清戦争勝利」で「大願成就」した彼は、「今日は只対外の一事あるのみ」（同九七年一二月二二日）とし、「軍備の不足は戦争を招き、其充実は寧ろ其危険を避くるもの」（同年七月三日）と軍備増強を説くのである。それは、大日本帝国成立期のイデオローグとしては多数派だっただろうが、他方で、それが「蛆虫」の如き罪過をさらに重く背負うことになることを、福沢は知っていたことが重要だと私は思う。

そのことを彼は、『百余話』の「立国」の項目で率直に語っている。

「辛子粒に等しき此地球の表面に、区々たる人類が各所に群れを成して、国を分かち政府を立て、相互に利害を異にして相互に些末を争ひ、之が為めには往々詐欺脅迫の事を行ふて外交政略と称し、乱暴殺人の方を工夫して武備国防と名づけ、心を労し財を費して実際に人間の安寧幸福を害し事物の進歩改良を妨げながら、却って自ら誇て忠君愛国など称するこそ可笑しけれ。（中略）開闢以来今日に至るまで、世界中の人民は唯相互の衝突に煩悶して死生又死生するのみ。誠に憐む可き次第」。

これは『文明論の概略』で「報国心」を批判した文章とほとんど同じで、それ以上に厳しい。この厳しさは、老境に至った彼が罪障感を深化させ、そしてそれを諦念しようとあがいていたことを物語っているのである。とすれば、その後の大日本帝国の崩壊とその後に続く戦争放棄を宣言した平和憲法は、罪障感を抱える福沢を帝国主義イデオローグから反転させることになったであろうし、「蛆虫」からの脱皮を私たちにも求めているのではなかろうか。

4　福沢がいまも生きていたら

福沢が今も生きていたら現在の日本のあり方をどう見るだろうか。おそらく死後から今日に至るまで日本の歴史の中で彼が最もショックを受けたのは、大日本帝国の崩壊であっただろう。日本の敗戦は早くから予想できたかもしれないが、その後に何が続くかはだれも予想できなかった。

連合国軍のＧＨＱは、日本の植民地支配を廃止し、日本列島を占領、軍国主義の排除と民主化のための五大改革をすすめたが、なかでも重要な問題は新憲法の作成であった。ＧＨＱは、一九四五年一〇月二七日、日本政府内に憲法問題調査委員会を発足させ、そこで憲法改正案が検討され、ＧＨＱの指導のもと四六年三月六日に「憲法改正政府案要綱」が発表された。その委員会内に設置されていた「戦争調査会」が、三月二七日に第一回総会を開き、そこで首相幣原喜重郎は、すでに内閣で了承していた憲法前文と第九条の案文について、調査会に了解を得るために次のような説明を行った。

「斯くの如き憲法の規定は、現在世界各国何れの憲法にもその例を見ないのでありまして、今尚原子爆弾その他強力なる武器に関する研究が依然続行せられておる今日において、戦争を放棄するということは、夢の理想であると考える人があるかもしれませぬ。しかし、将来学術の進歩発達によりまして、原子爆弾の幾十倍、幾百倍にも当たる、破壊的新兵器の発見せられないことを何人が保証することができましょう。若し左様なものが発見せられましたる暁におきましては、何百万の軍隊も、何千隻の艦艇も、何万の飛行機も、全然威力を失って、短時間に交戦国の大小都市は悉く灰燼に帰し、数百万の住民は一朝皆殺しになることも想像せられます。今日われわれは戦争放棄の宣言を掲ぐる大旆を翳して、国際政局の広漠たる野原を単独に進み行くのでありますけれども、世界は早晩、戦争の惨禍に目を覚まし、結局私どもと同じ旗を翳して、はるか後方についてくる時代が現れるでありましょう」(青木得三「幣原喜重郎の平和主義的実践」『平和思想史』一九六四年)。

一九四七年の日本国憲法と四八の世界人権宣言は、福沢に驚愕と反発を生んだであろう。「自利心」から解放されないことを人間の不幸な宿命と思い込んできた福沢にとっては、これらは、きれいごとでアメリカの戦略にうまく乗せられた憲法であり宣言であるとして、親米家だった福沢も納得しなかったであろう。それに対する福沢の道は、日本の完全独立と核武装である。しかしまた、逆に、幣原首相の解説に啓発されて、核兵器の巨大な殺戮力から解放される道は、「自利心」と「他利心」の結合にしかないと思い知らされて、「自利心」に縛られた蛆虫の罪障感から解放される道をそこに見出す可能性も大きかったのではあるまいか。丸山眞男さんは幣原のこの解説を高く評価したが、その丸山さんが日本の民主主義の母として明治啓蒙期の福沢を高く評価して、戦後啓蒙期に復活させたのである。その福沢は明治啓蒙思想家から大日本帝国のイデオローグとして転生してきたのであるが、丸山さんはその帝国主義の痕跡を福沢のささやかな誤謬として許して、丸山さんの新知識で福沢を民主的で主体的な近代日本の思想家として復活させたのであり、福沢はその路線に乗ったのである。

幣原の解説に戻れば、それは幣原の見識によるものであるとともに、日露戦争における反戦論や第一次大戦後にパリ不戦条約に結集した九三か国の声、第二次大戦で地球上に五千万を超える犠牲者を生みながらファシズムを克服した、世界の民衆の力に支えられた平和への渇望であったのではないか。そしてまた丸山さんの強調するように、幣原の言説には日本人だから言える主張があった。それは、核兵器の登場こそが、これまでのいかなる威力を持った武器をも無意味にし「戦争放棄の宣言」を不可欠にするという主張であり、核兵器は増産すればするほど戦争の不安を抑えるのではなく増大させ、軍備の増大は世界破滅への道であるという論理である。福沢はかつて日本帝国の軍備増強を主張し続けたが、『福翁百余話』では、軍備の増大は戦争を起こし人類を破滅させると、幣原の主張を先取りしていた。福沢の軍備増強と軍備廃止の二重構造は罪障感を伴っていたのだが、敗戦を経て、世界平和への渇望の高まりのもとで、福沢は日本帝国の再生の道よりも、世界平和の道を選んだのではないかと思いたい。そして平和憲法七十年余の歴史そのものが、その二重構造を壊す力になったと思いたい。

とはいえ、実は世界は東西対立の悪夢にとらわれて、そのもとに、朝鮮戦争、ベトナム戦争、アフガン戦争、中東戦争、等々と、東西の代理戦争といわれる激しい戦争が地球を覆ってきたのであり、日本は「戦争廃業」を看板にしながら、実はアメリカ帝国主義の後押しをしてきたのである。

一九八九年のベルリンの壁の崩壊は、地球社会をユニバーサルな世界にし、平和憲法や世界人権宣言の掲げる理想に向かって全体が一つになって前進する合図かと思わせる事件であったが、社会主義諸国の崩壊は弱肉強食の新自由主義的世界を作り出し、貧富の格差を急激に拡大していったし、そうした現象は一層激しく資本主義諸国に広がり、さらに未開発諸国にも国内紛争や飢饉の頻発など深刻な事態を生むこととなった。加えて放射能や二酸化炭素などの産業廃棄物の排出は、自然環境を大きく変えて人類に健康被害を及ぼすだけでなく、全ての生物の生存に大きな危機を及ぼし始めた。

いまや米中露日の覇権諸大国が、それに追随する諸小国を従えて、そこに独裁的な支配者を棟梁に、あるいは支配者集団に仕立て、民主主義を装いながらそこに憎悪と対立をふりまき、覇権を拡大するために、分裂・相克を介して戦争を起こし、巨大な金融資本に追従しながら民衆の貧困化をすすめている。そこに理想はなく争いの世界があるだけである。それを克服するのは、「自利心」と「他利心」を結合した民衆の国境を越えた連帯の力のみであろう。

福沢がそのような民衆を、どのように見出し、どのようにつながろうとするか、安易に期待できない。彼の犯してきた帝国主義的な言論はあまりにも重いからである。しかしまた、そのような罪業を何よりも自覚しているのも彼である。彼は、人類を「蛆虫」とみなしてその罪業に諦観を抱き続けながらも、そこからの飛躍を念じ、文明の黄金世界の到来をあきらめきれないでいる。それは、世界の民衆の新しい結合のありかたが創り出されることを期待するからであろう。

東京大学出版会を退社されて「一路舎」を新しい編集の場として創り、この「終末」を思わせる息苦しい世界を何とかしようと、渡邊さんのあらたな格闘が始まったと私は見ていたが、このたびの『自著を語る』の呼びかけも、私たちに、転生のための知恵を問うておられるのでないかと思う。

〈廣田昌希　一九三四年一一月生まれ。大阪大学名誉教授。〔著書〕『文明開化と民衆意識』青木書店、一九八〇年、『差別の諸相』岩波書店、一九九〇年、『近代日本を語る——福沢諭吉と民衆と差別』吉川弘文館、二〇〇一年、『日本帝国と民衆意識』有志舎、二〇一二年〉

大陸文化の「日本化」ということ　『平安前期政治史序説』

佐藤　宗諄

はじめに――小著の成立

古代史を学びはじめたころ、Ｅ・Ｈ・ノーマン『クリオの顔』を読んでいて、「人間性を深める学問としての歴史」とか、「歴史の中心問題は……変化の性格を発見し説明すること」とか、さらに「専門化が進むにつれて、われわれは雄大な構想のもとに書かれた歴史の広々とした展望を失ってしまうかもしれない。細部にかかわりすぎることの危険は、歴史の主な筋道や方向を見失う危険」であるといった指摘に魅せられた。当時（一九六〇年前後）、日本社会は厳しい状況であったが、古代史研究の主流であった奈良時代の政治史研究は、北山茂夫氏を中心にブームであり、『万葉の時代』や『万葉の世紀』、『日本古代政治史研究』に収められる「内乱史」にかかわる諸論文を読み耽った。

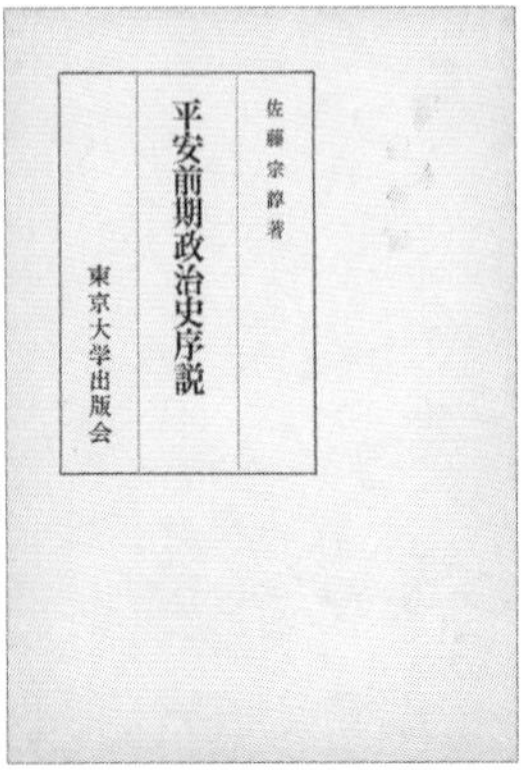

1977年刊

やがてその政治史研究は結果的には政権交替史の様相を呈してきた。研究テーマも細分化する一方で、政治史の客観性をいかにして担保するかといった問題も出されていた。ノーマンの指摘などからすれば、奈良時代の政治史研究の将来に期待するのは不安になった。そこで、それまで奈良時代の範囲内で論じられていた律令制の崩壊過程を、むしろ九世紀に焦点を当てて論じようと、先行論文のないに等しい平安初期研究に不安もありながら、この道を歩くことに決めた。当時は平安初期は村井康彦・戸田芳実・河音能平諸氏ら中世史研究者の舞台であったが、前代の律令制の関係は明確ではなく、社会の全貌は見えてこなかった。

まず、桓武朝の官人制・土地制度・軍制・負担体系などの諸問題を総合的に検討することを手始めに、九世紀の政治過程の検討を始めた。おぼろげながらその様相を構想できるのには十年ほどの時間を費やした。とはいっても、それすら、いくつかの点に絞って試掘をする程度で、とても全面的に展開する余裕はなかった。そのような研究状況であった時にまとめたのが『平安前期政治史序説』であり、刊行して今年でちょうど四十年になる。「平安初期の政治構造」、「律令国家の解体と東アジア」、「古代貴族政権の成立」の三部一二章と終章からなり、文字通り「研究の序説」であった。できれば藤原良房や菅原道真あるいは平将門にかかわる論稿も用意したかったが、それは果たせなかった。この出版に関しては、渡邊勳さんに苦労をかけ、随分励まされたことを思い起こすと、感謝しきれない。

近年は平安時代史の研究者数も多く、研究分野も広い範囲にわたり、研究成果も多様で、雲泥の差がある（さしずめ現在の研究状況については大津透『日本古代史を学ぶ』の所収論文を参照されたい）。

しかしながら、それにしても、平安初期の時代像を示すような政治過程（時代像）についての包括的な論議はあまりない。例えば、「この時代に「古典文化」が形成された」（「律令国家の諸段階」『律令国家と古代の社会』所収）という吉田孝氏の指摘があるが、この点についての議論はあまり多くはない。平安初期はいったいどのような政治社会であるのか、十分には展開されてはいない。吉田氏の指摘に共感しつつも、自分自身の解答はまだ用意できてはいない。そこで頭を去らないのは、加藤周一氏の論である。

「最初の転換期」——加藤周一『日本文化史序説』の九世紀像

一九七三年一月から『朝日ジャーナル』に連載されていた加藤周一氏の『日本文学史序説』の上巻が一九七五年二月に刊行され、そこには「奈良時代の日本の支配層は、大陸文化に圧倒され、その消化に忙しかった。九世紀には、輸入された大陸文化が「日本化」され、日本流の文化の型が、政治・経済・言語の表記法・文芸と美的価値の領域に、成立した。」（第三章）と指摘されていた。連載中も、発刊直後にも読んだが、自著を書く時にはこの指摘は視野に入っていなかった。迂闊というほかはない。同書は下巻が一九八〇年四月刊行され（現在は、『加藤周一著作集』4・5、および「ちくま学芸文庫」版）、この年十月に大佛次郎賞を受賞した。現在では、「加藤の「日本文化の雑種性」以来の知見と方法、「戦争と知識人」で示された日本文化の型への関心など、これまでの加藤の知的な営為の集大成として提供されている」と証されており（成田龍一『二〇世紀の自画像』所収）、加藤氏の「記念碑的な作品」（海老坂武『加藤周一』岩波新書）という評価は共通している。刊行後の日本文学界での評価は専門外の私にはわからないが、書評は必ずしも多くはないようで、私は津田左右吉『文学に現れたる我が国民思想の研究』の場合と対比すると面白いようにも思うが、ここは加藤氏の著書の方法論について論ずる場ではない。この著書について加藤氏自らが「いちばん面白かった」という書評は、「書物全体を貫く、主要な「問題意識」を正面から受け止めて論じた」（加藤周一『「日本文学史序説」補講』）、社会学者内田芳明氏の書評（『現代思想』10―1、一九八二年）であり、四〇〇字詰八〇枚ほどの力作で、示唆に富んでいる。（その他、丸山眞男「文学史と思想史について」（『加藤周一著作集』5、月報15）や、鷲巣力『加藤周一を読む』、『20世紀の自画像』なども参照されたい。）

ところで加藤氏は、「一九六〇年代にはカナダの大学に職を得て、日本文学史を講じ、文学をとおして、日本精神史（または思想史）の本質的な特徴を見きわめようとした。その私なりの成果が『日本文学史序説』である。外来思想と土着思想を二つのベクトルと考え、外来思想の「日本化」をベクトル合成の結果とする。土着思想の基本には「此岸性」と「集団指向」を考えた。」（『日本文化における時間と空間』あとがき）という。このような意図と方法によって書かれた『日本文学史序説』で、九世紀に当たる部分である第二章を「最初の転換期」と名付け、「大陸文化の「日本化」について」次のように述べている。

八世紀末の平安遷都から十世紀初へかけてのおよそ一〇〇年間は、そのときまでに輸入された大陸文化の「日本化」の時期である。その「日本化」の結果は、多くの面で、その後の日本の文化に決定的な意味をもった。政治・経済・社会・言語・美学の領域で、九世紀に決定された（または顕著となった）ある種の型や傾向の一部分は、ほとんどそのまま平安時代の末まで維持され、他の部分は徳川時代の初まで、また他の部分は同じ時代の終まで、またたとえば政治権力の一種の性質や言語の音体系と表記法に到っては、実に今日までそのままうけつがれてきたのである。……この国の文化の歴史は、奈良朝および以前の前史と、九世紀以後今日までの時期に、大別することさえできるのである。

「転換期」とは、経済的にも政治的にも、制度や行動様式全体の大きな社会的変化・構造的変化の時期であり、単なる移行期ではなく、方角が変わった時期を意味しているという（『日本文学史序説」補講』）。いいかえれば、加藤氏にとって「転換期」とは、外来文化（思想）の「日本化」がなされる時期であった。加藤氏はこの「最初の転換期」を「革命的な転換期」（同上）ともいいかえている。第二章は「この本の魅力」に満ちているという評価（近藤潤一書評、『文学』43—10）もあり、本書の核の一つであろう。この平安初期の歴史的評価をどう判断するか。私はこの加藤氏の評価に納得し、基本的には異論はなく、これ以上に平安初期を包括的に論じた著作はないように思われる。もちろん具体的には疑問に思うところもあるが、全体の主張からすれば、それは些末なことである。具体的な検討をする場ではないが、例えば加藤氏の主張には具体的な根拠が必ずしも定かではないことがままあること、例えば、藤原良房の摂政就任から、律令制の権力構造の権力と権威の分離を促し、著しく「日本化」されたという指摘には簡単には結論付けられないだろう。あるいは、「原作を読まずに研究書を読んで、その作品について書くということは一切しないという原則」で執筆されたという事情からか、どのような研究成果の上に主張されているのか、その詳細は語られていないことや、最澄・空海をめぐる研究史や、「知識人」の叙述には公正さに欠ける部分があるように思われること、さらに社会経済にかかわることへの言及がほとんどないこと、などである。

にもかかわらず、全体として異論はない。例えば、「日本人の世界観の歴史的な変遷は、多くの外来思想の浸透によってよりも、むしろ土着の世界観の執拗な持続と、そのために繰返された外来の体系の「日本化」によって特徴づけられる。」とか、「土着の世界観が、外来の、はるかに高度に組織され、知的に洗練された超越的世界観に出会ったときに、どういうことがおこったか。第一に、外来の世界観がそのまま受け入れられた場合があり、第二に、土着の世界観を足場として拒絶反応があった。しかし第三に、多くの場合におこったことは、外来の思想の「日本化」である。……かくして日本文化の背景には、常に、外来の世界観、土着の世界観、日本化された外来種の世界観があった。」という本書の基調にかかわる文章を読み進めると、全体としては納得してしまう。

「日本化」の内容

日本の歴史や文化の展開に当たって、大陸文化の影響は否定すべくもなく、「日本化」は避けられない課題である。ここで問われるべきは「日本化」の意味内容ではないかと思う。実際に「日本化」の内容・様相は随分多様であろう。外来文化の「受容」とか、「摂取」とか、「同化」とは、外来文化の「日本化」のどういう事態を指すのか、その具体的な内容を明らかにすることではないか。このように考える時、思い出すのが、川口久雄『平安朝日本漢文学史の研究』の合冊増訂版（明治書院、一九六四年）の「増訂版序」に、「日本文学というものは決して単なる島国の特殊なことばの文学ではない。」と明言された川口氏がヴァレリーのつぎのような言葉を引用されていたことである。

他のものを摂取するほど独創的、また自己的なことはない。しかしそれを消化しなくてはならない。獅子のからだは羊たちを同化してできたものだ。

この文章はギュイヤール『比較文学』（文庫クセジュ）緒言からの引用のようである。『ヴァレリー文学論』（角川文庫、堀口大学訳）では、「他人を自己の栄養物にすることほどオリジナルな、個性的なことはほかにない。ただし、これを消化しなければいけない。獅子は同化された多くの羊から成る。」このことばに出会ってから、外来文化の「日本化」の段階は、たとえば模倣・消化（摂取）・同化という三段階を想定できるのではないかと考えるようになった。「日本化」の内容を具体的に明らかにすることこそが、「日本化」の意味付けの前提にならなければなるまい。ほとんど日本の一方的な模倣の段階から、七・八世紀の大陸文化の受容は主体的な摂取へとすすみ、やがて同化に達するという想定である。

個人的に関心のある日本漢文学の成果のいくつかを引用してみよう。かつて大曾根章介氏は「所詮日本の漢文学は独自の展開を遂げることが出来ず、常に中国詩文の作風に右顧左眄する従属的立場から脱出することが出来なかった。……漢文学は第二の文学かも知れないが、王朝時代においては知識人のみが従事するという最高の文学であったといふ事実は否定できぬ。」（「王朝漢文学の諸問題」、『国文学　解釈と鑑賞』28―1）という指摘もあるが、古く藤岡作太郎『国文学全史　平安朝編』では、菅原道真の和臭に触れて、次のように述べられていることは有名である。

或は称す、この和臭あり、詩として見るにあらずと、然り、漢詩としては純なるものにあらざるべし、しかれども詩を以て国民の性情を表現するものとすれば、道真の如きはすなはち国民的詩人の最たるものにして、唐詩を同化して和詩となしたるもの、その地位は唐詩全盛より和歌勃興に移る境界線にあり。これを美術にみるも、空海伝来せし密教的仏画仏像もその風を改め、巨勢金岡に至りて日本流に化し去りぬ。

あるいは、「平安初期の六朝・唐詩の「雑煮」を「拾食（ひろいぐい）」したのに対して、承和期以降の詩は、中唐の代表詩人白居易の個人集を全面的に享受する。「拾食」とは、無差別に当所の中国詩の語句を借用することである。体系的な摂取ではなく、もとの詩の作者の本意に深く立ち入ったものではない。」（小島憲之『古今集以前』）という指摘。嶋田忠臣にふれて、太田次男氏が指摘された「これは単に白詩を手本にするとか、外的に模倣するという域を白詩受容を契機にして脱却し、白詩をふまえて、各自に創造的な活動の始まったことをしめすもの」という評価（「白氏文集の受容並びにその研究史の概要」、『白居易研究講座』五）、さらに、つぎの藤原克己氏の指摘（『菅原道真と平安朝漢文学』）である。

九世紀――その前半に嵯峨朝の漢文学隆盛があり、その後半を菅原道真が生きたこの九世紀という時代を、私は、中国的な文化国家の建設を企図してきた古代日本が、わが国固有の歴史社会的諸条件のもとで、わが国なりに最も中国的な政治と文化のあり方を実現した時代であったと同時に、そこを極限として、やがて中国とはまったく異なる国家形成の道へと、すなわち封建制へと歩みはじめる分岐点であったと考える。

他にも、「事態は九世紀後半あたりからしだいに変わりつつあった。唐の文化を尊重する意識が消え去るはずはないが、それを消化して成長した独自の文化が確立され、日本人としてのアイデンティティが強く意識されるようになってくる。」（村上哲見『漢詩と日本人』）という指摘もあり、九世紀における漢文学の位置づけは、全体的には「日本化」は摂取から同化への過程にあったといえるのではないか。私は学生時代に読んだ秋山虔氏の「古代官人の文学思想」・「菅原道真論の断章」（『国語と国文学』32―4・35―10）の指摘が忘れられないが、「菅原道真に至って、わが国の詩ははじめて、白詩のもつ日常性・自照性を獲得して、個人の感情を抒情性豊かに縷々面々と綴る文学たり得たと言えるのではない」という波戸岡旭氏の意見（波戸岡『宮廷詩人　菅原道真』）が、最大公約数的な意見ではないかと思う。ここまで九世紀の漢文学をめぐる諸説を辿ってみても、結果は加藤氏の指摘とその基調は同じである。九世紀についての加藤氏の指摘は正鵠を射ている。最近、菅原道真論は豊かで、藤原克己『菅原道真　詩人の運命』（ウェッジ選書）はこの詩人の内面にまで触れており、それまでにない道真論と感じた。九世紀の一つの達成はこの菅原道真に象徴されているのではないか。「日本化」の内容の一層の検討が必要であろう。

むすび――九世紀像を目指して

加藤氏の指摘は「文学史」の枠を超え、思想史・文化社会史ともいうべきで、加藤氏の語る世界は雄大である。大江健三郎氏は「時間を取ってひと月に一章ずつ読んでいかれたらいい」といわれた（菅野昭正編『知の巨匠　加藤周一』）。このような指摘（問題提起）に対する日本史研究者の積極的な発言は、残念ながら、私はほとんど目にしてはいないが、九世紀（平安初期）が時代の重要な画期であることは間違いあるまい。この間、例えば湯浅泰雄『古代人の精神世界』（一九八〇年）に描かれる平安初期社会像も通底する部分があるが、まだしばらくはこれらのことを考えたい。

（さとう・そうじゅん　一九三九年一月生まれ。奈良女子大学名誉教授。〔著書〕『日本の古代国家と城』編著、新人物往来社、一九九四年、『大仏建立と八幡神』編著、朝日新聞社、一九八七年）

土地占有奴隷制再論　『奴隷制・農奴制の理論』

中村　哲

本論の論点は、私が四〇年前（一九七七年）に発表した『奴隷制・農奴制の理論――マルクス・エンゲルスの歴史理論の再構成』（東京大学出版会）について、その理論的背景としてのスターリン批判との関連性と、その内容の中で特に、今日、日本の歴史学界の現状からみて歴史理論上重要と考える土地占有奴隷制についての再論、の二点である。この二つの問題は相互関連しており、それについて現在の研究者はほとんど意識していないと思われる。

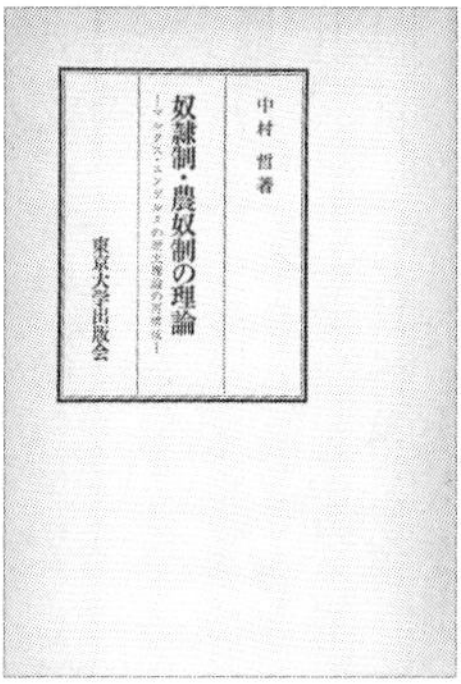

1977年刊

『奴隷制・農奴制の理論』の重要な論点は他にもいろいろあるが、本論では紙数の制約と私の体調があまりよくないため、この二点に絞った。機会があれば他の点を加えて全面的に展開したいと思っている。しかし、その機会が今後私に与えられるかはわからない。

1　スターリン理論批判

スターリンによるアジア的生産様式論争の圧殺

中国では、その資本主義の急速な発展に伴って、一九二〇年代から三〇年代前半にかけて中国社会の性格をどう規定するかという問題がマルクス主義者を中心に激しく議論された（中国社会史論戦）。それを受けてソ連では、論争は世界的規模の理論問題に発展したが、中国・ソ連の論争の中心は中国社会にアジア的生産様式を適用するか否かであった。日本でも中国・ソ連の論争に刺激を受けて、同様な論争が行われたが、日中戦争による言論統制の強化によって終息させられた。(1) アジア的生産様式とは、マルクスによる史的唯物論の定式と言われている(2)『経済学批判』（一八五九年）の序言にある「大づかみにいって、アジア的、古代的、封建的および近代ブルジョア的生産様式が経済的社会構成のあいつぐ諸時期として表示されうる」（『マルクス・エンゲルス全集』大月書店〔以下『全集』〕、一三巻、一九六四年、七頁）に依拠する概念である。

この論争は結局、スターリンによって権力的に終わらせられ、アジア的生産様式は中国だけでなく、史的唯物論の基本的生産様式からも排除された。

スターリン理論の奴隷制論

スターリン的史的唯物論（広くは旧ソ連型史的唯物論）に対する批判は今日では一般化し、常識とさえいえる状態である。しかし、その理解は、スターリン理論は歴史の単線的発展理論であるという程度のレベルである。さらに地理的環境（自然環境）の軽視・無視、人口を社会発展の主要な力（生産力）から除外する、生産力から労働対象を除いて、生産用具に限定している、などの欠陥が指摘されている。これらの指摘はいずれも正しく、今日からみれば、史的唯物論のみならず、歴史学、広く言えば、社会科学の初歩的な誤りである。

また、生産様式の発展段階として、「歴史上、生産関係の五つの基本的な型が知られている。即ち、原始共同体型、奴隷制型、封建制型、資本主義型、社会主義型が、それである」（スターリン『弁証法的唯物論と史的唯物論』国民文庫社、一九五三年、一二八頁）としてアジア的生産様式を完全に排除している。

本論の主題である奴隷制についてみよう。

「奴隷制度の下では、生産関係の基礎は、奴隷所有者が生産手段ならびに生産従事者すなわち奴隷を所有することにある。……ここでは、奴隷所有者が、第一の、基本的な、完全な価値のある財産所有者である。……

封建制度のもとでは、生産関係の基礎は、生産手段にたいする封建領主の所有と、生産従事者即ち農奴にたいする封建領主の不完全な所有である。封建的所有と並んで、生産用具と自分の私的経営とにたいする農民と手工業者の、本人の労働にもとづく個人的所有が存在する。」（一二八―九頁）

「新しい生産力は、働き手が生産上におけるなんらかの創意性、労働への志向、労働にたいする関心をもつことを要求する。だから、封建領主は、労働に関心をもたず、まったく創意を欠く働き手としての奴隷を捨て、農奴を相手とすることを選ぶのである。農奴は、自分の経営と自分の生産用具とをもち、土地を耕作し、自己の収穫物から現物で封建領主に支払うために必要な労働にたいするある程度の関心をもっている。」（一三〇頁）

スターリンによると、封建制下の農奴は封建領主に従属し現物地代を搾取されているが、自己経営と生産用具を所有しており、自己労働にもとづく個人的所有が存在している。(3) これにたいし奴隷は奴隷所有者の所有物であり、生産手段も持っていない。つまり、奴隷制と封建制の生産関係上の質的差異は、奴隷は何らの生産手段も所有せず自己経営も行わない、奴隷所有者の完全な所有物であり、農奴は生産手段を所有し、自己経営を行う隷属的生産者である、ということである。

スターリン奴隷制論の根本的欠陥

スターリンは奴隷制のモデルをアメリカの近代奴隷制や古代ギリシャ・ローマの労働奴隷制に取っ

たために、世界の他の地域の古代に広範に存在した隷属的小経営農民を全く無視してしまった。インド・中国・エジプトなど当時の世界では圧倒的に人口が多かった地域である。スターリンの奴隷制論では古代における世界の大部分の地域の説明はできない。そこで例えば、毛沢東は「中国は二千年来封建制である」という説をとった(4)。現在でも中国歴史学界の公式的立場はこの毛沢東説をとっている。歴史研究者個々人は、事実的には封建制説から抜け出している場合が多いが、建前としては封建制説をとっている。

要するに、スターリンは奴隷制を人類史の発展の普遍的段階としながら、その奴隷制を労働奴隷制に限定し、より広範に存在した土地占有奴隷制を無視したのである。

これはスターリン理論と実際の歴史の乖離である。しかし、スターリン理論にはより根本的な欠陥、理論上の欠陥がある。

労働奴隷制における奴隷は家族を構成せず、小経営を行っていないから奴隷の再生産は不可能である。それでは労働奴隷制の奴隷はどのようにして存在するのか。労働奴隷制の内部では不可能であるから、外部から獲得するほかはない。近代アメリカ南部の労働奴隷制の場合は、アフリカから供給された。古代ギリシャ・ローマの場合は、戦争などによる捕虜の奴隷化が供給源であった（社会内部の貧民の債務奴隷化も一部にあった）。つまり労働奴隷制はその社会の外部から奴隷を供給しなければ成り立たないのである。そのような外部に労働力再生産を依存しなければ存在できない生産関係は社会の主要な生産関係になりえない。そのような生産関係は当然、人類史の普遍的な発展段階ではない

（古代ギリシャ・ローマも労働奴隷制は基本的生産関係ではなかった）。

現在の歴史学では、スターリン理論などはとうの昔に克服されて、問題にもならないと考えられている。しかし、本当にそうだろうか。本論で取り上げた奴隷制一つを見ても実は現在の歴史学（その主流）は依然としてスターリン理論で定式化された奴隷制論とその根本において変わっていないのである。奴隷制以外の問題も含めてスターリンの歴史理論は意外に本格的批判がなされていないというのが私の見方である。

2 土地占有奴隷制論

マルクスの文章で、前近代史研究にもっともよく使われたのは、「資本主義的生産に先行する諸形態」（以下「諸形態」）であろう。マルクスの文章で、前資本主義にかんするもっともまとまった記述であること、戦後の早い時期（マルクスの理論が高い権威をもっていた時期）に、しかも「諸形態」だけを取り出して、日本語訳が発表されたことが、(5)その主要な原因である。「諸形態」は、日本の前近代史の理論水準を大きく向上させた面もあるが、逆に多くの誤り・混乱を引き起こしたことも事実である。

誤り・混乱を起こした原因は主要には二つある。一つは、「諸形態」が、マルクスが一八五七―五八年に執筆した『要綱』の一部、その本源的蓄積に関する章の一部であること、その視角からの前資本主義にかんする記述であることを知らずに「諸形態」が使われたこと、もう一つは、『要綱』はマルクスの経済学にかんする最初の体系的研究で、彼の経済理論の形成途上の作品であり、不十分性や誤りが多いことである。(6)

当時、日本では（多分世界でも）それが理解されず、「諸形態」を全面的に正しいと前提してしまったことに大きな問題があった。

マルクス『要綱』（一八五七―五八年）の奴隷制論

以下、この項から三つの項の内容は、中村『奴隷制・農奴制の理論』に書いたことの要約であることが多い。詳しくはそちらを参照してほしい。

「奴隷は、自分の労働の客体的諸条件にたいしてまったくなんの関係ももっていない。むしろ奴隷の形態においても農奴の形態においても、労働そのものが生産の非有機的条件として、家畜と並んで、あるいは大地の付属物として、他の自然的存在と同列に置かれるのである。」（『マルクス資本論草稿集』2、一四〇頁）

「第三の可能な形態は、所有者として関わるのはただ生活手段にたいしてだけであって、生活手段を労働する主体の自然的条件として見いだしはするが、土地にたいしても、用具にたいしても、したがってまた労働そのものにたいしても、自分のものにたいする様態で関わるのではないとい

う形態である。この形態は、結局は、奴隷制および農奴制の形式であ」る。（同、一五五頁）

『要綱』では、奴隷・農奴は生活手段の所有者ではあるが、生産手段の所有者ではないと捉えられ、他人（奴隷主・農奴主）の経営に労働力として駆使される存在とされている。これはスターリン的奴隷制論と同じである、ただし、農奴も奴隷と同じく生産手段を持たず自己経営を行わない存在と捉えられている点は全く異なる。

『資本論草稿』（一八六一―六三年）の奴隷制論

『資本論草稿』（以下『草稿』）になると、この捉え方は大きく変わる。

「地代、……は歴史的には、……剰余労働の、すなわち無償で行われなければならない労働の、一般的な形態として現れる。……その取得の基礎は社会の一部分による他の部分にたいする暴力的支配（したがってまた直接的奴隷制や農奴制や政治的従属関係）である……夫役――および多かれ少なかれそれに対応する農奴制（または奴隷制）の諸形態……夫役は（奴隷労働とまったく同様に）地代に関しては次のことを賃労働と共通にしている。」（『全集』二六巻Ⅲ、一九七〇年、五一七―九頁）

マルクスは、『草稿』では奴隷制を農奴制（それに「政治的従属関係」[7]）と同様に小農から地代を経済外強制によって搾取する形態としているのである。従来、『資本論』第三部四七章の前近代地代は、封建地代（一般的には農奴制地代）に限定して理解されてきたが、そうではなく奴隷制も含む（さらに「政治的従属関係」も含む）前近代地代一般なのである。この誤りもスターリン的奴隷制論を前提にしている。

『資本論』第一部（一八六七年）の小経営生産様式概念の定立

『資本論』第一部になると、家族労働による小経営をより一層積極的に評価するようになり、小経営生産様式概念が成立する。

「労働者が自分の生産手段を私有しているということは小経営の基礎であり、小経営は、社会的生産と労働者自身の個性との発展のために必要な一つの条件である。確かに、この生産様式は、奴隷制や農奴制やその他の隷属諸関係の内部でも存在する。しかし、それが繁栄し、全精力を発揮し、十分な典型的形態を獲得するのは、ただ、労働者が自分の取り扱う労働手段の自由な所有者である場合、すなわち農民は自分が耕す畑の、手工業者は彼が老練な腕で使いこなす用具の、自由な私有者である場合だけである。」（『全集』二三巻b、一九六五年、九九三頁）

『資本論』では、奴隷も農奴とともに隷属的であるが、自分の生産手段をもち、自分自身の小経営を行う存在と捉えられているのである(8)。

以上のような検討から私は、小経営生産様式は、定着農業の開始とともに形成され、前近代を通して奴隷制・農奴制などの社会の生産の基礎となった。小経営生産様式の発達は、労働過程では経営の自立化・安定化の増大、所有関係では奴隷段階の単なる占有、農奴段階の事実上の所有、近代の自由な所有の三段階の発達を遂げた、とした（くわしくは、『奴隷制・農奴制の理論』参照）。

晩年のマルクス（一八七〇年代末―一八八二年）

マルクスは、『資本論』第一部（一八六七年刊行）以後、一八七〇年代には、『資本論』第一部を改定したフランス語版を分冊の形で一八七二年九月から七五年一一月に刊行した以外には、重要な理論的著作を出していないし、ノート類も残していないようである。エンゲルスは「それはおもに病状のせいだった」と言っている（『全集』二四巻、一九六六年、『資本論』第二部、序文、八頁）。その他に第一インターの活動やパリ・コミューンの活動などの政治活動で多忙であったこともある。

しかし、一八七〇年代末から亡くなるまでの四年間位は原始共同体と原始社会から階級社会への移行に関する文献を研究した草稿やノート類をかなり残している(9)。それは当然、マルクスの関心が未完成の『資本論』を完成させることよりも、原始社会とその階級社会への転換に移ったことを示している。どうしてマルクスは『資本論』第一部を出した後、『資本論』完成のための仕事をほとんどせず、彼にとって貴重な時間であったはずの晩年に、一見『資本論』とはあまり関係がないように思える原始社会とその階級社会への移行に関心をもち、研究したのだろうか。おそらく、彼は『資本論』の不十分性に気づき、そのためには原始共同体社会から階級社会への移行の研究がカギになると考えたのだと思う。これについては別の機会に論じたい。

一方、『資本論』第二部（一八九三年刊行）、第三部（一八九四年刊行）は、マルクスの遺稿をエンゲルスの編集でマルクスの死後に刊行され、第四部に当たる『剰余価値学説史』はさらに遅れてカウツキーの編集で二〇世紀になってから（一九〇五―一〇年）刊行された。エンゲルス、カウツキーは、マルクスのこの晩年の考えをよく理解していなかった。『資本論』を理論的に完成された作品と考えて、その刊行に努めたと思われる。晩年マルクスとエンゲルスの間に考えの齟齬があったのだろう(10)。現在でも、マルクス研究者のほとんどは『資本論』を完成された研究とみなしているが、マルクスはそうは考えていなかったと思われる。

村落共同体の重視

晩年マルクスの研究の中心は、原始共同体とその階級社会への移行の問題であり、とくに氏族共同体の下における対偶婚家族から氏族共同体の解体と家父長制的一夫一婦婚家族への転換が階級社会への移行の基礎であり、家父長制的一夫一婦家族（小経営の担い手）が階級社会の基盤であった。マルクスのこの認識に大きな影響を与えたのは、モーガン『古代社会』（この古代社会は原始社会のこと）

である。

奴隷制を主題とする本論では、これらのことは省略し、小経営生産様式の更なる具体化として、村落共同体を取り上げる。

晩年マルクスが原始社会から階級社会への移行を理論的に論じた「ヴェ・イ・ザスーリチの手紙への回答の下書き」(11)には、血縁紐帯で結ばれた氏族共同体が解体し、地縁的な、しかし耕地の共同所有は存続する農耕共同体から耕地も私有化された第二次構成(奴隷制・農奴制)の共同体への転化も述べられている。そして「この新しい共同体――耕地は耕作者の私的所有となっているが、同時にまた森林や牧地や荒蕪地などは依然として共同所有のままになっているこの共同体は、ゲルマン人によって、その征服したすべての国々に導入された。自己の原型から受けついだ諸特質のおかげで、この共同体は、全中世をつうじて自由と人民生活の唯一のかまど〔根源〕となっていた。」(第三稿)

注目すべきは、中世の村落共同体を「自由と人民生活の唯一のかまど〔根源〕」と評価していることである。なお、農耕共同体も血縁で結ばれているのではなく、地縁的共同体であるから村落共同体の原初形態といえよう。さきにみたように『資本論』で、「小経営は、社会的生産と労働者自身の自由な個性との発展のために必要な一つの条件である」と述べた。村落共同体はそれを構成する小経営を守り、発展させるための組織であり、小経営農民自身が組織した、小経営農民の組織である。ここにおいて、前近代の小経営生産様式論は一応の完成を見たと言えよう。

エンゲルス奴隷制論の誤り

エンゲルスは、『家族、私有財産および国家の起源』（以下『起源』）を一八八四年三月から五月に書いている。これはマルクスが一八八三年三月に死んだ後、マルクスがモーガン『古代社会』を詳細にノートした「古代社会ノート」を元にそれに自分の研究を加えて執筆したもので、エンゲルスは序文の冒頭に、この著作は「ある程度まで（マルクスの――中村注記）遺言を執行したものである。」（『全集』二一巻、二七頁）と述べている。

これまで『起源』は家族史をはじめ、原始社会から階級社会への移行、国家形成などの諸問題について大きな影響を与えてきた。また、その内容はマルクスの考えに沿って書かれたと考えられてきた。しかし、最近、晩年マルクスはエンゲルスとは考えに違いが相当大きいことがわかってきた(12)。この点は私も最近まであまり意識していなかった。今後、『起源』とマルクスの「古代社会ノート」の比較検討をはじめ、『起源』の内容を再検討することが必要である。また、近年、マルクス、エンゲルスの本格的伝記が歴史家によって書かれるようになってきて、両者の関係や生活が客観的にわかるようになった。二〇世紀のマルクス像は、マルクスの死後、エンゲルスによって作られたという説もある。

ここではエンゲルスの奴隷制論とそれがマルクスのそれとまったく違う点だけを述べよう。

エンゲルスは『起源』では「完成された奴隷制」として「古典古代の労働奴隷制」と「オリエントの家内奴隷制」を挙げている。しかし、先に述べたように労働奴隷制は奴隷の再生産機構をその内部に持たず、したがって、奴隷供給を他の生産関係に依存しなければならない奴隷制であり、社会の基本的な生産関係になりえない奴隷制である。また、家内奴隷は家事労働に従事する奴隷であり、「不生産的労働」に従事する奴隷である。エンゲルス自身、『反デューリング論』の準備草稿で、「オリエントにみられるような家内奴隷制は直接に生産の基礎になっておらず」と述べている。家内奴隷制は、不生産労働に従事する奴隷制であり、基本的な生産関係ではない。エンゲルスの奴隷制論はマルクスのそれとはまったく違うし、誤りである(13)。

この『起源』の誤った奴隷制論がこれまで歴史学の奴隷制論を誤らせ、混乱させた大きな原因である。

おわりに

本論で述べたのはマルクスの奴隷制論であり、実証ではなく理論である。このマルクスの奴隷制論が現在の歴史学の実証と食い違う点があることは十分あり得る。しかし、大筋においては正しい。特に現在の歴史学が意識的・無意識的に奴隷制の典型をアメリカ近代の奴隷制や古代ギリシャ・ローマの労働奴隷制に求め、奴隷を土地から切り離された動産奴隷に限定し、奴隷制の支配的形態である土地占有奴隷制を無視・軽視している状況からすると、マルクスの奴隷制論の理論的有効性は大きい。

歴史研究者がマルクスの理論を使う場合、気を付ける必要があるのはマルクスの理論の恣意的な利用を避けることである。マルクスの権威が高かったかつての時期のような、マルクスの言説をすべて正しいと前提して利用することは大体なくなったが、恣意的利用と混乱は現在も多い。歴史研究者は最低限、マルクスの理論をそれ自体として理解したうえで利用すべきである。

註

（1）日本の論争の概要は、塩沢君夫『アジア的生産様式論』御茶の水書房、一九七〇年、第一章、参照。

（2）マルクス自身はそんなことは言っていないし、「序言」の理論的基礎になっている一八五七―五八年に執筆した『経済学批判要綱』（以下『要綱』）はマルクスが本格的に経済学の研究を行った最初の成果であり、それは草稿のままで発表はされなかった。その後、マルクスは研究を続け、一八六七年に『資本論』第一部を刊行した。『要綱』から『資本論』への理論的発展はマルクス『資本論草稿集』三〜九（大月書店、一九八四―一九九四年）でみることができる。それによれば、マルクスは『要綱』以後、経済学の研究で大きく進歩しており、『要綱』段階の理論を基礎とした「序言」は、マルクスの史的唯物論の完成された定式とは言えない。さらに、マルクスは『資本論』以後、特に晩年の一八七〇年代末から亡くなる直前の八二年まで、原始社会とその階級社会への移行を研究して、彼の考えはかなり変化し、発展している。そうしたことからすると、マルクスの史的唯物論の定式は存在しないとしなければならない。

（3）スターリンは封建制と言っており、それはマルクス『経済学批判』の用語をそのまま使ったのだろう。しかし、一般理論としては農奴制とすべきである。封建制は農奴制の一つの類型であり、西ヨーロッパ、日本、場合によりインドなどに存在した。スターリンの奴隷制論は、アメリカ南部の奴隷制やギリシャ・ローマの労働奴隷制をモデルにしているようだ。つまり、スターリンは無意識的に欧米中心史観に陥っている。

（4）この毛沢東説には根本的欠陥が二つある。一つは、秦から清への二千年にわたる長期の時期を封建制で塗りつぶしてしまったこと、とくに唐宋変革を無視し、唐までの農民経営とそれに対する支配と宋以後のそれとの質的相違（古代的・奴隷制的支配と中世的・農奴制的支配）を無視したこと、第二は、中国はほぼ（分裂期を除き）一貫して中央集権的・専制支配体制であり、権力と支配が分散している封建制ではないことを無視したことである。

(5)『歴史学研究』一二九号、一九四七年九月、にロシア語訳からの重訳で発表された。訳者は岡本三郎、飯田貫一。

(6) こうした点については、中村「資本主義的生産に先行する諸形態」(マルクス・カテゴリー辞典編集委員会編『マルクス・カテゴリー辞典』青木書店、一九九八年)、参照。

(7) これはアジア的専制支配とそれに従属する農民の関係を指す。私の概念で言えば、国家的奴隷制と国家的農奴制である。

(8) マルクスが小経営生産様式概念を作るうえで重要だったのは、地代論研究であり、特に隷属農民も含めて世界の小経営農民を研究したリチャード・ジョーンズ『地代論』(一八三一年)の研究であった。マルクスは、ジョーンズを「諸生産様式の歴史的相違に対するセンスによって、傑出している。……だいたいにおいて歴史的諸形態の正しい区分」(『剰余価値学説史』Ⅲ〔『全集』二六Ⅲ、五一六頁〕)と高く評価している。

(9)「コヴァレフスキー『共同体的土地所有、その解体の原因、経過および結果』ノート」一八七九年五月―八〇年一〇月、「モーガン『古代社会』ノート」一八八〇年末―八一年三月、「ヴェ・イ・ザスーリチの手紙への回答の下書き」一八八一年二月末―三月初め、「ジョン・ラボック『文明の起源と人類の原始状態』ノート」一八八一年、「ヘンリー・メーン『初期制度史講義』ノート」一八八二年、など。このほかにもノートがあり、各ノートの執筆時期にはここに挙げた時期とは異なる説もある。ここではソ連のマルクス=レーニン主義研究所編『マルクス・エンゲルス全集』四五巻、一九七五年(日本語訳は『全集』補巻四、一九七七年)に収められたものをあげた。執筆時期もその推定による。「手紙下書き」は『全集』一九巻。なお、大月書店版『マルクス・エンゲルス全集』は全集となっているが、著作集である。全集はまだ完結していないし、日本語版は出ていない。

(10) エンゲルスは、マルクスの晩年の草稿、ノート類をマルクスの生前には読んでいなかったようで、マルクス死後も『起源』を書くために「『古代社会』ノート」は読んだが、他の草稿、ノート類は読まなかったものが多いようだ。これまでマルクスとエンゲルスはほぼ同じ考えであると思われてきたが、再考の必要がある。もちろん、両者の考えが一致していることが多いし、両者の違いはすべてマルクスの方が正しいとみるのも問題で、エンゲルスの方が正しい場合もある。

（11）ロシアの革命家ヴェラ・ザスーリチがマルクスに手紙を送って、ロシアの革命と共同体の運命についての意見を聞いたのにたいして、マルクスは四つの下書きを書いた。その最後のものは手紙とほとんど同文であるが、三つは原始共同体の最後の形態であり、階級社会への過渡期の形態である農耕共同体についてかなり詳しく書いている。なお、日南田静真氏は、草稿の執筆は第二から第一、第三の順に行われたと推定している（『マルクス・コメンタールV』現代の理論社、一九七三年、のコメント）。

（12）この点については、青柳和身「晩年エンゲルスの家族論はマルクスのジェンダー認識を継承しているか――生産様式論争のジェンダー的総括」1―3、『岐阜経済大学論集』四三―一～三、二〇〇九年九月―二〇一〇年三月、参照。

（13）エンゲルスは、「『イギリスにおける労働者階級の状態』の一八八七年アメリカ版への序文」のなかで「アジア的古代および古典古代においては、階級抑圧の支配的形態は奴隷制、すなわち大衆から土地を収奪することよりも、むしろ彼らのからだを領有することであった」（『全集』二巻、一八六〇年、六五九頁）と述べている。ここではアジア的古代と古典古代をともに奴隷制が支配的であったとしており、その奴隷制は土地を収奪された奴隷、つまり土地から切り離され、奴隷主の下で労働する奴隷（労働奴隷制）ではなく、土地と結び着いた奴隷（土地占有奴隷）であるとしているのである。これは晩年マルクスと同じ奴隷制論であり、『反デューリング論』や『起源』における奴隷制論とまったく違う。その理由は今のところ私にはわからない。

『起源』は一八九一年にかなり大幅に改定増補された第四版が刊行されたが、その奴隷制についての記述は初版と同じである。

（なかむら・さとる　一九三一年七月生まれ。京都大学名誉教授。〔著書〕『明治維新の基礎構造』未来社、一九六八年、『近代世界史像の再構成――東アジアの視点から』青木書店、一九九一年、『近代東アジア史像の再構成』桜井書店、二〇〇〇年）

中央から地方へ、立ち位置の転換　『中世奥羽の世界』、『百姓申状と起請文の世界』

入間田　宣夫

一　共同著作『中世奥羽の世界』を語る

渡邊さんからの執筆依頼があった時には、戸惑いを隠しえなかった。というのは、『中世奥羽の世界』は、大石直正・遠藤巖・伊藤喜良・小林清治・藤木久志、それに入間田を交えた六名の執筆になる論文集だったからである。そのうえに、小林・大石が編者ということで、二人による「あとがき」

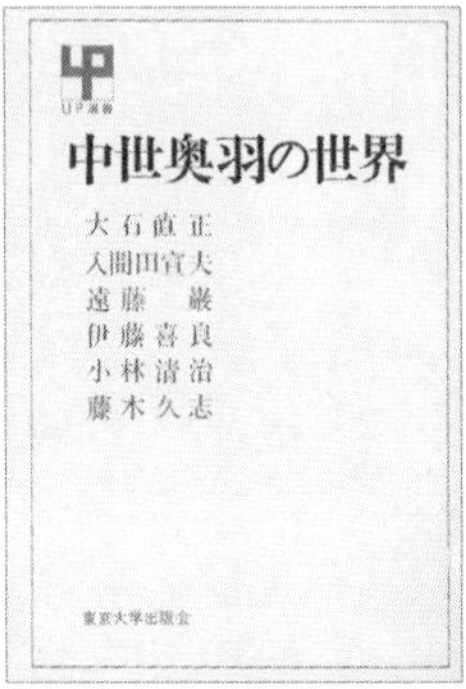

1978年刊

1986年刊

までもが付されている。したがって、入間田が自著を語るというスタンスには馴染みにくい。けれども、渡邊さんが依頼できるのは、いまとなっては、入間田のほかにはない。ということなので、あえて、落ちつきの悪さを承知のうえで、お引き受けした次第である。

さらにいえば、『中世奥羽』の成り立ちには、「中央から地方へ」という歴史学の立ち位置の転換に関わる背景が横たわっていた。そこのところを、しっかりと書き止めておきたい。それによって、歴史学の将来に資することができれば、というような個人的な想いが深まりつつある昨今でもあった。そのような想いもあって、お引き受けすることになった。

執筆にあたっては、入間田の論文「鎌倉幕府と奥羽両国」に触れることはもちろんながら、われわれ共同の研究会に始まる『中世奥羽』の成り立ちについても、論及することにならざるをえない。共同執筆のみなさまには、そこのところを、ご理解のうえ、枉げて、お許しをいただきたい。ごめんなさい。けれども、あのとき、みんなの心意気のようなものを、ほんの一端なりとも、書き止めておくことには、意味があると思うのです。いつもながら、一言多いやつだと、笑って、御海容いただければ、さいわいです。

その「あとがき」の通り、われわれの研究会が発足したのは、一九七二年のことであった。そして、数年にわたる研究会を積み重ねた上で、藤木さんを介し、渡邊さんにお願いして、東京大学出版会のUP選書の一巻として公刊していただくことができたのは、一九七八年のことであった。

その間、渡邊さんには、仙台の大学に学んだ同窓の仲間ということもあって、何かと、励ましや心配りを忝くした。『中世奥羽』のタイトルについても、最終的には、渡邊さんの命名によっている。

それにしても、よくも、引き受けていただいたものである。当時にあっては、「奥羽」というようなローカルな題名の本が、東京大学出版会のような全国区かつ大手の出版社から出していただけることになるとは、なかなか考えにくい状況にあった。渡邊さんにとっては、苦渋の決断であったのにちがいない。その渡邊さんからの依頼である。どうして、断ることができようか。

入間田「鎌倉幕府と奥羽両国」では、これまでは「奥州征伐」とよばれてきた出来事を、「奥州合戦」と言いかえるべし。とする提案から、始めることになった。

その切っ掛けは、平泉側が義経を匿った罪を責めるなどとして、鎌倉殿頼朝が一方的に奥州に攻め込んだことは、侵略戦争にほかならない、という素朴な判断にあった。それなのに、これまでの研究者は、鎌倉殿の立場に同調して、「奥州征伐」とよんできた。東北に身を置く研究者にしても、例外にはあらず。

たしかに、鎌倉幕府の編纂になる『吾妻鏡』の記述だけに依拠するならば、そのようなことにならざるをえない。けれども、そのほかに、拠るべき史料は、存在していなかったのか。つぎには、これまた、素朴な疑問が湧きあがってきた。

そのために、東北・関東の枠には縛られることなく、京都方面はもちろんのこと、南九州は島津荘にまでわたるような全国的な視野をもって史料の探索に乗り出すことになった。

その草の根を分けるような探索の結果、「奥入り」「奥責め」「奥州合戦」ほかの言葉が浮びあがってきた。分けても、「奥州合戦」のそれには、平泉・鎌倉の一方に与することなく、客観的に、この出来事に対処しようとする志向性が込められていた。逆にいえば、「征伐」などとする言葉は、鎌倉幕府関係の少数派による自己正当化の所産以外のなにものでもない。そのことが鮮明になってきた。それによって、「文治五年奥州合戦」の言葉を用いるべし、という思い切った提案をすることになった。

けれども、それに対して、学界の反応は、いかに。地方の若造の世迷言として、一笑に付されるのが落ちなのでは。もしかすると、研究者として、居場所がなくなってしまうのでは。それほどまでに心配することはないにしても、そのような型破りの提案が受け容れられるまでには、かなりの年月が必要とされるのではないか。生きているうちに、そのような日を迎えることができるであろうか、などとする不安の気持ちが湧きあがってくるのを、どうすることもできなかった。

だが、しかし、それは、まったくの杞憂であった。ほんの数年を経ないうちに、多くの研究者から賛同していただけることになった。そればかりではない。一般向けの歴史叙述や辞書類、さらには教科書などにも、「奥州合戦」の言葉が採用されることになった。

その直後には、「九州征伐」（豊臣秀吉）や「大陸進出」（旧日本軍）などの言葉についても、見直しの議論が始められることになった。

いまにして思えば、その当時すでに、学界にも一般読書人の世界にも、そのような言葉の背景にある立ち位置の問題にかかわる見直しの気分が兆し始めていたのかもしれない。入間田による問題提起は、そのような気分を、ほんのちょっとだけ、早めに、あらわにした。ただ、それだけのことだったのかもしれない。

それにしても、自身にとっては、それらの経験は、なによりもの促進剤であった。それらによって、「前九年の役」「後三年の役」、さらには「東夷の酋長」「俘囚の上頭」「奥六郡主」などの言葉に込められた立ち位置に批判的に向きあって、「前九年合戦」「後三年合戦」「御館」「安大夫」など、当時における客観的かつ本来的な言葉を模索・復元する道筋を見いだすことができるようになった（入間田「意志関係の歴史学をめざして――平泉藤原氏研究四十年のフィールドにて」、『宮城歴史科学研究』七八号、二〇一七年）。

言葉のレヴェルには止まらない。奥州の側に立ち位置を定めることによって、京・鎌倉の側に自覚的もしくは無自覚的に立ち位置を定めてきた既存の歴史学の全体的なありかたに、批判的に向き合うことができるようになった。すなわち、地方の側から、日本国の歴史をトータルに見直す取り組みに乗り出すことができるようになった。

たとえば、鎌倉殿頼朝による「奥州征伐」が、「日本六十六ヶ国総動員令」ともいうべき大規模な動員令によって、そのうえに公家政権の思惑にもかかわらずに強行された背景を見すえることによって、列島規模における軍事権門の特徴的な成立過程を鮮明にすることができた。

さらには、頼朝による奥州における占領地統治のありかたが、西国や鎮西方面における統治のありかたの進化・発展のすえに到達した最終形態だったこと。すなわち、苛烈きわまりのない奥州統治のありかたには、鎌倉幕府の地方統治の典型的なありかたが反映されていたこと。それらを鮮明にすることができた。奥州は、ただの辺境にはあらず。それなるが故に、典型の地でもあったのである。いいかえるならば、奥州のことが分からなければ、鎌倉幕府の本質は分からない。

それらの認識がなければ、守護・地頭制度の本質について、さらには列島における在地領主一般の代弁者とは必ずしも言い難い鎌倉幕府の特異な立ち位置について、自分なりの考察を展開することは、不可能であったのにちがいない。

なにはともあれ、東京スカイ・ツリーの本当の姿は、そこから距離を置いた下町の路地裏に身を置いて遠望することがなければ、見えてきません。そこに登って、展望室の上から、見下ろすだけではいけません。同じように、京・鎌倉の方面に身を置いて、上から目線をもってするだけは、日本歴史の全体像は見えてきません。などとする学生向けの例え話さえもが、口をついて出てくるようになった昨今ではある。

ただし、反省すべき点がないわけではない。それについては、「『東北の中世史』全五巻を読む」なる小論（『歴史』一二七輯、二〇一六年）を参照していただくほかにはない。

このような研究姿勢における立ち位置の転換は、入間田のみにはあらず、われわれの仲間すべてに共通するものであった。

そのほんの一例として、藤木「中世奥羽の終末」によって、「侍道・国中の儀」に根差した「奥羽自決」の道が、豊臣政権による「日本のつき合い」の強制のなかで、その可能性を奪われてゆくプロセスが、ダイナミックに捉えられている。そのことをあげるだけで、十分であろうか。

『中世奥羽』の「あとがき」には、「これまで必ずしも十分ではなかった制度史的な事実の確定を、最新の成果にもとづいてきちんと行うこと」、ならびに「中世においてもなお蝦夷が存在することに注目して、蝦夷問題を叙述の中に取り込むこと」の二点が、われわれの留意事項であったことが指摘されていた。確かに、その通りである。

けれども、それら二点の背景には、研究姿勢における立ち位置の転換という、根源的な事情が横たわっていた。だからこそ、『中世奥羽』は、ある種の衝撃をもって、学界に受け止められることができたのではあるまいか。いまにして、想わずにはいられない。

二　自著『百姓申状と起請文の世界』を語る

これまた、渡邊さんからの依頼があった時には、戸惑いを禁じえなかった。というのは、『一揆』の研究会に結集した仲間たちとの談論風発のプロセスを経ることなしには、すなわち仲間たちの後押しに依拠することなしには、『百姓申状と起請文の世界』の取りくみに踏み出すことはできなかったからである。

なんとなく、自分だけの仕事だったとは、言い切れないような気がしてならない。わけても、その論文集の要ともいうべき「逃散の作法」については、その感が甚だしい。『一揆』五巻に収めていただいたうえで、『百姓申状』に再録させていただいた「中世国家と一揆」にしても、また然り。

振り返ってみれば、『一揆』の研究会が、渡邊さんの企画によって発足して、『一揆』全五巻の執筆予定者が結集するまでに漕ぎつけられたのは、一九七七年のことであった。それから、全五巻の完結にいたるまでに、大小の研究会がくり返されている。その間のプロセスについては、『一揆』五巻の「あとがき」にくわしい。本書（『自著を語る』）においても、研究会のまとめ役たるべき峰岸純夫・深谷克己の両氏によって、くわしく紹介されることになっている。

したがって、『百姓申状』の成り立ちの淵源は、渡邊さんの企画にあり、ということにならざるをえない。そのうえに、『百姓申状』の刊行にさいしても、渡邊さん、そして高橋朋彦さんによる、なみなみならない配慮を忝くすることができた。編集の実務については、高橋さんの担当なれども、総体としては、渡邊・高橋の両氏による密接なチームプレイなくしては、ありえなかった刊行なのである。

『一揆』の研究会では、大小さまざまなレヴェルの中世の一揆のなかで、もっともベーシックな存在が、年貢の減免、非法代官の排斥などを、「百姓申状」をもって、荘園領主側に訴える百姓らのパフォーマンス（「荘家の一揆」）であった。すなわち、その必死の訴えが受け容れられなければ、在所を「逃散」に及んで、在所からの集団的な立ち退きを敢行する。けれども、領主側との粘り強い交渉によって、要求の全部ないしは一部が認められたとなれば、何ごともなかったように還住して、春の農作業にかかる。という毎年のようにくりかえされるパフォーマンスであった。

その「百姓申状」によって象徴される、かれらのパフォーマンスが、もっともベーシックな存在たるべきことは、研究会の仲間による共通の認識として、揺るぎなきレヴェルにまで達しつつあった。佐藤和彦さんによる「『百姓申状』の成立――大和国平野殿荘の場合」なる有名な論文を紹介するまでもない。

けれども、そのようなパフォーマンスに、百姓らが及ぶということには、なみなみならない困難が立ちはだかっていたのではあるまいか。たとえば、代官側による弾圧・脅迫などの一事を取り上げただけでも、そのことが察知できるであろうか。

それなのに、百姓らは、どのようにして、それらの困難に対抗して、「荘家の一揆」に結集することができたのか。「清水の舞台」から飛び降りるような決断ができたのか。そこのところについて、かれらの心情に寄り添いながら、解明する筋道を見いだすことができないものであろうか。

これまでは、そこまで踏み込んだ研究はおこなわれていなかった。播磨国矢野荘では、「十三日講」（宗教行事）の寄りあいのあった翌日に、百姓らの一揆がおこなわれていた。そのことについては、その頃、すでに、仲間内で知られつつあった。これまた、佐藤さんの論文にくわしい（佐藤『南北朝内乱史論』東大出版会、一九七九年）。けれども、矢野荘の事例にだけ、目を奪われているわけにはいいかない。もっともっと、視野を拡大することがもとめられているのではあるまいか。
すなわち、「荘家の一揆」の背景には、どこでも、必ずや、百姓らによる寄りあいが存在していたのではあるまいか。さらには、それらの寄りあいにおける決定的な場面とはなにか。それらを確かめることはできないであろうか、というような想いが湧きあがってきた。そのために、広く史料に当たることになった次第である。

そのなかで、百姓らの寄りあいは、在所の鎮守、そのほか最寄りの神社でおこなわれるのが常であったことが浮びあがってきた。

あわせて、その寄りあいにおける決定的な場面は、「百姓申状」の内容をかためるのにあわせて、その内容に偽りなきことを神前に誓う起請文を記したうえで、それを燃やし、その灰を神水に浮かべて、一同が廻し呑む、という「一味神水」のパフォーマンスにあることが見えてきた。

その誓いに背くことがあれば、立ちどころに神罰を蒙るべし、というわけである。すなわち、そのような非日常的の極致ともいうべき「一味神水」のパフォーマンスによらなければ、「荘家の一揆」という、ある意味では毎年恒例の日常的なパフォーマンスに向けて、百姓らの気持ちを奮い立たせて、結集のエネルギーをかたちづくることができなかった、というわけである。

起請文そのものは焼き呑まれてしまったけれども、その写しは「百姓申状」に副えて、荘園領主側に提出されることが多かった。それによって、百姓らの申し分が確固たるものなることをアピールして、領主側による真摯な対応を迫る、という効果が期待されもした。

そもそも、然るべき手続きを経て提出されることになった「百姓申状」については、それを受理しない、ないしは提出そのものを犯罪視して処罰の対象とする、などの領主側の行為は、社会的に規制されていた。同じく、「申状」の提出後における交渉のプロセスにおいて、百姓らが敢行する逃散の実力行使についても、それを妨害・弾圧することには、社会的な規制がかけられていた。鎌倉幕府の制定になる御成敗式目四二条にさえも、その規制の文言が盛り込まれていたことが知られる。すなわち、百姓らは物言わぬ存在にはあらず。中世にあっては、かれらには主体的な意志あり、として、荘園制をかたちづくる社会的な合意の体系を下支えする重要なファクターとして、然るべき位置づけが、かれらには付与されていたのであった(「逃散の作法」)。

あわせて、そのような百姓らの位置づけを基本とすることなくして、「中世国家と一揆」の関係をトータルに解明する道筋を見いだすことはできないのではあるまいか。さらにいえば、そのような「一味神水」のパフォーマンスは、百姓らのばあいのみにはあらず。寺僧集団・武士団ほか、中世社会を構成する大小の社会集団によってかたちづくられる大小の一揆においても、その活力を生み出すエネルギー源としての役割を担っていたのではあるまいか、ということになった次第である。

あらためて振り返ってみれば、『中世奥羽の世界』と『百姓申状と起請文の世界』、いずれの取り組みにおいても、辺境の住人ないしは荘園の百姓らという、通常ならば物言わぬ存在としてのみ、ないしは受け身の存在としてのみ、位置づけられてきた人びとの側に身を寄せて、かれらの意志表明のありかたを鮮明にする。いいかえれば、研究における立ち位置の転換に挑戦する、ということの連続であった。さらには、いま現在においても、挑戦の最中である。

このような挑戦の連続が、若い世代によって、いくぶんなりとも、前向きに、受け止めていただけることになれば、幸せこのうえもない。

それにしても、不思議な出会いの連続であった。それぞれの取り組みにおいて、大小さまざまな研究会のメンバーに加えていただけなかったならば、どのようなことになっていたのか、分からない。さらにいえば、一九七〇―八〇年代における歴史学界の昂揚をかたちづくる集団的な営為のなかに身を置くことなくしては、ないしは昂揚をかたちづくる仕掛人ともいうべき渡邊さんと出会うことなくしては、いまの自分は、なかったかもしれない。いまは、ただ、感謝々々の気持ちで、いっぱいである。

（いるまだ・のぶお　一九四二年三月生まれ。東北大学名誉教授。〔著書〕『日本の歴史7　武者の世に』集英社、一九九一年、『北日本中世社会史論』吉川弘文館、二〇〇五年、『平泉の政治と仏教』高志書院、二〇一三年）

「エセーニンとマフノ」を思う　『農民革命の世界』

和田　春樹

出発点としての「複合革命」

私は、一九七〇年にロシア革命の全体像を描いたとき、ジョルジュ・ルフェーヴルのフランス革命複合革命説から学んで、ロシア革命も複合革命だととらえることを主張した。都市の労兵革命と区別される自律的な革命として、農村の農民革命をとらえる見方を確立したのである。

ロシア革命は、首都の労兵革命とブルジョアジーの革命が結びついて、専制君主制を打倒した二月革命からはじまった。専制君主制が打倒されると、全国的に権力機構が末端まで壊れ、農民たちが動き出し、農民革命が登場する。一〇月革命は労兵革命がブルジョアジーの政府である臨時政府を打倒し、平和に関する布告と土地に関する布告を打ち出したのだが、後者の布告は農民革命に助けられた労兵革命は農民革命の志向や実践には干渉しない、それを尊重するという姿勢をあらわし

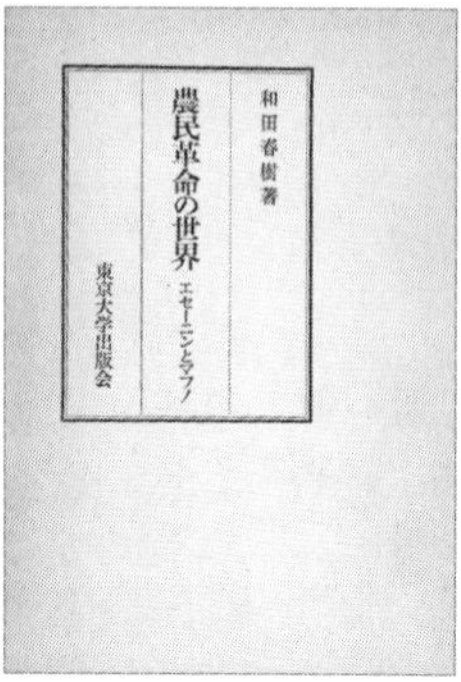

1978年刊

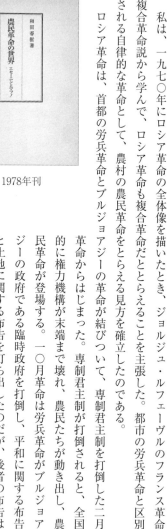

たものであった。だがこのとき同時に実現された兵士革命の課題、軍隊民主化の実現は軍隊の解体をもたらし、結果として革命的兵士集団が消滅する。都市には労働者革命に基礎をおくソヴィエト政権が孤立し、自らの革命に満足した農民が穀物を都市に提供しなくなる中で、一九一八年春の食糧危機が現出する。労働者と農民の対立がおこる。

これはロシア革命の最も深刻な問題であるので、私はそのことを正面から解明したいと思うようになった。ソ連の歴史学では、農民運動は労農同盟の一翼をになうものとしてとりあつかわれていたので、その種の本をみても、農民革命の実相は分からなかった。そこで、歴史家の本ではなく、文化人類学者の仕事、さらに文学者の仕事をさがすようになった。そうして書いたのが、「ロシア革命における農民革命」という論文で、一九七三年に、社会科学研究所の大先輩、岡田与好氏が主宰する経済史家の研究会から出した『近代革命の研究』に掲載された。この論文を書くにあたって、私の認識の基礎、よりどころとなったのは、ソ連の作家レオーノフの小説「あなぐま」に出てくる農民ゲリラの言葉だった。農村に入ってきた食糧コミッサールを殺害して、反乱に立ち上がった人物が語っている。

百万人を集めるんだ。それに鎌や槍をもってこさせよう。俺たちはいるんだ。俺たちがいないなんて考えられるもんか。俺たちは穀物を、血を、支えをあたえているんだ。……俺たちを一日に一万人ずつ殺して、子供を産むのを禁止しても、みんな根絶やしにするには、三〇年かかるぞ。……ギシギシいう百万の鋤で都市の土を耕してやる。そこで麦が穂を出し、バカな村娘が歌を歌っているようにしてやるぞ。塔から石を引っ張っていくアリのようにだ。俺たちを忘れることはできない。俺たちは多いんだ。俺たちはすべてなんだ。俺たちは大地そのものなんだ。

E・H・カーが彼の大著の中に引用しているこの言葉を読んだ私は、この言葉に導かれて一九七三年の論文を書いたのである。

農村と農民を知るために

農村の構造や農民の生活を知る上ではソ連の科学アカデミー民族学研究所が一九五二―五四年におこなった旧タムボフ県モルシャンスク郡ヴィリャチノ村の調査報告書が役立ったが、この資料には、わが国の研究者はすでに注意を払っていた。

この調査によると、この村には、革命前、旧領主農奴の共同体所有型共同体＝村団Aと国有地農民の世帯別所有型共同体＝村団Bの二つがあり、それぞれ別の郷に属していた。村団Aは農奴解放により、一八六五年に登録員数七〇五に対して平等に三デシャチーナが分配され、一八八一年、一八九四年に割り替えがおこなわれた。村団Bは六一年に員数六〇に対して五・三デシャチーナが与えられた。世帯別所有型に変わったのは七二年のことである。二つの村団を合わせると、戸数は一八五七年一五六戸、八一年二五二戸、革命で合併したあとの一九一八年には三七五戸となった。戸数が増えたのは、家族分割の結果であるが、背景には出産の増加による家族の増加がある。七二年にゼムストヴォ学校ができて、生徒数は七五年に八三人、八一年には三三人に減少した。この年、AB合わせて住民一八三五人中で字が読める者は四六人に過ぎなかった。八九年に教会立の教区学校がつくられた。二つ合わせて生徒数は九六年七〇人、一九〇六年一二〇人、一九一六年一五〇人であった。政府専売の酒を売る店は九〇年代末に三軒もあった。

この村では、地主が農民に土地を売り、地主領がなかったので、一九〇五年も一七年もほとんどそれらしい運動はなかった。一〇月革命後、一九一八年三月の郷土地委員会、郷ソヴィエト、村団大会の決議で、土地があたえられることになり、村は一一九デシャチーナの土地を得た。村ソヴィエトと名乗った村団はこの土地を加えて、全面的共同体的割替えを実施した。この年一〇月の階層構成は次の通りだった。馬なし六三戸（一六・八％）、馬一頭もち二一八戸（五八・一％）、馬二頭もち八六戸（二二・九％）、馬三、四頭もち八戸（二・二％）であり、馬一、二頭もちが村の戸数八割を占める多数者であった。ここでも貧農委員会は組織されたが、少数者の運動であったろう。逆にタンボフ農民戦争にも参加していない。「反匪徒的な」村とされており、「匪徒的」とされた農戸はあいまいなものも入れ、一四戸であった。

ソ連の研究所がこの村を対象に選択するには、村の条件が比較的無難なものがえらばれたと考えられるが、この調査報告はロシアの農村についてリアルな像を与えてくれたのである。論文では、内戦終了後のタンボフ県アントーノフ反乱について書いた。アメリカ人のシングルトンの一九六六年の論文はアントーノフ＝オフセエンコのタムボフ反乱鎮圧報告書（一九二一年七月二〇日）をトロツキー文書の中から発見して使っていた。これは、一九七一年に出たトロツキー文書集に収められていて、全文を読むことができた。

これは実に冷静な報告書であるが、書かれていることは恐るべきことであった。タムボフ県では五郡でソヴィエト権力は農村には存在しない。共産党員一〇〇〇人が殺され、みな都市に逃げ出すという状況であった。このような農民反乱、戦争にたいして立ち向かうためにトゥハチェフスキーが率いる鎮圧軍は二つの命令を出した。命令一三〇号は、村を占領し、「匪徒村」と宣言し、村の男子すべてを軍事裁判にかけるとし、家族を人質として収容所に入れ、男子が二週間以内に投降してこなければ、家族は県外追放、財産は没収する、というものだった。命令一七一号は、「匪徒とその家族に対するわれわれのテロルを深める」とだけしか書かれていないが、武器が発見されれば、その農戸の家長を銃殺する、匪徒をかくまう農家の家長は裁判なしに銃殺するというものであった。これを読んだ時の気分は実に暗澹たるものであった。

私は論文を書き上げて、提出した。論文集『近代革命の研究』は東京大学出版会から出た。反応はあまりなかったが、編集担当の渡邊勲氏がこの論文を支持し、このテーマを書き足して本にすることを勧めてくれた。私は大いに激励された。

テーマの追求、本を目指す

農民革命について、さらに調べようにも、調べたくても資料がない。私は文学に目を向けた、そしてエセーニンというソ連の詩人に興味と関心を抱いた。エセーニンは農民詩人と呼ばれている。日本でも人気があり、三種の詩集が出ていた。一九六七年に峯俊夫訳（国文社）、六八年に内村剛介訳（彌生書房）、七二年に岡林茱萸訳（飯塚書店）という具合だった。七四年には落合東朗の『エセーニンの生涯』（第三文明社）も出た。私は『エセーニン著作集』全五巻（モスクワ、一九六六―六八年）とベロウーソフの『エセーニン年譜』全二巻（モスクワ、一九六九―七〇年）を入手した。これらの本から、私は、エセーニンが「ノマフ」という農民反乱指導者を登場させる詩劇「ろくでなしの国」を書いていることを知った。ノマフは実在の農民反乱の指導者マフノをモデルにしていることは明らかだった。これで、マフノとエセーニンをからませて、書くことができるぞ、という目途がついた。

その頃、一人の編集者、社会思想社の田村研平氏が訪ねてきた。氏は、このたび『知の考古学』という隔月刊の雑誌を出すことを計画している、ついては、専門領域を越えるような論文を連載してくれないか、と依頼してきた。私がエセーニンとマフノを論じて、最後は詩劇「ろくでなしの国」にいたるというような仕事はどうかと言うと、それは良い、ぜひやってくれということで、一九七五年春の創刊号から第三号まで、連載することになった。

エセーニンは一〇月革命と農民革命をたたえ、「変容――ラズームニク・イヴァーノフへ」では次のように歌っている。

変容の時は熟した／われらの輝く客は降りてくる

はりつけになった忍耐から／錆びついた釘を抜くために

そして「イノニヤ」は次のように結ばれている。

中空に新しい／ナザレの町があらわれる
新しい救世主は牝馬にのって／世界にくる
われわれの信仰は力にあり／プラウダはわれわれの内にある

しかし、内戦の過程で都市は飢え、農民から武力で穀物を取り立てることがなされた。エセーニンは憤った。一九二一年の「穀物の歌」はもっとものはげしい告発の詩であった。

これこそ厳しい残酷な仕打ち／その意味は人々の苦しみにつきる
鎌が重たげな穂を切る／白鳥の喉元をかき切るように
藁が肉体でもあるということは／誰も思いつかないのだ
人食鬼の粉ひき機は　歯をむき出して／小骨を口の中にほうばり　噛みくだく
国中にひゅうひゅうと鳴る　秋のように／ペテン師　人殺し　悪党
鎌が穂を切るせいだ／白鳥の喉元をかき切るように

アナーキスト・マフノの農民革命軍は白軍を打ち破るために赤軍に協力した。一九二〇年一一月ヴランゲリ軍が総崩れになると、赤軍司令官は手のひらをかえして、マフノ軍を「ソヴィエト共和国と革命の敵」とよび、攻撃を開始する。エセーニンは一九二一年三月詩劇「プガチョフ」を書いて、マフノ軍に対する鎮魂歌とした。一九二二年、彼は元エスエルの女性ジナイーダ・ライヒと別れ、アメリカの舞踏家イサドラ・ダンカンと結婚して、アメリカへ旅行した。その旅のさなかに、彼は詩劇「ろくでなしの国」を書き上げるのである。

農民反乱軍の指導者ノマフことマフノは言う。

君らはみんな羊の皮をかぶっている／肉屋が君たちのために包丁をといでいる
君らはみんな家畜の群だ
………
わからないのか　理解しないのか／こんな平等など必要ないということが
君らの平等は欺瞞と虚偽だ

ノマフはさらに言う。「私は貧しいもののために祭りをしたいのだ」、「おれは今日やるのだ」と言い切る。共産党員のコミッサールの一人は農民に対する鎮圧作戦に嫌気がさしている。

党の命令に対する答えとして／農民の労働に対する課税に対して
国中で匪徒が荒れまわっている／権力の意志を鞭とみなして
誰を責めることができようか
あの慎重な農民たちがかくもマフノを愛するのをみないように
窓をしめてしまえようか
……
率直に　公然と　言わなければならない／われわれの共和国はブラッフだ
友よ、われわれは糞みたいなものだ

これに対してもう一人のコミッサール、アメリカ帰りの共産党員は言う。

万人にとって昼間ほどに明らかなことを／知らないものがわれわれの間にいようか
ロシア全体が空なるところ／ロシア全体が風と雪ばかりだということを
奥行きは一万ヴェルスタ／間口は約三千の国家
ここで唯一必要な治療薬は／街道と鉄道のネットワークだ
必要なのは木の代わりに石／瓦、コンクリート、トタン／都市は手でつくられる
……

待っていたまえ／鋼鉄の浣腸器を／この国にかけさえすれば
匪徒活動は終わりになる／仲間殺しは終わりになる

一九七八年、ソ連に在外研究で滞在した折に、尊敬する農民史研究の大家ダニーロフに私の論文を説明した。その時「鋼鉄の浣腸器」をかけるというくだりにいたり、ダニーロフがそれはたまらない苦笑したのを思い出す。

「ロシア農民の内面世界」へ向かう

エセーニンが共産党員の二つの反応を書いたについては、マフノの意志とこれを否定するソヴィエト政権側の思惑との二つの立場にロシアが引き裂かれている、と感じ始めたからであろう。エセーニンは一九二四年にレーニンが死ぬと、突如として、レーニン讃歌を書き、その一年後、レニングラードのホテル「アングルテール」の一室で自殺してしまうのである。私はこのエセーニンの揺れ動く精神の軌跡に、ロシア農民革命の運命を重ね合わせて、論文を書き上げたのだ。

私は、「エセーニンとマフノ」を書くことが出来たので、もう一本書けば「本」としてまとめられるかもしれないと思い、渡邊氏に相談した。私は、さらに冒険して、「ロシア農民の内面世界」を論じてみたい、読書ノートということで、自由に書くということで良いかと話してみた。彼の、いいじゃないですかとの後押しを得て、書くことになったのだが、その前にと思って、短い「スチェンカ・ラージンおぼえがき」を書いた。これを書くについては、民族学者ローザノヴァの「ラージン伝承」の論文（一九二九年）と一九世紀の歴史家コストマーロフの研究が示唆的だった。

一九世紀に生まれたスチェンカ・ラージンについての歌謡は明るい。しかし、伝承は重苦しく、恐ろしい。ラージンは貴族をあまりに多く殺したので、死ぬことが許されない老人、あるいは腐らない死体となっていると伝えられる。ヴォルガの向こうの森の中にあるラージンの巨大な遺体を夜な夜なカラスがついばみ、蛇が血を吸っている。スチェンカ・ラージンはいつかよみがえる。「あの人はくる。きっとくる。……おお、きびしい時がくるぞ。主よ、善良な、洗礼をうけた人はみな、スチェンカがまたくるときまで、生きながらえることがないようにしたまえ」。残酷な裁きの日がくる。人々は戦慄しながら、その日を待っている。私はここに「ロシア民衆の抱く革命の原イメージ」があると考えたのである。

「ロシア農民の内面世界」を書くのには、語源学、文化人類学の成果が役に立った。まず理想の状態として、めざすべき世界をさす言葉、「プラウダ」と「ヴォーリャ」である。「プラウダ」という言葉は、ソ連共産党の機関紙として広く知られてきた。新聞の名前としたら、「真実」という意味であるのがふさわしい。もっともソ連のアネクドートでは、『プラウダ』に「真実」なしと言われていた。ところが、「プラウダ」にはもう一つ、「正義」という意味がある。そして、古くからは、ロシアでは、この言葉は「正義」と「真実」「真理」とが混ざり合ったような「理想社会」を指す言葉として使われてきたのである。「真理」は神の「真理」を指すのだろう。そのような「プラウダ」を地上に求めるのがロシア人だ、と考えられていた。

「ヴォーリャ Volia」の方は、ドイツ語の Wollen, Wille（願望、意志）と同根の言葉で、ロシア語でも「意志」を意味するが、それだけでなく、「意のままになる状態」、「自由」を表す言葉でもある。そして中央権力から自由な辺境の自由民、逃亡者、カザークの状態を「ヴォーリニッツァ Vol'nitsa」「ヴォーリノスチ Vol'nost'」と表現するように、カザーク的「自由」に近いのである。ロシアの民衆はこのような「ヴォーリャ」を求めていた。こちらは国家の束縛をはなれた向こうの世界に現存する理想状態である。

さてロシア人の中に長い間かけて培われてきた意識の中でもっとも重要なものは、ソ連の民族学者チストフが「帰りくる救い主ツァーリ」と命名した神話である。彼の本は一九六七年に出版された。——皇太子やツァーリが悪人たちによって殺されかけて、身を隠し、諸国を流浪しているが、ついに戻ってくる、その時はその人の体にある印をみて、皇太子ないしツァーリであることを認め、その人に付き従え、その人が皆を救ってくれる、という神話である。一七世紀初めからの動乱（スムータ）期と呼ばれる時期、イヴァン雷帝の第三子ドミトリーは癲癇もちだったが一五九一年に死んだ。しかし、雷帝の子で即位したフョードルも死んで、フョードルの妃の父、大貴族のボリス・ゴドゥノフが即位すると、ドミトリーはボリスに殺されたのだという噂が流れ、ついにドミトリーは死んではいない、自分がドミトリーだ、と名乗る人物が挙兵して、ポーランドの援助を受けて、ロシアに攻め込むのである。

これが「帰りくる救い主ツァーリ」神話の最初の表れであり、最後の現れは、一八世紀末のプガチョフの反乱である。プガチョフは、エカチェリーナ女帝に殺された夫のピョートル三世であると名乗ったのである。

チストフはここまでで研究を終えたが、私は、この神話が一九世紀の半ばに至り、「解放者ツァーリ」の神話となったと主張した。農奴解放がなされた一八六一年、カザン県スッパスク郡ベズナ村でおこったアントン・ペトロフの運動が典型例である。彼は、皇帝は真の自由を与えて下さったのだが、貴族たちがそれをさえぎっている、自分は皇帝の意志を聞いている、やがて皇帝から真の使者が派遣されてくる、その時まで自分を守るのだ、と農民たちに語った。彼の小屋のまわりには五〇〇〇人から一万人の農民が集まったと言われる。軍隊が突入して、ペトロフは逮捕され、処刑された。

二〇世紀には、ペテルブルクの数万の労働者とその家族が司祭ガポンに率いられ、プラウダを与えよ、それが与えられなければ、皇帝の宮殿の前で「死にましょう」という請願書をもって、冬宮めざして行進し、軍隊に発砲されて、多くの死者を出した。この「血の日曜日」事件が一九〇五年革命を開始させたのである。

このようなことを書いた第三論文を収めて、『農民革命の世界――エセーニンとマフノ』が生まれた。一九七八年のことである。

本のタイトルを『農民革命の世界』としたのは、斬新であったと自負している。渡邊氏と相談して決めたのだが、最近になって、なんとかの「世界」という本が多く出版されるのを見て、「先見の明あり」だったと思う。「1伝統、2過程、3人間、4意識」とした本の構成も、なかなかの魅力がある。残念なのは、著者と編集者が自信をもっているのに、あまり売れなかったことだ。ともあれ、この本は四〇歳になった私の小さな記念碑であった。この本を書いて、私はソ連での一〇ヵ月の在外研究に出発した。

（わだ・はるき　一九三八年一月生まれ。東京大学名誉教授。〔著書〕『ニコライ・ラッセル――国境を越えるナロードニキ（上・下）』中央公論社、一九七三年、『私のみたペレストロイカ』岩波新書、一九八七年、『北朝鮮現代史』岩波新書、二〇一二年、『日露戦争――起源と開戦』（上・下）岩波書店、二〇〇九・一〇年）

溜息吐息の止まる間に 『日本中世法史論』

笠松　宏至

X階で乗ったEVを一階で降りた。すぐ右手のロビーに若い銀行マンが待っているはずだ。だがその二、三秒後、見慣れた風景がどこにもない、私は自分の立ち位置を失ってしまった。降りて右に行くべきところを左に行ってしまったという、ひとから見れば他愛のない話だが、私自身には、目のくらむ白昼夢だった。

白昼夢といえば、随分昔、まだ少なくとも自分では、身も心も当り前の人間だと思っていた頃のこと、I書店に行くべく地下鉄神保町駅を降りた。うんざりする細い通路を昇って、この街の四つ角に立つ。ごく若い頃から来慣れた街路、角口の建物、店はどれも見覚えがある。だが私はあの時も左右の区別がわからなくなり、目的地に行くべき道が目にも頭にも消えて、しばらく茫然と立ちすくんだ。

してみると今、課題図書とされた『日本中世法史論』

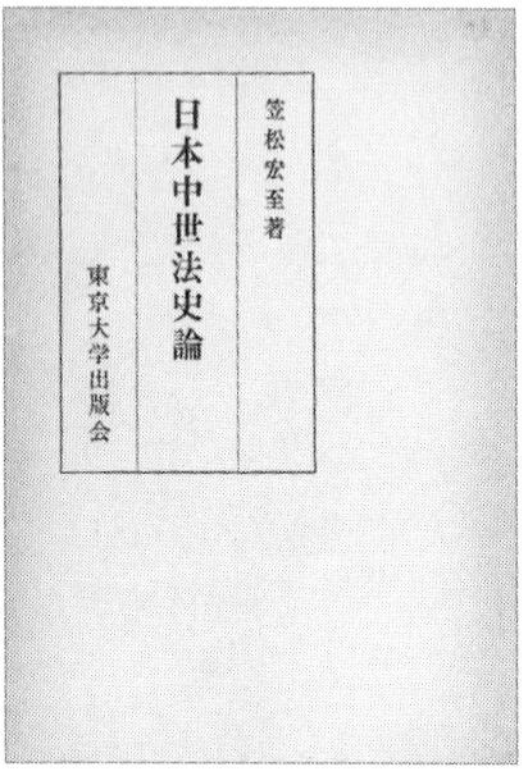

1979年刊

の出版された約四十年昔、既に私は相当おかしかったのかも知れない。となると、かなりおかしかったかも知れない自分の著作を、完全におかしくなっている自分が、今ふり返ってみて、何か書くという仕儀、どう考えても怖しいばかり。

私もかなり長い年月この仕事をしていたので、人なみの数の編集者と親しくすることができた。誰も有能で親切で、忘れられない人ばかりだ。そしてどういうわけか、誰も私に何だか甘かった。渡邊勲さんは今も随分甘いのだろう。何でもいいから書けという。仕方ない。こんな年になっても少しはもっているミエも捨て、まるで先の見当もつかない文章を書きはじめる。

今手許にあるこの本では、一九七九年以後九〇年まで第五刷と奥付にあるから、この間に現実にお金を出して買ってくれた人、そしてその中のどれだけかはわからないが、額に皺を寄せて読んでくれた人がいたはずである。そしてどう思われたのだろう、感想を聞いてみたいが、今更願うすべもない。そして私自身、この古い本が研究史的にどういう位置にあるのか、何が出来て何を間違って、何かの役に立ったのか、そんなことを問われても、今の私には何も書くことが出来ない。何故なら、随分長い間、歴史の研究書といわれるものを積極的に手に取ったことは一度もなく、それが恥しいとは全く思わないが、中世史研究の異邦人になってしまったわが身をどうすることも出来ない。そして今更そんな事で努力してみようという志もなければ興味もない。

そこで苦しまぎれに考え出したのは、これから論文を書こうとする、あるいは書かなくてはならない立場の若い研究者の方に、何かのアドバイス、というより少しの心休めの種になればいいと思われること、そしてこの自分の本を出来るだけ種にした文章でも書けないか、そう思って、今心励ます。

さて随分久しぶりに、この自著の頁をくってみた。私にしてもこんな労働はこれが最後だろう。またこの先この本を手にして読んでくれる物好きな人もあらわれるとも思われない。ということは、この本の「最後の読者」が今の私ということになる。「最初の読者」、それは言うまでもなく三十数年前のこの私である。

このことは、これから論文を書き、本を出そうとする若い人にも、恐らくあてはまるのではないか。そしてこの二つの時点で、執筆者たる貴方が、多少の不満はあっても（これが皆無などということは百％あり得ない）、まあまあ何とか満足出来るとすれば、それは少なくとも書き手にとって、十二分の秀作であるといってよいだろう。もしどちらの時点でも、何となく後ろめたく、さらに悪い予感がしそうだとすれば、今すぐ破って捨てたほうがいい。そしてこの二つの時点の中間にある他人の評価などは全く気にする必要はない。何故なら所謂「歴史論文」などというものに、それ以上の役目を負わせることは不可能だからであり、その必要もない。他人様に益を与えることのなければ、害を与えることもない。数多く世に出る論文、著作の中で、百年はおろか五十年もその価値をもちつづけるものは、それこそ暁天の星だろう。それを目指すのは勿論いいことだ。しかし、評価の基準になる絶対的な尺度がないのはどうしようもない。

私の子供の頃は、日光浴によって日焼けするのが、風邪をひかない健康法だといわれた。今はどうか、いうまでもない。かつてプロもアマもピッチングを了えた投手は、例外なく肩を暖めた。試合後宿舎でのマージャンの席で、一人だけ何か座ブトンのようなもので上半身裸の肩を暖めつづけるある大投手の写真を今でも憶えている。今はどうか、少々大げさ過ぎるのではないかと思われる肩を冷やすための装束、である。

まさかと思われるかも知れないが、歴史研究の世界でもこんな事がなかったわけではない。ある一人の真面目な研究者が、どういう場面であったかは忘れてしまったが、「自分の論文は決して制度史ではない」と陳弁につとめる文章を書いていたことを思い出す。そう「制度史」という名が、最大の悪の名であった時代と場所があったのである。その後、世は変わり、広い意味の「制度史」がごく当たり前の舞台となった今、信じられないかもしれないが、たしかにそんな基準が大手をふってまかり通っていたことがあったのである。

だから己の才能に、自らの眼で見切りをつけるのは、もしかしたら早ければ早いほどいいかも知れないが、他人の眼である必要は全くないのである。

そこで一九七九年に出た私の『日本中世法史論』であるが、この本はそれまで二十数年かけてあちこちに書いた文章を寄せ集めた処女作である。それから約四十年、文字通り最後の読者として手に取れば、それぞれの文章にそれぞれの感慨がわく。我ながら傑作々々といいたいものがあるはずはないが、逆にすぐに破り捨てたいと思うほどのものもない。

ただ、もう二度と読み直してみたくない文章が一つだけある。それは第八章「中世闕所地給与に関する一考察」である。「……に関する一考察」、この余りにも垢抜けしない題名にもたじろぐが、それはタイトルだけではなかった。今、私が手にするのをたじろがせるのは、決してこの論文の内容ではなかった。それどころか、私はあの頃の自分の歴史研究者としての知識、力量からすれば、我ながらよくやったと感心するくらいである。

この論文は私の学部卒業論文である。約二年前、本郷進学にあたって、本来のコースである理系には行き場がなく、そして文系の中ではただ外国語との縁がもっとも薄そうだという、余りにも消極的な理由から、この学科を選んだにすぎなかった。当然ながら私には、日本史に対する素養は全くなく、ましてやこの道の研究者としての力量などは欠片もなかった。

幸運、不運、この事は後でふれるつもりだが、このとき私に最初の、そして最大の幸運が舞い降りた。それまでお名前も知らなかった佐藤進一先生との出合いである。そしてあっという間に佐藤進一という人間に、私は心酔してしまった。そしてこれは私の一人よがりかも知れないが、先生も私に、何となく暖かい眼をかけて下さった。そして私は必然的に中世法制史の道を進み、その第一作がこの卒論だった。そしてこれは全くの偶然であり、その時点では想像もしなかったが、私のライフワークみたいなものになった「徳政論」と妙につながっていたのも、不思議というほかはない。ゼミは吾妻鏡の何月何日から、といわれても、私には吾妻鏡というテキストが何という刊本で、どこで買えるのかも知らなかった。だからそんな時から二年しかたっていない私の力量で何とかこの論文が書けたのが、今でも不思議でさえある。

またこの論文が最初に活字になったのは、一九六〇年刊行の佐藤・石母田正両氏共編の『中世の法と国家』（東大出版会）であるが、その前後の回想は書けば切りがなく、しかもどれも私には快い思い出ばかりである。それなら何故今、手にとって読み返す気力がわかないのか、それは一も二もなく、その文章に対する今の自分ではどう消す事も出来ない嫌悪感のせいなのだ。

すでに、四十年近く前にこの課題図書の「あとがき」で、「内容はともかく、その生真面目な文体や一〇〇をこす注など、自分の作品とは思われない感もあるが、反面、処女作としてのなつかしさがこみあげてくる」と書いている。今も充分なつかしくはあるのだが、「自分のものとは思われない感」はその時よりずっと激しくなってしまった。

そう言えば、思い出す事が一つある。それは、卒論の一年前、学部三年のとき、坂本太郎氏の「日本史学史」という講義のための私のレポートである。何か講義の内容に関連があったと思うが、私は近世初頭のある史料について書いた、インクも変色したそのレポートの文章を何年かあとで読んで私は一驚した。それは卒論どころではなかった。まるで一昔前の文章というより外はなかった。日本史という全くの異文化にはじめて接し、その風土の言葉におかされた文章で書いたのに違いない。この第八章の文章はその延長線にあったことは間違いない。

読んでもらえばわかるように、その三年後に書いた修士論文、この本では第一・四・六章では、私は自分の文章をほぼ取りもどしている。

「自分のものとは思えない」、その一番象徴的なのは「然らば」とか「然りとすれば」といった古めかしい接続詞の多用であり、とにかく総体が古めかしい。私は小学生の頃から綴方作文は得意課目にしていたし周囲にも認められていた。どう思い出してもこんな古めかしい文章を書いた記憶はない。

そしてこの論文でもう一つ気に食わないのは、牧健二氏の史料解釈に対する批判の部分である。氏は「書評『中世の法と国家』」でこの論文を紹介して下さり、私の史料解釈に対する反批判を書いてくださっていたらしい。「あとがき」では「思い出にのこる」と回想している。自分の記憶では、どうみても氏の反批判は当らないと思ったが、そんなことは全くどうでもいい。何故今の私が当時の私に「気に食わない」のか、それは牧氏の仕事をわざわざとり挙げた、その事であり、それは論証上それほど必要であったわけではない。では何故そうしたのか。何せ四〇年も昔の事、自分自身の心理だってはっきりとは覚えているはずもないが、恐らくこうだろうとは思える。それは論文のテーマでは、ほとんど先行論文という体のものは見当たらず、これでは「研究史」なるものを無視したのではないかと心配した結果、当時法制史研究の「大家」であった氏の名を借りて、それもちゃんとやっていますよというポーズをとりたかったのではないかと思われる。「研究史」なるもののとり扱いについては、後にも述べたいが、この本文二頁と注一つを費やした余計なお飾りによって、極端にいえば、文章の流れを完全に止めてしまっている。

話はかわるが、私は芥川賞発表の所収誌を必ず買う。それは当の作品というより、数名の選者たちの「選評」にとても興味あるからだ。彼ら、ほとんどが現役バリバリの作家たちが、今年度（二〇一七）でいえば「大激論」の結果、受賞作品は投票で決められた由であるが、「選評」を読めば、「大激論」になったことは充分理解できる。私にはそんなことをアレコレいう力があるわけではないが、「読ませる力」の土台には、やはり文章力、表現力の良し悪しが、単なるテクニックを超えて据わっているように思える。

もちろん、文学と歴史論文が同じものであるはずはない。ないが、全く違ったものとは私には思えない。それは「読物」という視点からみれば、違うところがないからである。読物とは「新聞や雑誌などで興味本位の文章」「女子供によませる軽い作品」と辞書はいう。今もって直木賞は『オール読物』にという差別が行われている。だがかっての「純文学」と「中間小説」「大衆小説」という区別選別は全く時代おくれのものとなり、第一「女子供」に読ませる方が、愚かな「男、大人」に読ませるより少なくともテクニックの面ではるかに難しい仕事になっているということは、今更いうまでもない。

「よみもの」と割切ってしまえば、それが百年も二百年も価値をもち続けると思う人はいまい。せいぜい三十分位の乗物の中で、とにかく末尾まで読ませつづける、それが勝負である。「結局のところ、小説も詩も、文学は文章である」（安岡章太郎）。どんな高度の考証や論述も、少なくとも今は文章を手段とするほかはない。私は、まだ物を書いていた時分のことだが、「論文を二度も三度も読んで、ああだこうだというのはずるい」というような事をいいふらして顰蹙を買ったが、私の理想は落語のトントン落ちの手法である。

もちろん私程度のテクニックで、それが成功するはずもなく、事実しなかった。しかしそう心がけたことによって、私の、ある種得意分野となり、小品の類では、いくらかの成果を上げることが出来たように、自分では思っている。


では歴史論文で上手く見せる文章を書くにはどうしたらいいか。くり返すが、そんな知恵が私にあるはずはない。ただ逆に下手とは思われない知恵は、少しはある。

この職業をしていて嬉しい思いをしたことはいくつかある。そして人にはいえないが、内心ニヤリとしたことの筆頭は、これもまた随分昔のことだが、私の歴史風エッセイがある大学の現代国語の入試問題に採用されたことである。出題者の意図や、設問の正しい解答などはもちろんわからなかったが、少くとも高校生にもわかり易い文章と思ってくれたことは確かだろう。少しは独創性的中味もあって、そしてわかり易い文章、そう思ってもらえれば、私には十二分過ぎる。

今落ちついて考えてみると、この小文が国語の入試問題に採用されたのにはこの文章のもつ二つの利点があったと思われる。一つは、私はほとんど用いたことはないが、「です」「ます」を使った話し言葉風の文体である。そして、しかし何といっても第一は、これが四六判では四頁たらずの短文であったことであろう。国語の入試に携わったことは勿論ないが、丸ごとの文章を採用するなら、短いことが利点であることは想像できる。ついでではあるが、この文章は網野善彦の名を全国的なものにした名著『蒙古襲来』（一九七四年）の折込「月報」に載せたものである。何十万部も売れたといわれる同書の付録であったからこそ、恐らく出題者の眼にもふれたのであろう。今またとめどなく氏のことが思い出されてならないが、とにかく私にとっては短文の御利益であった。

短くて中味がなくて、文章も下手では土台お話にならないが、少なくとも中味のない長たらしい文章よりは、はるかに得である。主題をしぼり込み、コンパクトな文体を使えば、読者に悪い印象を与えはしない。俗にいう、それは「百難隠す」のである。

「長ったらしいものを読まされて……」という怒りの声を聞いたことは度々であるが、短くて悪い、というのは一度も聞いたことがない。もちろん人はさまざまであるが、私自身の経験や見聞きした範囲では、短くてサビを利かせた文章が、よりお得である事は間違いないように思われる。

では論文の総体を短くするにはどうしたらいいか。それには色々な手段が考えられるが、一番手っ取り早いのは、研究史、いいかえれば先行論文のアレコレを、はじめに列挙し、その学ぶべき点、批判すべき点などを綿々と書き挙げることを一切止めることである。私は前に、第八章で牧健二氏の論文を文中に挟んだことの失敗を書いた。くり返すようだが、私のようなごくナミの文章力しかもたない人間が「研究史」を手際よく、そして誤りなく叙述し遂げることは不可能である。これは「書評」なども同じだが、他人の書いた文章を、自分が充分咀嚼し、そしてそれを見たこともない第三者に、自分のことばで伝える。こんな複雑なテクニックは、とても私にはつかえない。

では「研究史」から逃れるにはどうしたらいいか。一番手っ取り早いのは、先行業績の皆無な全くのオリジナルなテーマを選ぶことである。私は四十歳を過ぎる頃からこの細道を専ら自分の道としてきた。第九章「『墓所』の法理」はその最初の一文である。八頁しかなく、注は一つもない。文章にいやな気取りがあるのが気になるが、今読んでも自分に不快感は全くない。

第十一章「本券なし」は、あわれ注が二八にものぼってしまっているが、これはことの性格上、一つ二つの史料の文面上の文言から論述をすすめることは不可能で、少しでもそれらしい史料を残らず挙げたためである。何となく見映えは悪かったが、先行業績は当然ゼロで、何とか第九章と同じ短文で済ませている。題名が人目をひきやすかった故か、多くの人の眼にとまったような気がする。この章も、不思議に第十一章につながる仕事になった。

そういえば、第九章は「犯した者の財産は、捕え罰した者の手に帰す」、第十章は「仏の物、人に帰らず」という。もしかしたら、中世の研究者なら誰でも気づいていた話のような気がしたが、文章にされていたものは全く見当らず、私はいかにも手柄顔でこの二つの短文を書くことが出来たのは幸いだった。

短文で求められることの二つ目は、用いる史料の「新しさ」である。当り前だが、「新しさ」とは「新発見史料」などでは決してない。それどころか、その史料は公刊され人眼に充分行きわたっている、つまり物理的には古ければ古いほどいい。「『墓所』の法理」の方でいえば、主要な史料の一つは、一九一一年発行の「大日本史料六編之一〇」、もう一つは一九四〇年発行の「八坂神社文書」であり、とくに勤勉でなくても、中世史研究者なら、一度は眼にしたはずの活字史料である。こうして「古いもの」を「新しいもの」に変える快感は、歴史研究などというパッとしない仕事のなかでは、少なくともそれを書く人間にとっては、味わうことの出来る貴重な喜びだと私には思える。

少し趣は違うが、第十章も同じである。私のいう「仏陀法」関連の史料は、大袈裟にいえばゲップが出るほど中世史料に頻出する。充分に古いが、少し工夫すれば（出来上がりがいいかどうかは読者の判断にまかすほかないが）、新しい息吹を与えることが出来る。

私が何とか研究者であった頃と、今現在とは、史料探しの世界は全く違ったものになっていると聞いている。多くの文書史料は活字化され、映像によって再現されるという。万人平等に凡ての人に「古く」なった史料を、一工夫二工夫して、「新しい」ものに変えてほしい、と願わずにはいられない。そこで、今更いうのも恥かしいが、古さを新しさに変えるためには、個々の史料解釈の厳密さが何より必要である。それが凡てであるとさえいえる。出発であり結末である原拠史料を「誤読」しては土台お話にならないからである、また自讃になるようで随分気もひけるが。

さてこの本の第一章は、私の修士論文の巻頭の章で、私は少なくとも「鎌倉幕府法は法ではなく証文である」という提言をした。随分思い切ったことを言ったものだと今も思う。既にあの「あとがき」で「この章の論旨について批判をうけることなく過ぎたのは『法制史』が学界の傍流にすぎなかったことにもよれ、むしろ意外であった」と書いている。何だかくり返し挑発しているような文章である。私がこんな自信をもてたのは、このテーマの立証に用いた五通の高野山文書は、既にはるか昔、『大日本古文書　高野山文書』として公刊されている。十二分に古い、だが一寸工夫して眺めれば新しい史料とすることができたはずだ。そしてこの一連の文書の理解については、私は自信があった。この論旨を補強しようとして挙げた諸々の史料、そんなものは私にはどうでもよかった。芽となり幹となる史料の解釈だけは、絶対の自信をもって欲しいと思う。

ここで、研究者にとっての運・不運という点にふれておきたい。別に研究者というワクをはめなくても、人間誰しも運・不運から脱れることは出来ない。しかし研究者、私には「歴史研究者としての」それしかわからないが、幸運に恵まれた方は余りそれを意識しないだろうし、不運と思う人は何時もそれを歎くかも知れない。そんな方に申し訳ないような気がするが、私は少なくとも研究者としては、身に過ぎた運に恵まれた。佐藤先生との出合い、この幸運が出発点から今に至るまでの私を育ててつづけてくれた。そして約三十年を過ごした東大史料編纂所古文書部という職場。ここは一面ではかなり厳しい側面をもっていたが、少なくとも私にとってはきわめて住心地のよい場所で、しかし研究者に必要な地力を私につけさせてくれた。

しかし、今この老年になってしみじみ感ずるもう一つの幸運がある。私の机辺に一枚の写真が立っている。そこに写っているのは、網野善彦、石井進、勝俣鎮夫、そして私の四人である。昭和五十八年十一月十五日、本郷のある料亭で、写してくれたのはほかでもない渡邊勲さん、『中世の罪と罰』という本の打上げの会だった。何だかよく分からなかったが、この本が売れそうだとはしゃいでいた渡邊さん。この写真を見るたびに私は涙が出るほど懐かしい。既に鬼籍に入ってしまった網野・石井御二人を含めて、まだみんな何とか元気だった。そしてふり返るとこの頃は、私もごく短いが、研究者としての自信らしいものを少しはもっていた時期だったかもしれない。個性はまるで違うが、才能・智識、そして人柄、どなたも私にはすぎた魅力ある人たちだ。

渡邊さんだってそうだ。これよりはるか昔、出版会に入社したての彼が、年中、古文書部の部屋に出入りしていた頃のことは何かに書いたことがある。おぼえてはいないが、この頃から彼は私に本を出すようにしきりに勧めてくれたらしい。妻の話ではその頃、「本を出すなら、絶対渡邊さんのところから」と何時も私がいっていたという。例の「あとがき」の末尾に「「出版会から出る歴史の本には、やたら貴方への謝辞があるから、私は書かないよ」といったら笑っていた渡邊勲氏の童顔を思いうかべながら。」とあるが、渡邊さんはこの「童顔」だけは消して下さいといっていたが、私は消さなかった。「社長」業に苦しんでいた一時期をのぞいて彼はいつも明るい「童顔」を保持している。そうでなければ、七十歳も過ぎたという今、こんな誰が読むか分からない本を出そうとする意欲をもちつづけられるはずがないからである。

「運は努力の賜物」という。努力もせずに幸運にめぐまれた私がいうのは心苦しいが、若い研究者の皆さんにも私以上の幸運がめぐってくることを祈らずにいられない。そして馬鹿馬鹿しいと思われるかも知れないが、私にとってはとても嬉しかった小さな幸運を書いて、この駄文を終りたい。それは、第十二章「日付のない訴陳状考」の執筆過程でおきた。ほとんどの場合、私は論文の書き出し時点では、どこに行きつくのか、あまり目途のない状態で始める。何とかなるだろう。自慢出来るどころか決して人には勧められない出発の仕方である。この論文などは正にそうだった。「音声から文書へ」、そんな大げさな結びがくるなんて考えてもいなかった。ただ全く先行する仕事がない中で、前述したように、前々年に書いた「本券なし」のことが少し頭にあったかも知れないが。

自分の頭の中で仮説を立て、それを自分で否定し、立てては自分で壊すという妙な論法を使って、それが正解かどうかは皆目わからなかったが、私は自分なりの結論に辿りついた。しかしそのあやしげな論法もあって、読者にその道筋をわかりやすく説明するのがひどく難しかった、どう書いたらいいのか。

そのとき突然舞い降りたのが「集合」という概念であった。私も小学校以来長い間、算数・数学とは縁が切れなかった。しかし不幸にして「集合」なるものを習ったことはなかった。ところがその頃、小学校上級生であった娘が、学校か塾か、「集合」を学習することになり、私もそれを習うことが出来た。そして「日付なき文書の集合」という論理によって、少なくとも論述をいくらかは明快に、そして簡潔にすることが出来た。ある評者の方が、たしか「数学的明快さ」と書いて下さったのも、この付焼刃「集合」のおかげだったと思うほかない。聞くところによれば、「集合」はそれから間もなく小学校の課程から除かれたという。「あぶないところだった」、しみじみそう思う。「日付のない……」なんていう恐ろしい世界に挑もうとした無智無力の人間への天の恵ものだったのだろう。

他人様には、うまい文章の徳などと言いながら、今は何とも表現の仕様もないこの文の為体、溜息吐息の止むこともなく。

（かさまつ・ひろし　一九三一年八月生まれ。東京大学名誉教授。〔著書〕『徳政令――中世の法と慣習』岩波新書、一九八三年、『法と言葉の中世史』平凡社、一九八四年、『中世人との対話』東京大学出版会、一九九七年）

第二部　一九八〇年代の「仕事」

出発点としての「アジア的生産様式論争」『日本古代国家史研究』

原　秀三郎

壹

平成の世も三十年を迎えようとし、東アジアに何やらキナ臭い匂いが漂い始めた昨今から振り返ってみると、二〇世紀の六〇年代から七〇年代という時代は、歴史学の担い手が戦後世代に移り、どちらかというと元気で、生気に満ちていた時期でもあったように思う。処女作というのもいささか面映ゆいが、私が単著として表題に掲げた一書を刊行したのは、この時流に乗ってのことであった。

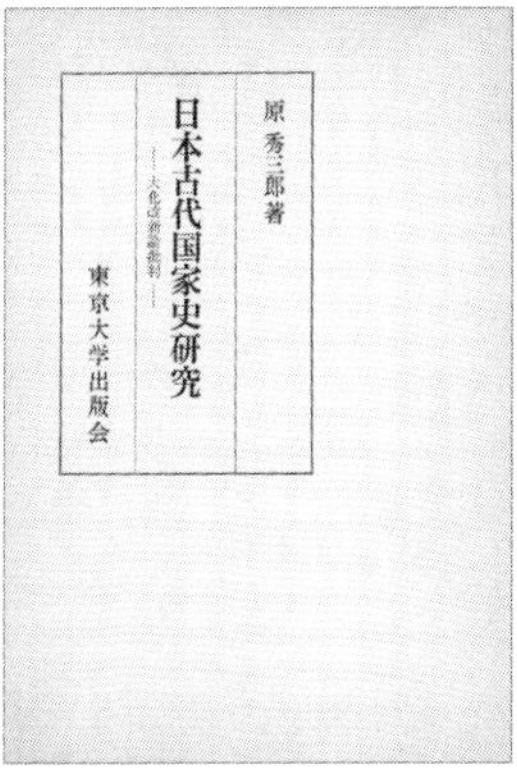

1980年刊

紅顔の美青年であった渡邊勲さんが、静岡に伺います、というので、その頃はまだ静岡県内では唯一のコンクリート造りで、小ぶりながらも中々上品であった静岡駅舎の出口でお待ちしていると、何と石井和夫編集理事がご一緒で、さて、どこへご案内したらよいものかと、あわてふためいたことを、つい昨日のことのように思い出す。

結局、行きつけの「くろこ」という小さな喫茶店（但し、味は当時静岡随一）にご案内し、その席で、著書をまとめてみませんかと、思わぬお誘いを受けたのであった。たしか、昭和五十二年（一九七七）前後のことではなかったか、と思う。

この有難いお申し出は、勿論突然のお話ではなく、その伏線として、東京大学出版会刊行の『講座日本史　第一巻　古代国家』（一九七〇年四月三十日初版。序論担当＝編集・門脇禎二）への論文掲載や、同じく東大出版会刊行の、佐々木潤之介他編集『大系・日本国家史』全五巻のうち、第一巻・古代の編集と執筆とを担当するということがあった（一九七五年九月二五日　第一版第一刷）。

これらのうち、前者では「律令制の成立」を、後者では、執筆者の編成を委ねられ、「序説　日本古代国家史研究の理論的前提」と「律令国家の権力基盤——日本古代国家成立過程の再検討」の二編を担当、一巻三〇〇頁余の約三分の一を書くこととなった。若気の至りといえばそれまでであるが、今にして思えば、冷汗ものと言う他はない。

前者の『講座日本史』の「律令制の成立」は、その前年の六九年（昭和四十四年）の歴史科学協議会第三回大会「アジア的生産様式論をめぐって」で、大会報告をやらされる破目になり、『歴史評論』同年八月号（二二八号）に、準備論文「アジア的生産様式論批判序説——『諸形態』の理解にもとづく基礎的諸概念の再検討」を書き、ついで、八月の大会当日には、新稿「階級社会の形成についての理論的諸問題——続・アジア的生産様式論批判序説」（『歴史評論』同年十一月号・二三一号）を用意して臨んだということもあって、翌年刊行のこの「律令制の成立」は七世紀後半を中心とした歴史過程の分析と具体的叙述とを欠く、甚だ不本意なものとなり、その前年にどうやら辿りついた歴史理論の理解に立って、当該問題の研究課題を示す「マニフェスト」以上のものとはなり得なかった。

このことは、一言で尽くせば、私の未熟さに帰せられるべきものだったのであるが、一方、六〇年代末から七〇年代初頭という時期は、いわゆる七〇年安保の時期であり、世は大学紛争を巻き込んで騒然となり、知的環境は大揺れにゆれた時代でもあった。

このような情況の中で、『大系・日本国家史』が企画されたのであった。その発案者は、今は亡き佐々木潤之介さんで、執筆者では、まず最初に、私に話があったように思う。全巻の編成は、古代・中世・近世・近代からなり、近世は佐々木さんが自ら担当し、古代は私にということで、中世担当者の推薦と、近代は、芝原拓自氏にぜひやってもらいたいので、君から打診してほしい、とのことであったと記憶している。

そこで、いろいろ考えた末に、中世担当者として峰岸純夫氏を推薦し、芝原兄にはその旨を伝えたが、近代の担当は辞退したい、だが、代わりに、分担を一本引き受けよう、ということになった。そして、近代の編集は、中村政則氏が担当することとなり、以後は、各巻毎の編集と、そのための研究会が進み、最終的には近代はⅠ・Ⅱの二巻となり、全五巻の編成となった。

佐々木さんが全巻の編成に当たって、まず最初に私に白羽の矢を立てたのは、国家論・国家史の基底となる社会構成論・構成史を、講座派理論、とりわけ安良城理論で通したいという狙いがあり、又、そのためにも、芝原兄を近代担当に据えるためには、〝将を射んと欲せば、まず馬を射よ〟の譬えの通り、原を通じての説得が第一と考えていたのではなかったか、と今になっては思う。時代・分野を超えての東西交流や出版企画などということは、学会が媒介となればともかく、個人レベルでは、この頃まではそう簡単ではなかったのである。

佐々木さんとの最初の出会いは定かではないが、たしかこの前後には、静岡大学の集中講義にお招きしたような記憶があり、又、八〇年代の後半からは、沼津市史の編纂に加えて頂いた。そして、佐々木さんの歴史科学協議会代表委員時代には、歴科協唯一のアカデミック・プロジェクトと言っても言い過ぎではない『歴史における家族と共同体』（青木書店、一九九二年。本書の核となる、三か年の歴科協大会の運営は一九八四年末―八六年まで）の企画・運営でもご一緒するなど、何くれとなく学恩に預ったことは、生涯忘れ難い思い出である。

貳

閑話休題。記述を本題に戻すと、この『大系・日本国家史』の計画を最初に聞かされた時は、正直に言って、この「日本国家史」という表現は少々右寄りの感覚かな、と思った覚えがある。しかし、今から振り返ると戦後歴史学の七〇年代という時代は、六〇年代末のアジア的生産様式論争を境に、社会構成史から国家史へという節目の時期を迎えていたのである。

「国家史」の概念が戦後歴史学で使われるようになった端緒は、石母田正さんが、一九六七年に、歴科協発足の記念誌ともいうべき『歴史評論』二〇一号（五月号）に掲載した、「国家史のための前提について」という、よく知られた論文であったように思う。

今、改めてこの論文を読み返してみると、その頃石母田さんは、最後の大仕事となった古代国家論（『日本の古代国家』岩波書店の刊行は一九七一年一月）に取組んでおられたと思われる時期でもあり、まことに力のこもった文章で、民科歴史部会の解散と歴史科学協議会の発足、そしてその機関誌『歴史評論』の新たなる出発にふさわしい、渾身の評論でもあったと思う。

石母田さんは、ここで「国家史」という、〝左翼〟歴史学界ではなじみの薄い概念を使用するに当たり、その冒頭で次のように述べている。

国家論または政治権力論においては、はやくから「国家史」すなわち諸国民の国家の歴史の理論的概括は、一つの欠くことのできない一部門としてかかげられてはいるけれども（注2）、国法学者系統の仕事にみられるのは、多くの場合、古典古代から近代国家にいたる国家の諸形態の叙述である。長い間、ヨーロッパ以外の諸大陸の国家史は、国家論の一部としての理論的検討からはずされてきた。東洋の国家の歴史を権力理論に組み入れようとする政治学者の試みも、やむを得ないことだが、歴史学における現実の研究成果とはまだ距離がある。（『石母田正著作集』第四巻、岩波書店、八二―八四頁）

そして、この概念が国法学あるいは、政治学・政治史の概念であることを示し、方法論的吟味を加えている（注2は、イェリネック『一般国家理論』）。

事実、わが国の法学部法制史や政治史の分野では、石井良助『略説日本国家史』（東大出版会、一九七二年）、或いは石井紫郎『日本国制史研究Ⅰ』（東大出版会、一九六八年）などでは国家史、・国制史などの概念は使われていたが、歴史学では馴染みの薄い言葉であった。

しかし、法学部に席を置いておられた石母田さんにとっては、日常的な概念であり、現実の建国記念日反対闘争や、「明治百年祭」反対運動と併行して、国家の起源や歴史を説き、現代の国家論を学問的に鍛えるためには、そこに学ぶべき方法があると考えられていたのである。

こうした方法論的問題提起に応え、『大系・日本国家史』の企画を立ち上げ、実践に移していったのは、やはり佐々木潤之介さんの大きな功績であり、事実、『大系・日本国家史』は、七〇年代中頃以降の二〇世紀第四四半期を特徴づける大きな役割を果たしたのではなかったか、と思う。

石井さん、渡邊さんのご来静は、このような歴史学界の動向の中で、「原秀もそろそろ穂孕んできたかな」と見定められてのことではなかったか、と今にして思うのである。

前置きがいささか長くなったが、拙著誕生の前史はこのような次第であった。以下、紙幅の許す限り、思い出咄の二、三を記してみたい。

参

私が、この単著刊行のお話をいただいたのは、『大系・日本国家史』第一巻の刊行が七五年九月であるから、多分、七六・七年頃のことではなかったか、と思う。

一書をなすということは、駆け出しの身には、まことに大事《おおごと》であって、学術書ということになると、その重圧は倍加する。単行本を出す時は、学位請求論文として仕上げたいとも考えていたので、その構成をどうするかということは、本当に頭の痛い問題であった。

そんな時、いつも念頭にあったのは、多分その数年前、まだ石母田さんがお元気だった頃に、先輩某氏の処女作にふれて、ボソっと「あの本は某君の小全集だね」と、小声でもらされた一言が、強く耳朶の底に残っていて、安易な本造りはできないぞ、と私を固く縛ってもいた。

さきにもふれたが、『講座日本史』の拙稿が不作だったこともあって、どうせ出すなら、駆け出し時代に手掛けた荘園研究ではなく、大化改新否定説を中心に、『大系・日本国家史』の二論文を加え、七世紀の日本古代国家成立過程の実証的・理論的研究書に仕上げて、書名も、『日本古代国家史研究』としたい、とはとつ追いつ考えてはいた。

しかし、生来の愚鈍《のろま》な性格がたたり、中々その編集・著述作業は進捗しなかった。この様子を見兼ねた芝原兄からは、一再ならず叱咤・激励されたことは、「あとがき」に記した通りである。又、渡邊さんからも、適時・適切な督励があり、七〇年代末ぎりぎりまでには、ようやく日の目を見ることができる見通しとなったのである。おぼろげな記憶であるが、奥付の年月日は、最初はたしか七九年の内ということであったが、私の希望で年明けの一九八〇年一月一四日として頂いたと思う。

内容的な面では、第一篇「大化改新論批判序説」は、いわゆる大化改新否定説を提起した論争的な論文であるため、ほぼ旧稿のままとし、第二篇「律令国家の権力基盤」は『大系・日本国家史』所収論文で既発表、第三篇「孝徳紀の史料批判と難波朝廷の復元」は新稿、そして第四篇は、本来ならば天武・持統朝から大宝律令の施行に至る、日本古代国家形成の最終段階に関する実証論文を書き、締め括りとすべきであることは十分自覚してはいたのであるが、理論問題に力を取られてしまったこともあり、結果として力およばずであった。

止むを得ず、一九七六年の岩波講座『日本歴史』三・古代三に掲載した「郡司と地方豪族」の題名を「律令国家と地方豪族――郡司制の成立と展開を中心に」と改めて、何とか形を整えはしたが、やはり悔みは残る。

一巻三五〇頁余のうち、約三分の一を占める別篇「日本古代国家史研究の理論的前提」は『大系・日本国家史』第一巻の序論を整え、又、大幅に注を加えて、日本古代国家史研究の基礎となるべき歴史理論の叙述としては、比較的完成度の高いものとなったのではあるまいか、とひそかに思っている。そして又、私はこの論文によって、いわゆる石母田国家論とは訣別し、マルクス・エンゲルスの歴史理論の理解を、自分なりに筋を通して、日本語で示すことが出来たのではないか、とも思っている。

念願であった学位請求論文の提出は、昭和六〇年頃であったか、京都大学文学部の国史学講座に、朝尾直弘・大山喬平両教授がお揃いになった折に、受理されることとなった。そこで早速、筐底ならざるガラス戸の書棚より、渡邊さんに造っていただいた白表紙本三冊を取り出し、必要書類を添えて、文学部に提出、朝尾直弘教授主査のもと、大山喬平・松尾尊兊両教授副査の試問を経て、文学部教授会の審査に合格し、平成元年一月二三日、論文博第二〇八号として、「京都大学文学博士」の学位を授与されることとなった。

そして、その審査終了後に、朝尾先生から、別編二の「国家研究の基礎視角」で示した、身分と階級の区別と関連性については、「あれでいいよね」と言われたことが忘れられない。私は、石母田さんの言う「身分は階級関係の現象形態」とする説に、何としても腹の底から納得できなかったのである。

学位の取得に私がこだわったのは、言い訳ととられることを覚悟の上で言えば、決して一身の名誉のためではない。戦後派の地方国立大学の出身者として母校に帰り、後発の新制大学を何とか一丁前の大学として、後輩・弟子たちに多少とも満足のゆく教育の場を与えるためには、どうしても学部改組や、大学院設置の課題を避けて通るわけにはゆかないのである。七〇年代中頃以降は、この問題に私はほとんど力の半分以上を注いできた。

そのためには、大学設置審議委員会の適格審査をパスすることが不可欠であり（事実、泣かされた先輩のいることを知っていた）、審査規準の第一要件として「博士の学位を有する者」とある以上、その衝に当る者としては、同僚・後輩・新任人事に、この事を徹底する必要がある。そして、何よりもそのためには、率先垂範、自らが学位を取得する必要があったのである。

しかし、「静岡大学文学部史学科」設置は九分九厘実現か、と思われたその直後に、旧制静岡高等学校卒業生・中曽根康弘首相の第二臨調によって、その夢は敢え無く消え去ったのである（昭和五十八年三月）。

肆

最後に、本書の忘れがたい思い出として、造本や印刷の事がある。

先にも述べたように、石母田さんの呟きによって、頁数をしぼり込んだということもあって、本文三五三頁という、比較的すっきりとした本造りということもあり、一頁五一字一七行というゆったりした組版にして頂くことができた。加えて、各篇の中扉は裏白だったので、そこに目次を刷り込むこととし、その場合、右下隅に横組み・尻揃えの組み方をお願いした。

これには当初、渡邊さんは難色を示されたが、たってのお願いということで、渋々認めて頂いた。しかし、その後暫くしてから、「あれは、やっぱりよかったですね」と言って頂き、うれしかったことをよく覚えている。

ついでにここで、白表紙本三冊のことを補っておくと、このアイデアは、実は昭和三十六、七年頃の大学院生時代に遡る。その頃は確か、旧制博士制度の切替え時で、当時私は国史大学院会の世話役をやっていて、主任教授小葉田淳先生の研究室には、何かと出入りすることが多かった。

その頃、先生は持ち込まれたいくつもの学位請求論文の束を、研究室のそこかしこに置き、それらに眼を通しておられた。提出者はたいてい旧制の先輩方達だったから、本論・副論合せて印刷された既刊本が数冊束になっていた。

その中に、印刷本の表紙と奥付を取った、いわゆる白表紙本があって、これが博士論文の手書き本ではない、印刷本提出の作法なのかと、強く印象づけられたのであった。その時、どういう事情で、その白表紙本の提出者を知ることになったか、いまや判然としないが、小葉田先生に直接お尋ねしたのかも知れないし、或いは、当時助手であった、今は亡き熱田公さんであったかもしれない。その主は、林家辰三郎氏、白表紙本は『中世芸能史の研究——古代からの継承と創造』（岩波書店、昭和三十五年六月三十日初版）であった。

拙著初版の印刷部数は二〇〇〇部で、今日では想像もつかない部数である。その後、漏れ承ったところでは、当時出版会の部内では、初版二〇〇〇部が売り切れるかどうかが、採否のボーダーラインだったとの由である。

四六判の啓蒙書ならともかく、函入りの学術書二〇〇〇部というのは大変なことである。当時、日本古代史のプロというのは、雑誌『続日本紀研究』の発行部数八〇〇部が目安と言われていたから、研究機関・図書館等を含めてもほぼ二倍である。七〇年代前後が戦後歴史学の黄金時代であったことを、改めて思い知らされるのである。

しかし、サプライズはこれにとどまらず、翌八一年四月には、第二刷の発行ということになったのである。ウロ覚えではあるが、一〇〇〇部ではなかったかと思う。とにもかくにも、学術書として三〇〇〇部ほどが発行され、大学や研究機関、あるいは学者・研究者の文庫に収まり、時として古書界にも流通しているということは、田舎住いの学者にとっては、名利に尽きると言わねばなるまい。

最後に、どうしても書き留めて置きたいことがある。たしか初版が出て少し落ち着いた頃のこと、渡邊さんから「革製の特製本を作りましょう」とのお話があり、内心高値になるのではと、少々尻込みすると、「御心配なく」と言って、渡邊さんのお心遣いで造っていただいた。

羊皮の手ざわりはやさしく、本当にうれしくて珍重していたのであるが、あまりに大事に仕舞いこんでしまって、いま手にしようとしても、本の山の中に雲隠れしてしまい、姿を中々現わさない。必ず探し出して、ゆっくりと撫でて上げたいと思っている。

発刊以来三七年、明ければ四〇年も間近い。改新否定説は、私の研究生活の根幹学説であり、また、日本古代国家史研究は、日本における国家の生成・発展・転化を見据えて究明したい生涯の課題でもある。これまで私を導き、支えて下さった方々との学縁に深く感謝しつつ、命の限り追求したいと念じている。

追記

初校の校正中、書棚の中から、すっかり失念していた、歴史科学協議会編『現代を生きる歴史科学』全三巻中の第三巻「方法と視座の探求」が現れ、その中で「シンポジウム3　国家史研究をめぐって」を私が担当し、併せて討論も行っていたことが判明した（大月書店、一九八七年八月二四日、第一刷発行）。本シリーズは、一九六七年四月に創立された歴史科学協議会二十周年を記念するものであり、また、拙著出版の史学史的背景を語る上でも大切なものであった。老耄故の失態で、ご寛恕を乞うと共に、併せてご参照いただければ、幸甚これに過ぐるものはない。

（はら・ひでさぶろう　一九三四年一〇月生まれ。静岡大学名誉教授。〔著書〕『大系日本国家史　1　古代』共著、東京大学出版会、一九七五年、『地域と王権の古代史学』塙書房、二〇〇二年、『日本古代国家の起源と邪馬台国――田中史学と新古典主義』國民會館叢書、二〇〇四年）

現代人の知的関心事であり続ける『マグナ・カルタの世紀』

城戸　毅

一　『マグナ・カルタの世紀』とは？

『マグナ・カルタの世紀』！　これはそれだけを見るならば、単に歴史上の一時代を指す名辞に過ぎない。ここでそれがどの時代を指すのか、本書の表題に記されているところを見ると、それはすなわち一一九九年から一三〇七年まで、つまりここでいわれている「マグナ・カルタの世紀」とは一三世紀のことなのだ。ではなぜ一三世紀はマグナ・カルタの世紀なのか。

1980年刊

マグナ・カルタ、その本来の意味は単に「長大な権利証書」だったという。だがその後の歴史がそれに特殊な意味を与えることになった。それはよく知られているように一二一五年六月十五日ロンドン西方テムズ河畔ラニーミードの地で当時のイングランド王ジョンによってそこに集まったイングランド王の家臣である領主諸侯に与えられたものである。

本書の第一の話題はマグナ・カルタが本来どのような文書であったのか、その成立の経緯と内容である。さらにそれがどのようにしてその特有の意味を獲得するに至ったのか、を述べる。これがすなわち本書の副題にある「中世イギリスの政治と国制」であり、その年代上の範囲が上のような表現で示されている。

一三世紀はまたイングランド議会の成立史上よく知られた時代である。これにもまたマグナ・カルタが大いに関わっている。マグナ・カルタが議会の成立とどのように関わっていたのかを説明するのも本書の議論の筋の一つといえる。

一三世紀とイングランド議会の深い関わりは極めて著名な事実である。この時代はいわば議会史の英雄時代であり、古典的な時代であったといえる。これらだけでも本書の現代との関わりは明白である。第一次・第二次の二度の世界大戦を経た上、最近のEU離脱問題でイギリスの光芒はますますその明るさを減じているとはいえ、なおイギリスの議会は現代の議会制の淵源の一部であり、一つの模範である。この淵源であり、模範であるイギリス議会がいかにして誕生し、成長し始めたかはなお現代人の知的関心事の一つでありえよう。しかしマグナ・カルタの世紀が現代と関わり合うのはこのような点ばかりではない。

マグナ・カルタは議会と関わり合う前になおそれ自体の成立の経緯やそれ自体が内包している後世への関わりや価値を持っているからである。それらは今日の世界各国の憲法的諸原則の中に具現されており、それらはそのようなものとして世界各国の憲法に謳われている。すなわち「適法手続」「課税には担税者の集団的同意が必要」などである。例えば我が国憲法第三一条には「何人も、法律の定める手続によらなければ、その生命若しくは自由を奪はれ、またその他の刑罰を科せられない」とある。これはマグナ・カルタ第三九条の有名な文言、「いかなる自由人も彼の同輩の法に適った判決か国法によるのでなければ、逮捕あるいは投獄され、また何らかの方法で侵害されてはならない。」の遠いこだま、何世紀もの隔たりを超え、我が国憲法に先立つ多くの国々の憲法あるいは憲法的立法に謳われた同様の思想のこだまなのである。同様に我が国憲法第三二条「何人も、裁判所において裁判を受ける権利を奪はれない。」もマグナ・カルタ第四〇条「誰に対しても余は正義と司法を売らず、拒まず、遅延もさせないであろう。」の遠いこだまと考えられる。(1)

また「課税には担税者の集団的同意が必要」という原則はマグナ・カルタ第一二条と第一四条の有名な条文に世界史上おそらく初めて謳われている。この条文はよく知られているように直ちには法とはならなかったが、その後一三世紀を通じて王権によって常に顧慮されていたことはよく知られた事実であり、実際その後、法となって行く。現在世界各国の憲法にはこうした原則がそのまま条文に謳われている例はおそらくないだろう。政治の仕組みや財政制度・税制が当時と比べると格段に複雑になってしまっているので、短い条文でこうした原則を述べても現実に適合しないからだろうが、実際に今日わが国でも国会の議決を経ない租税徴収は行われていないだろう。

マグナ・カルタには三つの版があり、ジョン王を継いだその子ヘンリー三世によって一二二五年に公布された第三版が最終版となり、法となったが、その文言は一二一五年の初版とはかなり異なっている。しかしそれにもかかわらずその後のマグナ・カルタをめぐる紛争角逐はこの版に基づいて闘われた。マグナ・カルタの趣旨は諸侯の人身と財産をジョン王の恣意から保護し、保障する点にあったので、改訂版もこの点では変わりはなかったからだ。後に解釈が拡大されて保護と保障の範囲が諸侯層からイングランドの自由人全体に及ぶべきものとされ、更に一二一五年のマグナ・カルタ初版に表明されたその思想は一国に限定されるべきものではなく、どの国でもその国の国民に適用されるべきものだと考えられるに及んで、この文書は世界史的な意義を持つと考えられるに至ったのだ。

さて、マグナ・カルタそのものをめぐるイギリス王権と諸侯との駆引きはジョンの死去で一応落着し、本書の議論は世紀の半ばに到来する次の政治的危機に移る。この時の成果はマグナ・カルタほどに大きな世界史的意義を持つとは言えないかもしれないが、それでもそれはイングランド国家がその将来にわたって保持することになる形態的特徴を持ったモデルを作り出すことになった、という点で大きな意義を持つ。この時活躍した人物の一人がよく知られるレスター伯シモン・ド・モンフォールであり、またこの危機を通してそれまでにすでに育ってきていた parliament が州や都市の代表という形で地方住民の代表を含むべきものであることが明らかになった。ことの起こりはまたもやマグナ・カルタだったが、王権と諸侯の間の争点は次第に対外政策や外征経費の負担の問題に移って行った。王はイギリスの貴族たちの関心の外であるような遠隔地への遠征を対外的に約束し、その負担は莫大な額に上ることが予想されていたからである。こうして改革派の諸侯は国政上の政策立案や政策遂行の仕組みに改革を加え、諸侯自身がこれに介入できる仕組みを作り出そうとしたのだ。この時の政治的危機は一二六五年八月四日、国王軍とのイヴシャムの戦いでレスター伯とその支持者たちが戦死したことによって収束に向かった。

本書が最後に取り上げるのが、一二六五年の戦勝者であったエドワード一世の治世とその末期一二九七年に起こった政治危機に際して王が発布を余儀なくされた文書「両憲章の確認書(Confirmatio Cartarum, The Confirmation of the Charters)」である。ここでいう「両憲章」とはマグナ・カルタ、つまり大憲章とそこから分離されたご料林憲章を指す。この確認書によってマグナ・カルタが確認され、またその第三版では削除されていた一二一五年版の第一二条と第一四条が実質的に復活して、全国課税は全王国の共同の同意により全王国の共同の利益のためにのみ実施されうるという原則が確認された。この度も外征経費の負担が政治危機のきっかけだったからである。しかしこの解決はどの当事者にも不満足なものであり、マグナ・カルタが王権の行動を抑制し、政治問題を解決する万能の処方箋という思考はこれを最後に中世イギリスの政治からは当分姿を消すことになる。時の経過による問題の性質の変化にマグナ・カルタが応じきれなくなっていたからだ。この結論で本書は締めくくられている。マグナ・カルタが政治的文書として復活を遂げるのは一六―一七世紀、とりわけ一七世紀の革命の時代のことになる(2)。

本書出版の動機と意義については本書「あとがき」に十分に述べられており、ここでそれを繰り返す必要はないだろう。ただ、そこで述べられている本書の意義はそれから四〇年を経過した今日でも大きく変ってはいないと思う。上述したような一三世紀のイギリスを順次訪れ、その後のイギリスの国制を形作るのに大きな影響を残した政治危機とその結果をまとめて叙述した書物はほかにないからである。近年長大な概説書がいくつか出版されており、その中の一三世紀を扱った巻ではこの時代の政治史がある程度詳細に叙述されてはいるが、総合的概説書の中ではやはり当然その扱いには限度がある。(3)

本書は出版後三〇年ほどの間に四刷に及び、また一九八二年度東北大学西洋史研究会年次大会において共通論題として合評を受けるという栄に浴した。(4)

二　本書のかかれた時代と現代

本書はもともと著者の東京大学文学部における特殊講義の講義ノートとして書かれたものに加筆訂正を加えて上梓されたものだった。「あとがき」に記されているところによればそれは一九七二年から一九七六年の間で、出版は一九八〇年である。出版にあたっては本稿の依頼者であり、編集と出版の労を取られている渡邊勲氏の労をわずらわせた。

そこで同氏の依頼に従って以下では本書が書かれた年代と現在を比較してその違いを論じ、またそこから現在と将来への筆者の願いを述べなければならないのだが、これがなかなか難しい。まずたやすいところから取り掛かるとして、本書の書かれた環境や作業の手段について述べることにしよう。まず現在との大きな違いとして本書の原稿は原稿用紙への手書きで作成されたという状況がある。この当時はまだコンピュータやワード・プロセサーという文書作成手段はほとんど知られていなかった。業者がワード・プロセサーのモデルを初めて研究室に持ち込んでデモンストレーションをして見せたのがおそらく本書の出版前後のことではなかったかと思う。筆者がその便利さに目覚めて初めてワード・プロセサーを使用し始めたのは先に註で著書を挙げたケインブリジ大学のジェイムズ・クラーク・ホゥルト教授（故人）を招聘するための準備の文通においてであった。教授が来訪したのが一九八六年のことだから、準備の文通は一九八四、五年頃のことだろう。英文の手紙を手書きで草すると書き直しの繰り返しで多大の時間と労力及び便箋を費やすことになるが、ワード・プロセサーならこの過程をずっと短縮・簡便化できたからである。富士通の縦型の機械で、まだフロッピー・ディスクとよばれる円盤を記録媒体に使用していた。ここから筆者の作業の電子化が始まり、再就職した名古屋市立大学で一九九六年頃全教員にコンピュータが支給されて、筆者も電子メイルの使用を始めた。入稿は当初はプリント・アウトした紙媒体で行われたが、まもなくフロッピー・ディスクなどの電子媒体に移行し、その後さらに電子メイルへの添付ファイルで行われるようになった。このころにはまだ携帯電話は普及しておらず、学生たちや筆者もポケット・ベルと呼ばれる呼び出しベルを携帯していて、家族などから呼び出しがかかると、おもむろに固定電話を取り上げて電話をしたものだった。筆者が携帯電話の使用を始めたのは二〇〇〇年代の初めころだったと記憶する。

コピーはすでに筆者が滞英中だった一九六四、五年頃から普及し始めており、当時はこの技術の初期の開発業者だったゼロックス社の名をとってゼロックスと呼ばれていた。この技術は研究文献をいちいち筆写する手間を省くことを可能にし、その点で研究の進展に大いに貢献していた。

近年ＳＮＳ（Social Network Service）と呼ばれる簡便な通信手段が普及し、筆者もその輪に加わろうとしかけたことがあったが、却って煩わしく、時間の浪費になると感じて途中でその企てを放棄した。ＳＮＳが情報操作とコミュニケーションの混乱をもたらしていることは繰り返し指摘されており、取り扱いには慎重さを必要とすることは明らかである。筆者が東京大学に在職中のことだが、大学院学生の中にコンピュータ通信におぼれて学業を放棄してしまったものがいるということを仄聞したことがあったが、ＳＮＳも小・中学生にとってのコンピュータ・ゲームと同様に人をおぼれさせる力があるようで、警戒心が必要だと思う。

次に一九七〇年代の世界と日本の状況を現代のそれと比較してそこから何がいえるかを考える。このころ石油輸出国機構による石油生産と輸出の規制などからいわゆる石油危機が生じ、短期間ではあったが、モノ不足やインフレーションの昂進などもあった。またいわゆるニクソン・ショック、アメリカが金・ドルの兌換を停止し、外国為替相場を変動相場制に移行させる、とニクソン大統領が宣言し、外国為替相場、わが国では主としてドル相場の大変動をもたらした、という事件もあった。しかし何といってもこの時期の大きな出来事は米中・日中の国交回復とヴェトナム戦争の終結が東アジアの将来に明るい光を投げかけたことだった。ところがその当時は大方の注意をひかなかったのだが、朝鮮半島はこうした光の恩恵に浴することなく放置され、その挙句が今日の朝鮮半島の危機に行き着いているとみることができる。

ここではこれ以上朝鮮半島の危機の問題に深入りしている余裕がない。議論をすべて省略して結論だけを述べれば、かつての六か国協議を復活再建し、その延長線上で朝鮮半島の政治的統一を含む東アジアの包括的安全保障体制を構築すること、これが理念上の目標たり得るが、そこまで到達する道筋は現在のところ全く見えない。この問題の解決は極めて困難で、現状にとらわれた当局者の軽挙は東アジア全体、あるいはそれ以上の地球上の地域を含む破局、第三次世界大戦を引き起こす危険が極めて大きいということは言えると思う。しかし戦争によっても問題の解決は少しも進まないだろう。現在と将来の世代はこの朝鮮半島をめぐる行き詰まりと破局の危険を抱えたまま今後も幾世代にもわたって生きていかねばならないだろうと思われる。いわば一九六二年のキューバ危機に類似の危機の慢性化と常態化である。あなた方と筆者らに求められているのは途方もない注意深さと忍耐力なのである。この状況は近時耳目に接することのある「ニュー・ノーマル」の風景の一部であるのかもしれない。人類が核兵器を地上から取り除くことができない限り、今後この風景はいずれニューならぬノーマルになってしまうしかないだろう。もちろんその場合に人々に求められる行動の慎重さと忍耐は増大することはあっても軽減することはあり得ない。

三　現時点における筆者にとっての課題

最後に筆者の現在の研究課題と研究の進展状況について述べなければならない。筆者自身の現在の課題は筆者の過去の研究成果をまとめることである。これまで筆者は研究成果をその都度発表してきたが、その中にはまとめて単著となっているものと、様々な機会に個別に論文として発表したもので、ばらばらなままになっているものとがある。後者をまとめて一冊の書物に収めることが筆者の第一の課題である。これを自分の第一の課題と定めてもう何年にもなるが、この間老親の介護の問題が二〇年余りに亘って引き続き、この課題に集中できなかった。そうこうするうちに筆者自身の加齢に伴う問題も出て来て、作業の遅れは克服されないままとなっているが、いずれこの問題は解決されねばならない。

もう一つの課題は東京大学在職中の最後の何年かに講義していた「中世ヨーロッパの身分制議会」に関する講義ノートを整理して発表することである。その中には筆者のこれまでの中心的研究課題であった「中世イングランド議会の成立と発達」が含まれるが、この部分は一九七〇年に第一期の『岩波講座世界歴史』第一一巻に発表した文章に拠っており、これにその後の研究成果を盛って改稿することが必要になっている。発表後すでに半世紀近くが経過しており、稿をあらためるのが当然であろう。このテーマはイギリス中世史の中では古いテーマではあるが、イギリスの学界では今日でもなおこれに関わる業績が時々発表されており、大きな著書や論文集も出ている。しかしわが国では近年この問題に取り組む研究者はなく、従ってこうした書物の紹介もなされていない。筆者は二度ほど小さな研究会でこのテーマで報告を試みたことがあり、それを学会動向として発表することを求める声も聞こえてくる。従ってこの声に応えることが当面筆者の第二の課題ということができよう。

このように筆者にとっての課題は多い。しかし齢を重ねるにつれて動作や作業の遅滞もあって、人は自分自身と身辺のことの処理に時間をとられることが多くなり、広く社会に向けて作業を重ねることが次第に難しくなってくるのを如何ともすることができない。このことをよく自覚したうえで、なお精進を重ねて行きたい。

註

（1）マグナ・カルタ邦訳文は、拙訳／G・R・C・デーヴィス『マグナ・カルタ』（ほるぷ教育開発研究所、一九九〇年）による。

（2）小山貞夫「マグナ・カルタ（一二一五年）の歴史的意義」、「マグナ・カルタ神話の創造」、いずれも同『イングランド法の形成と近代的変容』（創文社、一九八三年）。

（3）山川出版社『世界歴史大系　イギリス史1　先史・中世』青山吉信編（一九九一年）、『オックスフォードブリテン諸島の歴史　第四巻　一二一一三世紀　一〇六六年―一二八〇年頃』バーバラ・ハーヴェー編（慶応義塾大学出版会、二〇一二年）。マグナ・カルタそのものについては研究史上の古典とイギリスにおける近年の研究の総合である大著の二つが邦訳されている。W・S・マッケクニー／禿氏好史訳『マグナ・カルタ　イギリス封建制度の法と歴史』（ミネルヴァ書房、一九九三年）、J・C・ホゥルト『マグナ・カルタ』森岡敬一郎訳（慶応義塾大学出版会、二〇〇〇年）。

（4）東北大学西洋史研究会一九八二年度大会共通論題「中世イングランドの社会と国制」――『マグナ・カルタの世紀をめぐって』――記録全文の掲載は『西洋史研究』新輯第一二号（一九八三年）。

（きど・たけし　一九三五年二月生まれ。東京大学名誉教授。〔著書〕『中世イギリス財政史研究』（東京大学出版会、一九九四年）、『百年戦争：中世末期の英仏関係』（刀水書房、二〇一〇年）、G・R・C・デーヴィス（城戸毅訳）『マグナ・カルタ』ほるぷ教育開発研究所、一九九〇年）

「かぶれ」から「軽み」の世界へ　『日本宗教文化の構造と祖型』

山折　哲雄

引き受けるしかなかった

はじめ、渡邊勲さんからの提案をいただいたとき、多少の違和感のようなものがありました。何を今さら、と。というのも私にとって、いつも、今、何をやっているかがいちばんの関心事でしたので、突然、過去に自分のやったことを語れ、といわれても、すぐ腰を上げる気にはならなかったのです。その余裕がなかったといった方がいいかもしれません。

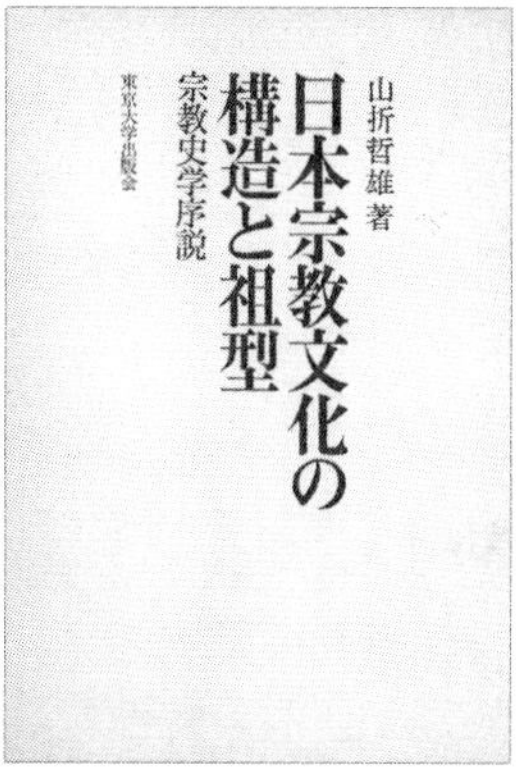

1980年刊

けれども、そうはいってもすぐに、反省の弁らしいものが口の端にのぼってきました。汝は、過去にやったことに責任をもたないのか、きれいさっぱり水に流して平然としていられるのか、という天の声ならぬ渡邊さんの声がきこえてきたからです。

私はこれまで渡邊さんには自分の本を二冊もつくってもらいました。よく考えてみれば、その過去の仕事をきれいさっぱり水に流すことなどとてもできない。眼前にはもう、あのころの悪戦苦闘している自分の姿がみえてくる。そしてそれ以上に、渡邊さんの、いつもの神経を研ぎすましたような本造りの現場がそこに蘇っている。お引き受けするほかなかった次第であります。

過去の仕事を自分で点検せよ、とは？

私が渡邊さんに作ってもらった本はさきにもいったように二冊です。一つ目は『霊と肉』（一九七八年刊）、二冊目が『日本宗教文化の構造と祖型』（一九八〇年刊）でした。この後者はそれから一五年後、一九九五年になって、増補改訂版が青土社から刊行されました。

その増補版が出てからさらに一〇年ほど経ったころだと思いますが、突然、日本宗教学会に所属する方々の委員会から、意外な提案が寄せられました。こんど『宗教学文献事典』なるものをつくることになったので、その事業に協力してほしい。ついては、自分の主著にあたる作品について、それぞれ著者自身の手で内容や方法について解説をつけてほしい、という注文でした。その提案書には五名の編集委員と一一名の編集協力者の名がつらねられていました。著書の選定は、その編集委員会がやるという立て前のようでした。選ぶのは編集委員会、書くのは著者本人、というわけでした。

私はこの提案をはじめて手にしたとき、そのときも不審な気持ちに襲われ、違和感のようなものをもったことを覚えています。その違和感のようなものが、今回渡邊さんの手紙に盛られている内容を知ったときと、どこか似ていると思ったのです。つまり、過去にやった仕事を自分で点検して批評してみよ、といわれているようで、それに抵抗するような気分に陥ったのだと思います。そのようなことをやるのは自分ではない、それをするのは本来、第三者である他人ではないか、という疑念を抱いたからではないでしょうか。ですからこのときは、私はただちに返事を書き、この仕事を辞退する旨を伝えたのです。それでことはすんだと思っていました。

それから一年ほど経ってからでしょうか。ほとんど忘れていましたが、その『文献事典』編集会の再度の要請であると、こんどは予定された出版社の編集部を通して、再びの執筆依頼書がとどきました。ことここに及んで私は仕方なくそれを引き受けることにしたのです。ここまできてことわるのも大人気ないと、気持ちの整理がつかないまま何とも後味の悪い、ふっ切れない気分でした。このときあらかじめ選定されていたのが、渡邊さんにつくっていただいた先述の『日本宗教文化の構造と祖型』だったのです。

「自作註解」、方法的「かぶれ」と「つまみ食い」

この本は、私が四〇代後半の時期に書いた論文を集めたものでした。さ迷える中年期の思考を反映して、方法的にも試行錯誤をくり返しています。一応、一二章仕立ての形にまとめてはいますけれども、内容に統一テーマなどはなく、いわば諸論が雑居状態のままでした。それでつじつま合せのような、追いつめられた気持ちで、その「序論」部分に「自作註解」を付して、当時の自分の方法的立場を書いて、弁明する形をとったのでした。具体的にいいますと、そのころ私がこれらの論文をつくる過程で選びとっていたのがマルクスやM・ウェーバー、そしてフロイトやE・H・エリクソンなどの視点でした。それらをある意味では自分の都合のよいように、利用しやすい形で使い分ける形で参考にしていました。そのため、あらたにそれらの自分の論文を再点検してみよと依頼されたとき、その当時の自分の立場をふり返り、自己批判を加えなければなるまい、と思ったのでした。正直にいうと、いちど清算しておかなければならないだろうとも考えていました。それで、その『宗教学文献事典』には、自著をめぐる以上のような苦渋の思いをこめて自説を開陳し、その反省すべき自己の立場をつぎのようなものだったと書いたのです。

方法的な渡り歩き（つまみ食い）の時代といっていいが、今日の目であらためて展望してみれば、要するにマルクスかぶれやウェーバーかぶれの時代が一方にあり、それに重なるようにしてフロイトかぶれやエリクソンかぶれの時期が雁行していたということになる。日本近代の人文学研究が陥りやすかった方法的「かぶれ」現象の罠からいかにして脱却するか、その焦燥にも似たつぶやきが、いずれの論文の行間からも漏れてくる。（『宗教学文献事典』弘文堂、二〇〇七年、四一四頁）

この、今から一〇年前の反省の弁は、つい昨日のことのように思い出される忘れがたい告白なのですが、何といったらいいのか本音を吐き出したあとのほっとした気分、さわやかな自己満足にも似て、とてもなつかしい記憶になっていることも事実です。

それにしても、ここでいう「かぶれ現象」とは何か。『構造と祖型』に「自作註解」を書いてから今年まですでに二七年のときが経っていますが、その間この「かぶれ現象」が私の体内をかけめぐり、そこからどのように脱出するか、そのことだけを考えてきたような気がします。「かぶれ」を捨てようと思いながら、いつまでも捨てることのできない自分が、そこにいたからです。「かぶれ」とたわむれ、「かぶれ」と遊び呆けている、宿命のような、業のような「かぶれ」にあいかわらず取り憑かれていたからです。

以前、あれこれ辞書をみていて、驚いたことがあります。「かぶれる」は「気触れる」からきている、とあったからです。それまで私は、「漆にかぶれる」に由来するとばかり思っていましたから、少々うろたえました。漆にかぶれ発疹ができ、炎症がおこる。漆の毒で水泡ができ、赤くはれ上がり、かゆくなるぐらいのことを考えていましたので、その「気触れる」にはほんとうに戸惑ってしまいました。もしかするとそれは「物狂い」になっている状態であるかもしれない、「気が触れる」とは「カミに取り憑かれている」状態かもしれない、と疑心暗鬼になったのです。

「四大かぶれ」からの撤退、芭蕉「軽み」の世界へ

「かぶれ現象」からの脱却の旅がはじまりました。『構造と祖型』からの遁走の旅でした。はじめに「マルクス主義」からの脱出、――頭の中にはすでに水泡ができ、赤いただれがひろがっていました。

つぎが「構造主義」からの遁走で、そこまでいけば「フロイト主義」にも別れの挨拶をしなければならない。そしてその総仕上げが「無神論」からの撤退でした。しかし、これが最大の難物だったことも現実です。その執拗な持続力というか浸透力にはいつも本当に悩まされていたのですが、しかしこれも時の経過とともにいつしか薄れていきました。そして、ようやくこのごろになって、わが人生における思想的炎症の「四大かぶれ」、すなわち『構造と祖型』の「自作註解」でふれた「マルクス」「ウェーバー」「フロイト」「エリクソン」による「かぶれ」を、多少とも遠くから眺めることができるようになったのです。

そんな「かぶれ騒動」のなかで四苦八苦しているときに胸の内にきざしたのが、要するに一切の「思想」からどうしたら身軽になるか、身軽になれるか、ということでした。おそまきながら、ここであの芭蕉のいう「軽み」という世界の存在に気がついたのです。その芭蕉の立場の第一義というのは、かならずしもそれらの「思想」を捨て去ることではない、もちろんむきになってそれを否定するのでもない。ただ、その「思想」なるものの一切から身軽になる、自由になるということではないかと、気がついたのです。

そのためか、いつのまにか私の身辺からは「思想」にかかわる本がつぎからつぎへと姿を消していきました。そしてもう少しの時間をかければ、それらはほとんど無くなってしまうでしょう。ところが不思議なことに、そのような「本」はどんどん無くなってしまっても、しかし「思想」そのものの痕跡だけはどうも脳髄のどこかにのこりつづけているようなのです。ですからこんどは、この痕跡からもどのようにして遁走するのか、脱走したらいいのか、そしてその結果、最後に本当に身軽になる姿ができるのか、それが私の目下の最大の生きるあかしになっているのです。

渡邊さん、私はどうやら長生きしすぎたのかもしれません。若いときにはとても経験することのできなかったような、誰もいないところに出てきてしまったような気がしないでもありません。ただ、人生の晩年にいたってはじめて、こんな世界があったのかとただただ驚いているのです。今から四〇年も以前、それこそ悪戦苦闘するなかで『構造と祖型』のような仕事にとり組んでいたおかげである、と思わないわけにはいきません。あの本を渡邊さんにつくっていただいた有り難さを、今しみじみと感じているのです。

ありがとうございました。

（やまおり・てつお　一九三一年五月生まれ。国際日本文化センター名誉教授。〔著書〕『アジアイデオロギーの発掘――ある宗教思想論の試み』勁草書房、一九六八年、『死の民俗学――日本人の死生観と葬送儀礼』岩波書店、一九九〇年、『これを語りて日本人を戦慄せしめよ――柳田国男が言いたかったこと』新潮社、二〇一四年）

非マルクスから親マルクスへ　『現代インド政治史研究』

中村　平治

はじめに

過日、旧知の渡邊勲さん（元東大出版会）から、自著の回想文の執筆を求められた。『現代インド政治史研究』（一九八一年。以下『研究』）なる書名を多少意気込んで掲げた、この書物は刊行の折に五十路を迎えた私の着地点であり、新たな出発点でもあった。

顧みれば私は先達に恵まれていた。東京外語大（インド語専攻）の学生の際に接した、江口朴郎『帝国主義と民族』（東大出版会、一九五四年）は学問への指南の書となった。東大大学院・国際関係論専攻の入試面接で、江口先生に初めてお目にかかった。諸先生方の質問が終わり、おもむろに先生は「中村君の関心は矢内原忠雄先生のお仕事に関連しますか」と尋ねられた。その質問は矢内原『帝国主義下の印度』（一九三七年）を指していた。講義やゼミのほか、研究会での先生

1981年刊

は正・反・合の弁証法を旨とする思想家であり、現代史家であった。DD、つまり対話（Dialogue）とその相棒たる弁証法（Dialectic）、厳密に言えば〝対弁法〟の人だった。先生のご他界（一九一一―八九）は昭和天皇のそれと時を同じくしていた。折しも私は荒井信一さん（一九二六―二〇一七、現代史家）から後継した歴史学研究会の委員長であり、葬儀場では止むを得ざる事情から無原稿で弔辞を述べた。ご長寿ならざる先生の逝去は後進への無情な仕打ちだと一人嘆いた。

他方で『研究』の刊行を東大出版会へ推薦して下さった荒松雄先生（一九二一―二〇〇八、インド史・イスラーム史）は、助手身分の私の東大東洋文化研究所における指導教授の一人であった。荒さんは専門分野で誠に多くの業績を残しているが、現代インドを対象とする『現代インドの社会と政治』中公文庫（一九九二年）は私の座右に有る書である。荒さんはまた新谷識なるペンネームで一連の小説を発表する作家であった。その二作品（共に双葉社）『ボロブドゥル殺人事件』（一九九二年）と、続く『インド宮廷秘宝殺人事件』（一九九五年）では、私はカラオケ狂の中村英治・東大教授として〝脇役〟で登場する。時は流れ、新宿などで時折カラオケを共にした荒さんは、当時、私の勤務先の専修大学に博士号を請求する学位論文を提出した。もちろん東大を何故回避したかを荒さんはさらりと説明した。博論の〝念入りな審査体制〟を発足させ、想定外の事態に対処した経緯がある。同助手時代、一九五八年から二年間、私はデリー大学に遊んだ。

インド大反乱——象山とマルクス

『研究』で論じたように、佐久間象山（一八一一—六四）は信州・松代藩出身で幕末の開国派の思想家であった。私は丸山眞男（政治学）「幕末における視座の変革——佐久間象山の場合」（『展望』一九六五年五月号、『丸山眞男集』9、岩波書店、一九九六年）を読んで、インド大反乱を論じている象山を知った。彼は安政四年末から翌年、つまり一八五七年末から翌年にかけて、友人たちに書簡を送り、日本を訪れたアメリカ使節団への応対として「あなた方は最近のイギリスと中国との紛争を喋々としゃべったが、インド英領のデリーで人民の大乱が起ったことは何故一言もしゃべらなかったのか。これはそれを言うと、日本を恐喝するのに都合が悪いと思ったからに違いない」と述べた。象山の発言は大反乱が発生した一八五七年五月十日から数か月後になされていたが、そのリアル・タイム性、つまり即応性に畏敬の念を私は持った。象山は植民地インドの民衆のイギリス支配に敵対する行動に注目しており、それは同時代アジアの民衆史確立への道にも通底していた。また鎖国日本へ開国を迫るアメリカの高圧的な姿勢に対して、「諸国みな対等なり」との主体的な立場を対置した次第である。

象山とほぼ重なる時代に、相互に無関係ではあるが、一八四九年からイギリスで永住を開始したカール・マルクス（一八一八—八三）がいる。彼はインド訪問こそ試みなかったが、植民地インドに関する学問的な認識を深めていた。実は私の『研究』にはマルクスからの引用は無い。一つには戦後日本のイデオロギー状況に支配的な「階級闘争史観に非ずんば歴史学に非ず」といった風潮への抵抗があった。その反発分だけ、『研究』では半植民地中国とは異なる、植民地インドの多民族構成を成す歴史過程、さらには独立インドの連邦制国家論と並んで民族、民族主義や民族運動の諸問題に集中した。この国では一時期、「政治家ネルー＝買弁的な大ブルジョアジーの手先」論が横行するが、それはつかの間に姿を消した。

後日、程なくして私は一八五七年から進行していたインド大反乱にマルクスが重大な関心を寄せている事実を知った。論文「インドの反乱」で、マルクスは「人間の歴史には因果応報というべきものがある。この武器が被害者によってではなく加害者によって鍛えられるのが、歴史的な因果応報の法則である。……インド反乱の開始者は、イギリス人によって苦しめられ、恥辱され、身の皮まで剥ぎ取られたインドの小作人ではなくて、イギリス人から衣食を受け、可愛がられ、肥え太らされ、甘やかされたセポイ、つまりインド人傭兵であった（一八五七・九・一六）」と述べた。この論考の「新マルクス考」で再論するように、マルクスの指摘では、インド側からの民衆の抵抗がイギリス人の手で形成された社会の一部から、植民地機構自体の内部にある矛盾から生じた。つまり植民地主義の進行自体がその墓掘人を生み出していた。ここにマルクスは植民地支配の動態を適切に受け止め、弁証法の適用を確と示していた。

また盟友エンゲルス宛の手紙で、マルクスはインド大反乱について「インドはいまや我々の最高の同盟者である（五八・一・一六）」と述べた。大反乱はその開始から二年目を迎えていた。この手紙はマルクスとエンゲルスの『著作集』で一九八三年に初めて全文が公刊された。なお『マルクス＝エンゲルス全集』二九（大月書店、一九七二年）では「インドはいまや我々の最良の同盟者である」とあるが、英語の原文（India is now our best ally）に照らして適訳とは言い難い。マルクスのこの発言の背後には、アジアの民衆運動がインドは勿論、中国の太平天国の乱や西アジアのバーブ教徒の乱に見られるように、著しく盛り上がる状況にあった。

ネルー――民族主義と国家主義との間

私は『アジアの民族主義――ラクノウ会議の成果と課題』（日本太平洋問題調査会訳編、岩波書店、一九五一年）を刊行と同時に入手し、この書物で初めてインド連邦首相のＪ・ネルー（一八八九―一九六四）の演説に接した。(1) ネルーは、

外国の支配下にある国の場合には、民族主義を定義するのは容易なことである。それは外国権力に反対するもの――これが民族主義である。しかし自由な国では民族主義とは何であろうか。いろいろ意見はありましょうが、たしかにそれは積極的なものであります。……ですから本来は一国における健全で進歩的な解放勢力である民族主義が時に――おそらく解放後に――不健全な、逆行的、反動的あるいは膨張的勢力となり、かつてその国が自由を得ようとして闘った相手の国と同様に、貪欲な眼で他国をうかがうようになることがあります。……アジアの国ではどこでも、共産主義であるとないとを問わず、いやしくもその国の民族主義的精神に背馳するような考えは、

重きをなすことができません。

と述べた。つまりネルー演説には民族主義が進歩と反動という敵対する両極を内包している事実が明示されていた。ここでネルーは二つの選択肢を並べ、何れを選び取るかは受け取る側の民衆と知識人にあるとした。

次にネルーはインド型民主主義との関連で「私の日常生活は広く民衆と接触し、民衆を理解しようと努め、また民衆に影響し影響されることを求めている一個の人間のものだからであります。……私はアジアの問題を歴史的な見地から、また動いている大衆の感覚で見ることができます。そして私は皆さんもこのような仕方で見なければ、アジアの問題を完全に理解し把握することはできないと思います」と述べた。一国の指導者として、このような民衆との不断の交流を説いた事例を他に見ない。ネルーの場合、それがインドにおける民族主義が民主主義との太いパイプで連携している事情と無関係ではない。『研究』の刊行時、インドは数次の総選挙を連邦制政府と複数の州政府の両レベルで実行してきていた。何れも二一歳以上の男女有権者による直接投票で、議員が選出される方式であった。しかしながら私の『研究』からほぼ十年後の一九八九年に、インドは第六一次憲法改正を経て国民の有権者年齢を一八歳に引き下げていた。この点から見ればインドは日本国に先行していると思料される。

かの丸山は「歴史的な進歩が同時に行動過程として、飛躍＝非連続を内包するものとして把握されたとき、初めてそれは反動と一義的に対応する。マルクスにおける進歩の観念の転回を可能にしたのは、革命の論理としての弁証法であった」と論じた（『超国家主義の論理と心理』岩波文庫、二〇一五年（一九五七））。これはネルーの進歩と反動の議論に通底している。

この問題を現在の日本との関連で思料すれば、沖縄に米・日の軍事基地が有るのではなく、米・日の軍事基地の中に沖縄が有ると批判されて久しい。ヤマトーンチュたる負の極である日本の国家主義は、ウチナーンチュたる正の極にある沖縄の民族主義と民主主義に対峙し、ヤマトーンチュによる不作為犯が米・日の重要課題として問われている。

南アジア系ロンドン市長の誕生——二一世紀版の弁証法

私の『研究』第二部ではバングラ・デシュ、スリランカとアフガーニスターンが考察された。『研究』の刊行後、一九八五年に南アジア地域協力連合（SAARC, South Asian Association for Regional Cooperation）なる地域共同体が発足した。これにはインドやパーキスターンなど八か国が加盟し、本部はネパールの首都カトマンドゥに置かれ、総人口は一五億人に及んでいる。

二〇一六年五月、イギリスの首都ロンドンの市長選挙で、パーキスターン系のムスリム政治家サディーク・カーン（Sadiq Khan, 1970-）が当選した。その祖父は北インド出身であるが、父親は一九四七年八月の印パ分離独立後にパーキスターンからイギリスへ移住した。その父はロンドン市内のバスの運転手を務め、母は裁縫師であり、サディークらを育てた。

その背景には現代イギリスが現代インドのミニチュアともいうべき、多民族と多宗教を基盤とする多文化国家であり、その総人口は約七〇〇〇万人に達している事実がある。しかも注意すべきは労働力不足の補填の故に一九五〇年代から急増した南アジアからの移住民は、現在では三〇七万人（イ＝一四五万、パ＝一一七万、バ＝四五万）であり、総人口の五％弱を占めている。

サディークはオックスブリッジとは無縁であり、北部ロンドン大学（The University of North London）で法律を専攻した。縁有り、彼は一九九四年からクリスチャン・フィッシャー法律事務所で事務弁護士の職についた。また一九九七年から二〇〇五年まで同事務所の共同経営者として、警察関係、雇用問題、人種差別法問題や犯罪関係までの諸分野を主な対象にして、少数派住民の権利擁護のために諸裁判に関与してきた。

二〇一五年五月、サディーク・カーンはイギリス議会議員選挙でイギリス労働党候補として当選した。彼は法律事務所を離れて、先述したように翌一六年にはロンドン市長選に臨んだ。その結果、過半数を越えた大多数の五七％に及ぶ地域住民の支持を得て新市長が誕生した。(2) 彼による選挙運動のスローガンは簡略であり、自らが単なるムスリム政治家ではなくて、ロンドン市民の利益代表であることが強調された。新市長により導入された市民の日常生活に関わる計画では交通手段と居住問題の改善問題があった。ホッパー計画と呼ばれた前者の制度は短時間のバス利用者に往復切符を提供するもので低所得層に歓迎された。新市長はイギリスの女性首相テレーザ・メイの主張するヒースロー空港の拡張改革に反対し、ガトウィク空港の拡張計画を支援しており、これこそがロンドン市民に実質的で経済的な恩恵をもたらすと力説した。

政治家サディークについては一般に彼が良識派の論客で、中道左派の社会民主主義者を代表するが、同時にイギリス労働党内部の「社会民主主義勢力の旗頭である」と理解されてきた。しかし英国第一主義（British First）を掲げる、イギリスの極右勢力はサディークを〝的〟にして直接行動を起こすと脅迫している。これに関連して、市長サディークとアメリカ大統領候補のドナルド・トランプとの間の〝やり取り〟がある。トランプは海外居住ムスリムのアメリカへの入国禁止を公言する一方で、サディーク・カーン氏は例外だと発言した。この米国第一主義（America First）に対してサディークは激しく反論した。その趣旨はトランプがイスラームに無知であり、その言動が民衆のすべてを危険な目にさらし、これが過激派に思う壺を用意させ、イスラームは西欧の自由主義的な価値観と相容れないとする悪宣伝への全面的な批判にあった。近時、トランプ政権の下では米国第一主義が白人第一主義（White First）に他ならぬ事態が表面化している。

かのインド大反乱はイギリス植民地主義対インドとの間の敵対的な矛盾という〝古典的な弁証法〟の発現形態であった。しかしサディーク・カーンを先頭にするエスニシティ（種系 ethnicity）が発する、多民族、多宗教と多文化の〝共存と共生は非敵対的な矛盾の二一世紀版の弁証法宣言〟である。これは現代世界への見事なメッセージでもある。

参考までに、二〇一五年一〇月にはドイツのボンで行われた選挙で、インド系のアショーク・A・スリーダラン（南インドのタミル・ナード州出身、Ashok A. Sridharan, 1965-）が新市長に就任した。

また二〇一七年六月、インド系で〝ケルトの虎〟と親しまれてきた、レオ・ヴァラードカル（ムンバイー市出身、Leo Varadkar, 1979-）がアイルランド共和国の新首相に選出されている。

新マルクス考

ケヴィン・B・アンダーソン（Kevin B. Anderson, 1948-）はカリフォルニア大学教授で社会学・政治学の専攻であり、ここで紹介する著作は *Marx at the Margins, On Nationalism, Ethnicity and Non-Western Societies*, The University of Chicago Press, Chicago & London, 2016 (2010), xvi+319 pp. である。訳書『周縁のマルクス』は、平子友長・一橋大学教授の監訳の下で社会評論社から二〇一五年に刊行された。

この書物を話題とする理由は簡単であり、著者アンダーソンが前人未到のカール・マルクス研究を打ち出し、既存のマルクス像を一変させた点にある。私の『研究』段階では想定不可能な、研究環境の変動が新事態をもたらした。ここでは身近の原著と訳書を前に置いて、著者の研究上の貢献に及びたい。何よりもまず、この訳出作業を進める上で多大な時間とエネルギーを投入したであろう、監訳者と訳者集団の労を多としたい。しかも訳書への原著者つまりアンダーソンによる特別寄稿は訳書の地位を高くしており、研究者間の交流を促す良き事例でもある。

ここでは訳書に見える一連の用語使用について苦言を呈したい。アンダーソンは弁証法を基礎とする歴史と社会の多系的発展論（multilinear development）を批判対象の単系的発展論（monolinear d.）

との関連で提起している。無論、この両問題は著者による新マルクス研究の核心を成している。従って訳書の両訳語である複線的発展・単線的発展は何れも誤解を招くと思料される。

また訳者は本書でナショナリズムなる表記をそのまま使用する。この表記に意義の限定をすべく、この国では侵略的ナショナリズムとか発展的ナショナリズムなど、形容詞を冠して広く使用されている。しかしながら著者はナショナリズムを負の極にある国家主義としては理解しないで、逆に正の極を占めるナショナリズムを論じている以上、民族主義と記述する必要性がある。

訳書はエスニシティなる用語の場合でも仮名表記をそのまま使用している。厄介なことに、この用語は非抑圧的な社会集団の諸概念——階級、人種、カースト、原住民、マイノリティーやジェンダー——を内包する、多義性または越境性を属性とする。私見では種系が原意を伝える上で最も適切である。無論、この用語が恣意的に広く使用されている以上、用語選択をめぐり議論が起きるのも確かだろう。(3)

さらに訳書はジェンダーなる用語を片仮名で示しているが、これまた使用注意の赤信号の下にある。著者アンダーソンも様々な場所でジェンダーを重要テーマとしている一方で、近時、この問題は一種の警告として、学界のみならず、日常生活、社会生活や職場にまで及んでいる。ジェンダー問題は性差別や性搾取を拡大分野に属する課題として、その度合い如何で用語使用が分化する適例である。

終りに原著の最終頁(二四五頁)と訳書(三五八—五九頁)にある結論に注意したい。その前に訳書では書物の副題と共に、本文の説明部分では古風に「非西洋社会」とあるが、これは適切ではない。

当然、原著で使用している Non-Western Societies は非西欧社会とすべきであろう。

アンダーソンの結論は以下の通りである（二四五頁）。

ロシア、インドと他の非資本主義諸国を対象とするマルクスの多系的発展論による分析は、一般に理論的または方法論的な水準の面で、現代では一層適切なものである。それは彼の弁証法的な社会理論の主要事例として重要で発見的な目的に役立つことが可能である。……またマルクスの理論的な視座の強みはこれらの諸問題を資本の批判からの切断を拒否する所にあり、種系、人種または民族問題を階級に埋没させる事なく、それらを一層広範囲な前後関係の中に設定するものである。かくて①社会発展の多系論的な弁証法としてか、または②世界大の資本主義に直面した、現代の現地民衆による諸運動の理論化に向けての方向を指示する発見的な事例としてか、さらには③人種、種系と民族主義に関わる階級の理論化としてか、この書物の焦点たるマルクスの手になる著作類が、現代のために若干の重要な観点を提供してくれるというのが私の信念である。

註

（1）『アジアの民族主義』九―一一頁。

（2）*The Hindu* (Chennai), May 7, 2016, *The Hindu*, October 11, 2017; *BBC NEWS*, May 7, 2016; *The New Yorker*, July 31, 2017.

（3）Ornit Shani, *Communalism, Caste and Hindu Nationalism*, Cambridge University Press, 2007, pp. 136-137. 本書

にはエスニシティに等置されるエスニック・アイデンティティについて再考すべき指摘がある

（なかむら・へいじ　一九三一年八月生まれ。東京外国語大学名誉教授。〔著書〕『ネルー』（センチュリーブックス　人と思想）、清水書院、二〇一四年（一九六六年）、『インド現代史の展望』編著、青木書店、一九七二年、『インド史への招待』（歴史文化ライブラリー）、吉川弘文館、一九九七年、古賀正則・内藤雅雄・中村平治編著『現代インドの展望』岩波書店、一九九八年）

主編者として、合宿の功罪を語る『中国近現代史　上・下巻』

姫田　光義

はじめに――生まれて初めての主編者に

ここに一葉の写真がある。キャンプ場のテントの中で、ランプの燈火の下、一杯やった後のようにリラックスして寝転がっている四人の男どもが映っている。これなん、本書発行人である若き日の渡邊さんの放恣な姿態であり、その横に大きな顔して笑っているのが筆者である（やっぱり若いねエ）。奥に居るのは、高橋幸助さんと今は亡き上原一慶さん、そして多分、これを撮影したのが阿部治平さ

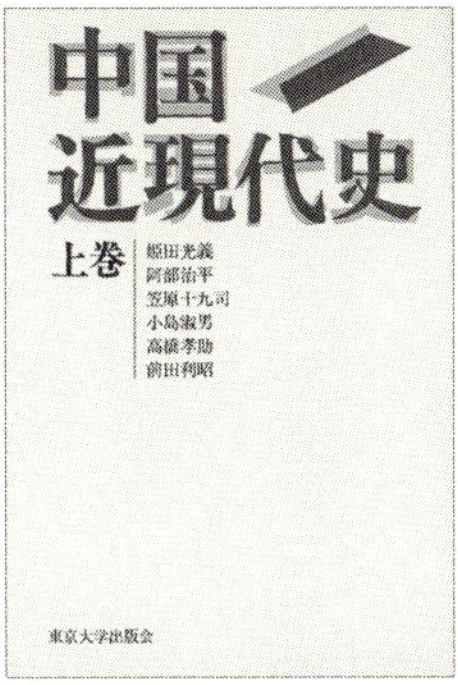

1982年刊

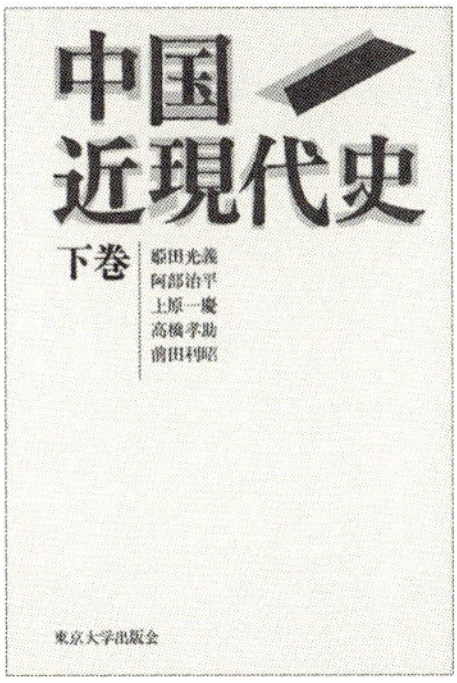

1982年刊

んだろう。青春時代！？の生気溌剌とした輝くような一コマが活写されている（と自画自賛）。懐かしいだけでなく、こんなにも逞しく力強い時代があったのだなあと、自省反省させられる今日この頃である。それもそのはず、これこそは私が初めてシリーズものの主編者とさせていただき、全力をあげて取り組んだ『中国近現代史　上・下巻』の編集合宿の模様であり、後にも先にもこれほど脂の乗り切った仕事ぶりと他人様に自慢できる成果は無かったからである。

なんでワシが！？

実のところを謙虚さぶって言わせてもらえば、私は自分の才能と力量が他人様より優れているところがあるなんて思ったことも信じたこともなく、何時もどなたか近しく親しい友人諸氏に助けられて何とか世間にまかり通ってきた感がある。

本書もその通り。私は主編者に押されてはいるものの、実質的には他の四人の方々の力作であり、また「あとがき」にも紹介しているように、年表の作成、資料収集などにご協力いただいた富田孝子・池亀洋一両氏、さらに今日では第一線で活躍しておられる井上久士・久保亨両氏らの若き日の業績でもあるわけである。

いまから振り返ってみると、これほどの仕事をするのになぜ、私が主編者として選ばれたのか不思議だが、それには東大出版会内部での協議において渡邊さんの主張が決定的だったのだろうとは推測できる。だが、そうするとまたなぜ、彼が私を推薦したのかとの疑問もわいてくる。実は同出版会には本書以前に、大シリーズ、野沢豊・田中正俊編集になる『講座中国近現代史』（一九七八年）があり、その第五巻の編集を私が委ねられていたのである。これもまた恩師ともいうべき野沢先生の推薦だったと思われるが、それがご縁で出版会側に私の名が知られ、このシリーズで明かし尽くされなかったところを別建てで刊行されることになったのであろう。それはそれで名誉でもあり光栄にも思ったが、さあ、それからが大変！　渡邊さんの尻叩きが始まるのだ。

ランプの燈火の下での侃々諤々

まだ「少壮気鋭（自称）」の若手研究者たちの集まりだ。誰に気兼ねすることもなく、忌憚なく語り合おうぜということで、それじゃあ合宿をやろうということになった。場所探しでは、予算の関係上！?、ホテルとか宿屋とかではなく安上がりというのも条件だったか。私の友人に盛岡の人が居て相談したところ、小岩井牧場にキャンプ場があり、そこのテント村なら静かに集中して話しあえるだろうとのお返事。渡邊さんも賛同、執筆者のお一人の高橋さんも東北地方に在職とあって快諾され、こうして場所は簡単に決定した。

さてその合宿所であるが、行ってみて驚いた。電話どころか電気もなく、近くに赤提灯の一つもない。鳥のさえずり、牛の鳴き声が遠く近くに聞こえてくるような、まさに野中の一軒家（テント）なのであった。その狭いテントの中、淡いランプの燈火の下で額を寄せ合い、侃々諤々の議論と原稿の読み合せである。遠慮会釈もない声高かな批判と反論、しかしその後は、持ち込んできた一升瓶の酒盛り。こうして和気藹々の中で編集作業が続けられ夜が更けていった。

『中国近現代史』編集時の議論

さて談論風発は良いけれど、ここでの何が議論の焦点だったのか。一つは「近代史と現代史との区分」、いわゆる時代区分論の蒸し返しだ。今一つは、現代史をどこまで追究するか、換言すれば、現在進行形で動いている政治社会状況を追って、どこでストップするかという極めて微妙で複雑な問題である。時期区分の方は我々が懸命に議論するまでもなく基本的にはアヘン戦争から「辛亥革命から五四運動を経て国民政府の成立まで」との共通認識である（叙述の分量の関係で上下巻にその形は表されていない）。より大きな問題は、どこまで叙述を伸ばせるかである。

頃は文化大革命終了後ではあるが、その後の「林彪事件」、さらにその後の「批林批孔」運動ありで、八一年に至っていわゆる「歴史決議」が出されて毛沢東や中国革命、それに文化大革命も批判の対象となってはいたが、政治状況はまだ流動的で、これを叙述の対象とすべきかどうかが難しいところだった。文革を評価してきた日本の研究者も多く、その方たちはまだ自己批判していない時期で、歴史評価の逆転という事態もありうるわけだから、我々が尻込みするのも理由がないわけではなかった。しかしそこは文革にも少壮気鋭の批判的な若手研究者の集まりだ。エイヤッとばかりに現代・現状をも踏まえたというか踏み込んだ叙述へと決断したものである。今から思えば、修正を施さないといけないところも多々あるやにも感じるが、しかし恥をかくようなところはないと信じている。

そうした点では、その後に書かれた『中国20世紀史』（一九九三年）の方は比較的に気楽だったように感じる。こちらの方は、あまり専門的ではなくもっと簡潔に、大学教科書的に一冊にしたらどうかという話になった。これもまた渡邊さんに尻を叩かれながらだが、執筆陣には前著で手助けしてくれた若手の研究者が参加してくれ、一応私が主編者という形ではあるが、『近現代史』ほどの苦労はしなかったように思う。また出版会にも若い編集陣が育ってきており、渡邊さんも気楽に眺めていたようだった。

おわりに――合宿好きの功罪

ところで例えば東大出版会刊行の上記二部を一人で書いてみろと言われたら、もちろん私にはできないことであって、さてこそ協同作業の威力が発揮できたわけであるが、他方、多数者で手分けしてやるとなると、また別の難しい問題が生じる。執筆だけでなく編集・監修ということが問題になるからだ。私のような非才が主編者になるなんて、本来ならとてものことにはありえないことだが、そこはひとえに友人、学友の支援協力に頼ることになる。本書もまたそのようにして結晶化した作品であった。合宿はその余徳とも言うべき作業工程であろう。

それに味をしめたわけではないが、次に合宿をやって刊行したのがジョナサン・スペンス、アンピン・チン編『中国の世紀』の日本語版出版（一九九八年、大月書店）であった。なにしろそれは英語版の翻訳出版である。大月書店も出版権を落札したのは良いが、その刊行には苦慮したことだろう。

大月書店からその監修を依頼された時は、実際びっくり仰天してしまった。なんで私が！？　というのが率直な感覚だった。人様のお仕事の中でも、英語版のそれを多人数で翻訳出版するともなれば、語学力はもちろんのこと、その翻訳を監修するというのは大変なことだろうと、常々思っていたことである。ところがこともあろうに、それが私に回って来るなんて夢にも思わなかったことである。多分、東大出版会の仕事ぶりが、大月書店側に認識されていて、それでお鉢が回ってきたに違いないと思った。その意味では出版会に感謝したのはもちろんだが、さあ困った。語学力のない私の事だ。大月側は、翻訳は若い研究者に委ね、先生は日本語の文章と歴史事実についての確認をしっかりやってくれれば良いと、割に気楽に言ってくれたもので、それでこちらも気楽に乗ってしまった。さあ大変、まず翻訳陣を集めること、次いでその人たちとの打ち合わせ、そして翻訳文の検討等など。そこでまたもや考え出したのが、合宿をやって一気にやり切るという「奥の手」である。実際この本も二、三回の合宿の成果であるが、その業績としての評価は、今は皆さん立派な研究者になっておられる若手の方々のものである。それというのも、実は後日、アメリカに行って著者のジョナサン・スペンスさんにお会いして歓談した際、謝意を表されるとともにお褒めに預かったわけだが、私としては汗顔の至りで、懸命に若手研究者を褒めたたえたものである。ついでに言えば、本書について私が自慢できるのは、献辞を誰にお願いするかとなった時、故郷の神戸の先輩である陳舜臣さんにと推薦して、それが実現したくらいなものである。

今はもう遠い昔話、東大出版会の二部の作品の執筆者たちも著名な学者研究者になられたり鬼籍に入られている方も居られるし、大月書店の本の翻訳者たちはみなさん第一線でご活躍なさっておられる方々ばかりで、老兵となった私ごときが出しゃばる時代ではなくなった。それを思うと、合宿というのは和気藹々と楽しくやっただけでなく、お互いに現実の政治社会状況や当面の生活の事やら、将来への希望期待などをも交々忌憚なく語りあえて、それなりに各人が決意決心を披瀝することで己を励まし律する場になっていたのではないかと思う。その意味では、私一人の勝手な思い込みではあるが、自他ともに有意義な時空になっていたのではなかったかなと振り返るのであるが、同時に合宿による編集・執筆作業にも一つの陥穽があることにも気づかざるを得ない。それは慣れ合いに堕する危険性である。

じっくりと忌憚なく語り合うことによって、歴史事実、歴史認識に関して十分に理解しあい共有しあったと信じ込んだ瞬間、そこからすっぽりと抜け落ちてしまうものがあるかもしれないのである。この点をしっかりと認識してさえ居れば、後は主編者を設定し、執筆分担者を決め、それにしたがって各人がそれぞれ独自に（勝手に）執筆し、各人がそれぞれに読み合わせしてできあがる作品に比べれば、「合宿の功」は大きい。しかしその場合は、当然のことながら主編者の負担と責任はより大きくなるだろう。そのことを承知の上で、私ごときを主編者にして合宿までもって行って『中国近現代史』という大作をものした東大出版会の思い切りの良さ、私たちの尻を叩いてそれを実現した渡邊さんの決意決断を、今更ながらに感心し感謝の念を改めて噛みしめるのである。

〔ひめた・みつよし　一九三七年一〇月生まれ。中央大学名誉教授。〔著書〕『中国現代史の争点政治闘争と「歴史の書き換え」』日中出版、一九七七年、『中国——民主化運動の歴史』青木書店、一九九〇年、『戦後中国国民政府史の研究1945〜1949年』中央大学出版部、二〇〇一年〕

日本紡績業史研究の到達点　『近代日本綿業と中国』

高村　直助

執筆刊行の頃

東京大学出版会の大江治一郎さんから、文学部史学関係教師の特殊講義をシリーズとして出して行きたいとの依頼を受けたのは、一九七七、八年の両年度に、「日本綿業と中国」と題して特殊講義を行っていた時期であった。

一九七二年の国交正常化に続いて、七八年には平和友好条約が締結されるという、日中関係が大きく動いた時代であり、私の研究は、できれば専門外の人にも読んでもらえるような形で世に問いたい、という漠然とした気持ちがあった。そこに舞い込んできた話であったから、文字通り「渡りに舟」と快諾したのであった。

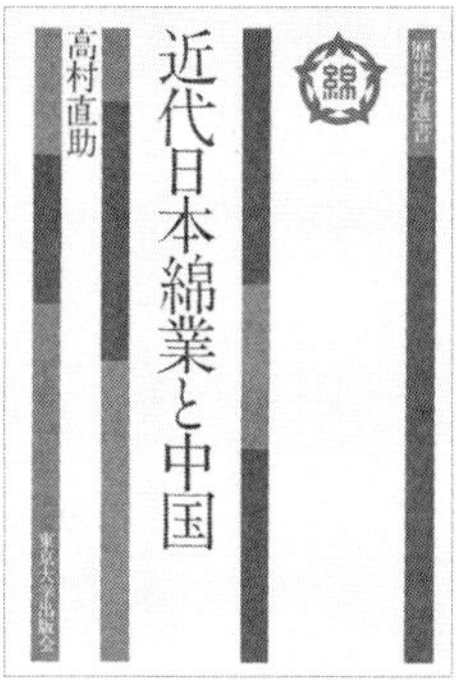

1982年刊

講義を全面的に見直しながら、なるべく早く原稿をまとめるつもりであった。ところが、たまたま八〇年度、柴田三千雄学部長から総長補佐を依頼されてしまった。当時は、東大百年事業反対運動が根強く続いており、それへの対応に追われそうなので、約束を一年延ばしたいと大江さんに伝えた記憶がある。事実、その一年間は裏方として空しく奔走する一年になった。

予定から遅れて何とか書き上げ、替わって担当になっていた渡邊勲さんに原稿を渡したのは八一年の秋ごろであったと思う。本書「あとがき」では、「当初の予定からはかなり遅くなってしまったが、ともかくも本書をまとめることができたのは、東京大学出版会の渡邊勲氏の辛抱強くかつさりげない督励のおかげである」と記している。

ただその時の渡邊さんの反応は、ちょっと意外そうであった。あるいは「督励」の過程で、弁解の多い遅筆の難物だと思われていたのかもしれない。

製作過程は順調で、一九八二年六月に本書を刊行することができた。帯には、「〃綿業〃を軸に描き出される日中関係一〇〇年の軌跡」、「在華紡の運命」とあり、「歴史学選書」既刊は、西洋史二冊、東洋史二冊、日本史一冊と記されており、私の本が六冊目ということになる。

紡績業史への取り組みと『日本紡績業史序説』

本書のテーマは、大学院時代からの日本紡績業史研究の一つの到達点であった。

日本経済史の研究者を志した時、日本資本主義の形成過程を自分なりに解明して納得したいという思いがあった。一九六〇年頃には、明治大正あたりの経済史研究はまだあまり進んでおらず、日本資本主義と言えば、戦前以来の研究で、いわば国家が中軸になったようなイメージが一般であるように思われた。しかし資本主義である以上は、私的資本が中軸でなければおかしいというのが私の信念ないし思い込みであり、日本資本主義形成・発展の中軸はイギリスと同じく綿紡績業に違いないと思っていた。

すでに紡績業史研究はいくつかあったものの、まだ手紡ぎ段階にあった綿糸製造分野に、突然機械生産が現れて急速に普及していったという「不思議さ」を解き明かすような研究には巡り会えなかった。

そこで、同時代の目線に立って、一八八〇年代半ばに、最初の一万錘紡績である大阪紡績会社が如何に誕生して、どのように多くの出資者を募り、当初から利益を上げられるような仕組みを作ったのかということを解明してみたのが、一九六一年末にまとめた私の修士論文であった。

次いで、対象を第一次大戦勃発頃までの時期に至る有力紡績会社群に広げ、形成・確立・独占形成の過程と各時点の紡績資本の再生産構造を分析したのが、『日本紡績業史序説』上・下（塙書房、一九七一年十・十一月）である。幸い、同書に対して日経・経済図書文化賞を与えて頂いたことは、大変名誉なことであり、文学部出身者が経済史をやっているということに、何となく引け目を感じていた自身に、それなりに自信を持つことが出来るようになった。

『序説』以後

序説を書き上げた後、次なる課題として横と縦の二つの課題が念頭にあった。横の課題は、本来の目的に沿い、紡績業研究を横に広げて日本資本主義の形成と発展をとらえてみることであり、その試みをまとめたのが『日本資本主義史論――産業資本・帝国主義・独占資本』(ミネルヴァ書房、一九八〇年四月)であった。

いま一つ縦の課題は、第一次大戦以降の紡績業の展開過程を追究することであった。しかし、一次資料はあまり期待できず、さらに、これまで多くを依存した各社「営業報告書」、『紡績連合会月報』や各種経済雑誌ともに、企業が内部情報の公開を避ける傾向を反映して、ありきたりの情報や統計しか記載しない傾向が強くなっているように思われた。のちに大石嘉一郎編『日本帝国主義史』1~3(東京大学出版会、一九八五年一月―九四年一二月)でごく概説的なものは書いたが、立ち入った研究の意欲は湧かなかった。

そういうなかで、これだけはやっておきたい、資料も探せばそれなりにありそうだと考えたのが在華紡、つまり、日本資本が中国において所有・経営した紡績業の歴史である。第一次大戦後に有力会社は次々に中国に紡績工場を開設し、中国関内においては最大の日本企業群に成長していった。ところが、中国東北に進出した南満州鉄道についてはよく知られており、研究も少なくないのに、在華紡は研究が少ないという以前に、そもそも一般にほとんど知られていなかった。しかし、一九三六年時点で中国関内への日本の直接事業投資額の三分の一以上を在華紡が占めていたのであり、日中間の対立の舞台にもなったのである。紡績業史に首をつっこんだ以上、在華紡の歴史は自分がやらねばと考えたのである。

未使用の資料も探せば可能性があるように思われた。資料の探索中に山崎広明さんと出会ったのも幸運であり、共同調査を進める中で在華日本紡績同業会の資料を発見することもできた。山崎さんは『社会科学研究』第二十八巻第四・五合併号（一九七七年三月）に戦時期華北在華紡についての論文を発表されている。

『近代日本綿業と中国』

さて本書の内容である。全体として特に留意したのは次の三点である。①一九世紀中葉からの前史を含め二〇世紀半ばの敗戦による在華紡崩壊までの通史とすること。②在華紡の利潤・利潤率を追跡すること。これによって、国内紡、民族紡との比較、内外の状況変化の影響の客観的測定が可能になろう。③これまで手薄であった戦時期を、極力詳しく解明すること。

全体の概略は次の通りである。

第Ⅰ編「日・中綿業の再編成」は在華紡の前史である。

一九世紀中葉にイギリス綿業の市場に編入されたインド・中国・日本は、それぞれどのように対応したのか。日本では、輸入綿糸による綿織物業の問屋制家内工業への再編を前提として、一八八〇年代に輸入機械による紡績会社が形成される（第一章「世界市場への編入と対応」）。

機械化で先行したインドからの輸入綿糸に対抗し、中国・インド綿花を原料として輸入して、製品綿糸の中国輸出を増加させて、九〇年代末に紡績業は確立した。二〇世紀に入ると、国内市場はカルテル活動で調節しつつ、ダンピングをも武器として中国市場への綿糸布輸出を拡大して、第一次大戦勃発頃に独占を確立する（第二章「中国市場と日本紡績業」）。

第Ⅱ編「在華紡の形成と発展」では、一九二〇年代に至る在華紡の形成・発展を明らかにした。二〇世紀に入ると、不平等条約を前提に、綿関係品取引の実績を持つ貿易商社が、中国での紡績経営に進出したが、国内紡績業はむしろ綿製品輸出市場として中国を位置づけていた（第三章「二〇世紀初頭における貿易商社の進出」）。

第一次大戦好況を経て、日本の賃金水準は、中国より高い生産性でもカバーし得ないほどに上昇して輸出綿糸の競争力が低下したことから、独占利潤を蓄積してきた紡績業は、過剰資本を中国に現物出資する道に進んだ（第四章「第一次大戦後における紡績会社の進出」）。戦後には、有力紡績各社が雪崩を打って在華工場を開設し、日中間対立の舞台を造成しながら、民族運動と民族紡績に対抗しつつ発展した（第五章「民族紡・民族運動との対抗」）。

一九三〇年の推計では、中国の綿布需要において、原料綿糸と製品綿布を合わせると四分の一（日本からの輸入を加えると三分の二）を占めるに至った。在華紡経営は合理性と組織性を極力貫き、生産・流通・金融のいずれの面でも民族紡に対して優位に立った（第六章「在華紡の経営」）。

第Ⅲ編「在華紡の中国市場制覇と崩壊」は、満州事変から太平洋戦争敗北に至る在華紡の展開を跡づけた。

満州事変が勃発すると、軍事・政治・経済の激変に、在華紡の経営成績は大きく左右されるが、軍の支援のもと華北への進出を強め、三六年には中国綿布需要の半ばを掌握するに至った（第七章「満州事変と華北進出」）。

日中戦争勃発で損傷した設備をほぼ同規模に復旧した在華紡は、統制によって縮小に転じた内地紡績の三割の規模を持つようになり、軍管理・委任経営工場や買収・合弁の形で民族紡のほぼ三分の二を支配した。四〇年前後には、資本輸出は当初の期待をも上回る大きな「果実」をもたらすようになった（第八章「日中戦争と中国市場制覇」）。

太平洋戦争が始まると、綿糸布統制が四二年を転機に強化される一方、棉花の調達は困難化して行き、ついには紡績機械の供出という事態に至った。貨幣価値変動の影響を除いた実質利潤は低下傾向に転じ、各社は「時局産業」への投資を試みて行くが、敗戦の結果、すべての設備は中国側に接収され、在華紡はその歴史を閉じることになる（第九章「太平洋戦争と崩壊」）。

本書に対しては次の各氏による書評が発表された。中村隆英（『日本経済研究センター会報』第四二七号、一九八二年一一月一日）、西川博史（『社会経済史学』第四十九巻第一号、八三年四月）、久保亨（『史学雑誌』第九十二編第六号、八三年六月）、桑原哲也（『経営史学』第十九巻第三号、八四年一〇月）、古田和子（『アジア研究』第三十二巻第一号、八五年四月）。

幸いにも、在華紡の最初の本格的通史である、日中経済関係史に貴重な貢献をしたと言ったお褒めの言葉をいただくことができた。一方で、好成績の民族紡の存在を軽視している（久保）、近代中国史に与えた在華紡の影響が不明である（古田）、原料綿花コストに関する分析が極めて弱い（中村、古田）などの指摘を受けた。いずれも不十分さを認めざるを得ない。

「復権」まで

歴史に関する日中学術交流については、私の知見は乏しいが、一九八一年に辛亥革命七十周年を記念して東京で、八七年には盧溝橋事件五十周年を記念して京都と東京で、国際シンポジウムが開催された。私は後者の東京シンポで、「日中戦争と在華紡」と題する報告をし、在華紡の動向が現実の日中関係に及ぼした影響と紡績関係者の認識・意識とのズレの存在を解明した（井上清・衛藤瀋吉編著『日中戦争と日中関係』原書房、一九八八年九月）。

さて本書のことである。刊行部数は三千部であったが、売れ行きはまずまずではないかと思っていたのは、著者の欲目であったらしい。あれはいつだったたか、私としては突然に、在庫を処分しましたという通知を受けた。それはショックであったが、実は手元に余部がまったくなかったので、せめて事前に連絡してくれれば一〇部くらいは買い取ったのに、と悔しい思いをした。あとで聞いたところでは、処分したのは九七部だったとのことである。

しかし本書の運はこれで尽きた訳ではなかった。私の現職時代、韓国から東洋史学科に留学していた金志煥氏が、大変熱心に在華紡を調べていた。私が見ていない雑誌などから記事を見付けて、文字通り毎週「原稿を読んでください」と研究室を訪ねてきた。その熱意に打たれて、読んではコメントを繰り返した。金さんはその後、中国にも行って研究を進めたが、東大出版会の許諾も得て訳書『日本企業の中国進出』（新書苑、二〇〇五年一二月）を刊行した。近年の便りでは仁川大学校で教鞭を執っているとのことである。その後、二〇一三年に中国の中華書局から、翻訳出版の打診が東大出版会にあったようだが、これは実現しなかったようである。

近年になって大変嬉しかったのは、「書物復権」の一環として、本書が二〇一二年五月、実に三〇年ぶりに二刷として「復権」したことである。ただし、果たして売れているのかどうか、これは怖くて聞けないでいる。

おかげで一つ、私としては長年の宿題を果たすことができた。実は冒頭の口絵写真に私の選択ミスがあった。内外綿会社の上海進出を主導した取締役川邨利兵衛の顔写真を、やはり重役になった二代目と取り違えて掲載していたのである。刊行の翌月、関西学院大学教授であった御子孫の方から指摘されていたのだが、やっと差し替えることができたのであった。

（たかむら・なおすけ　一九三六年一〇月生まれ。東京大学名誉教授。〔著書〕『日本紡績業史序説』塙書房、一九七〇年、『日本資本主義史論——産業資本・帝国主義・独占資本』ミネルヴァ書房、一九八〇年、『永井尚志　皇国のため徳川家のため』（日本評伝選）ミネルヴァ書房、二〇一五年）

近世史研究と都市史『日本近世都市論』

松本　四郎

1　「自著」の成り立ち

一九七〇年度歴史学研究会の近世史部会で私は「幕末維新期における都市と階級闘争」という報告を行なっている。江戸の都市構造を全面に出し、慶応二年の打ちこわしと関連付けたものである。のちにこの報告は、都市構造を階級闘争に収斂させて説明しようとしている、と批判されたが、そんなことはない。それは同時期に出した「幕末維新期の都市の構造」（『三井文庫論叢』四、一九七〇年）を見れば一目瞭然である。住民諸階層の存在形態を地域的な特徴と関連付け、それをふまえて都市域の拡大と周辺農村の関係、武士身分の解体にも目配りし、さらに住民の生活維持の方策などにも強い関心を持っていることを示しているからである。

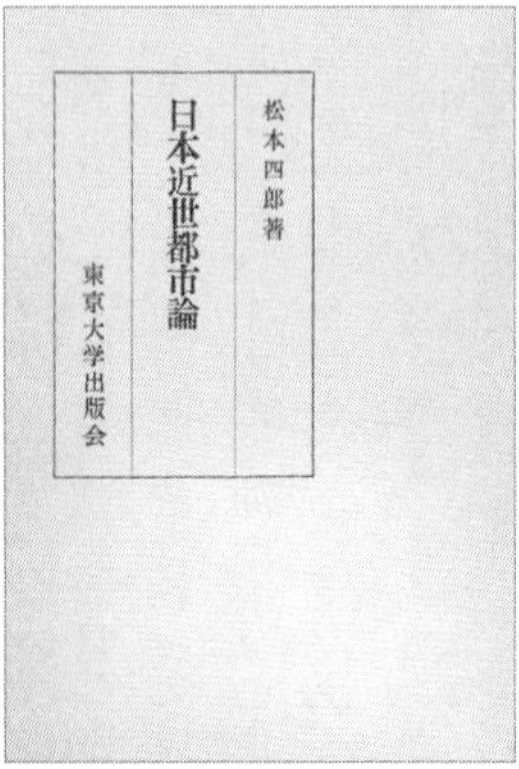

1983年刊

この二つの論文は、近世都市の研究に一定度の刺激を与えたと思っている。それは吉田伸之さんが歴研報告の直後に東大国史学の演習で、山口啓二さんがこの論文を紹介されたことを記していることに窺える（『歴史評論』七〇四号）が、このことだけを挙げておけばいいだろう。ここで書いておきたいことは、この論文の背景に何があったのかということである。この点については、「都市史研究を始めたころのこと」（『年報都市史研究』一〇号）などに書いてきたので省略するが、①近世都市研究の研究史の延長線上に出来たものではなく、②近代日本を肯定する明治百年祭に対抗して民衆の立場からの明治維新像を提示しようとした共同研究の一つであった。

こうした背景があったから、幕末維新期の都市をどうとらえるか、という点では苦労した。これまでの近世都市の研究史を土台にして展開することは出来なかったことである。当然、近世史以外の学問分野にまで広げることになった。一つは、歴史地理学の矢守一彦さんの城下町研究には学ぶべきものがあった。矢守さんの『都市プランの研究』（一九七〇年）や『幕藩社会の地域構造』（一九七〇年）は、城下町研究を俯瞰する上で有益であった。矢守さんの仕事は史料考証や結論に至るプロセスがわかりやすく、近世史家としても安心して読める文献であった。また、時系列を重視するだけでなく、それを念頭に置きながら、地域や単位の面的構成を重視することの必要性を教えてくれた。地域の組み立ての上に全体を描く手法などはいつの間にか、矢守さんから教わったように思う。

二つめとして、都市史の先行する業績を挙げなければならないだろうが、前述したように近世都市についての研究史を検討した記憶がない。むしろ、近世史の中の農村史研究の手法から学ぶところが大きかったと思っている、あるいは民衆史の視点といってよいかもしれない。日常的に交流がある、近世史研究をやっている仲間たちから学んだことである。この仲間たちと議論をし、史料調査をしていて、階層分析、地域構成、階級闘争などのキーワードが有効であるという認識を持っていったと思う。それを都市分析をしたさいに応用するのは当然のことであった。特定の分野の研究者とか、学風を継承するというのではなく、あくまでも身についていた近世の農村史、民衆史研究の手法に影響を受けて自分の近世都市史の研究を始めていったといえるのである。江戸といった大都市の構造分析をするさい、宅地規模のデータとか、借家率をもとにした空間構成の地域性なども近世史研究のなかで、民衆生活への関心の強さから、当然のように導き出された手法である。研究の出発点から、都市史についての理論的な裏づけとか、枠組みがあった訳ではない。あくまでも近世史研究を続けていくなかで、その延長線上で構築した視点とか分析であったのである。

このほか、西洋史の中世都市研究の成果を積極的に吸収しているわけではない。序章にヨーロッパの中世都市に関する研究動向には触れているが、具体的な研究成果を吸収したということはない。また、建築史の分野での研究成果を援用することはなかったといってよい。当初当然のように建築史の成果を求めて文献類を渉猟したこともあったが、諦めるしかなかった。西川幸治さんの『日本都市史研究』(一九七二年)もまだ刊行されていないし、ましてや玉井哲雄さんの『江戸町人地に関する研究』(一九七七年)も出ていない段階である。従って都市空間に着目しての近世都市論などを展開することはできない相談であった。

前述したように、歴研大会報告などの二論文と「幕末維新期に於ける都市支配の状況と打ちこわし」（一九七二年）を出した後で江戸をフィールドにした研究をやめ、大坂や各地の城下町研究に移行している。自分としては各論になる部分として、もう少し地域的な構造分析などをやりたかった。たとえば、安政の大地震などと本所・深川の地域を結び付けて考えたかった。ただ、その代わりに『大系日本国家史　3近世』（一九七五年）の論文とか、『岩波講座日本歴史』に収録された論文（一九七六年）を作ることができたともいえる。

なお、近世都市に関する研究史はあまり継承する意識はなかったと記したが、このころになると小野晃嗣（均）さんの『近世城下町の研究』（一九二八年）などをよく読むようになった。このあたりのことは前述した「都市史研究をはじめたころのこと」に記しておいた。

このように、幕末維新期、近世前期、近世中後期と近世都市史にかんする論文がまがりなりにも揃ったところで一冊に纏めることを考え、『日本近世都市論』（一九八三年）として刊行することにした。ただ指摘しておきたいことは、この本に収録するにあたり、もとの論文にかなり手を入れたことである。今回改めて通読して感じたことは、章によっては変えていないところもあるが、大幅に再構成しているところがあることを再確認した。場合によっては別論文になっているといわれても仕方がないのもある。基本的に論旨や史料評価を変えるようなことはしていないつもりだが、全体を貫く論調を「なぜ近世都市の住民の結集が困難なのか」（あとがき）、あるいは住民生活を維持していくだけの都市的基盤（共同消費的施設）が弱体なこと、つまり日本の都市の持つ、自治を求める力の弱さ、難しさという点を強く打ち出したということである。これはやはり当時の社会情勢の反映ともいえるかもしれない。京都をはじめ、大阪、東京と続く革新自治体の誕生に共感しつつ、足もとの部分の運動の弱さに懸念をもっていたことを記憶している。それと、全体の総合性、通史的叙述を重視している点はうかがえる。たとえば第一章の「都市域の拡大と住民」を加え、第五章でも同じタイトルの節を冒頭に置いている。三都のうちでふれていなかった江戸の状況を説明したり、あるいは江戸全体の社会経済的状況を本論部分の前に加えている。いずれも、本として纏めるときに必要な内容であり、作業だと判断しての加除訂正の部分と判断している。

ただ、こうした加除訂正について吉田伸之さんが『歴史評論』七五〇号（二〇一二年一〇月）掲載の「私の原点」に「都市下層社会研究への旅立ち――松本四郎氏の幕末維新期江戸研究に学ぶ」を寄稿され、『日本近世都市論』にふれて次のように記している。

松本氏の論文集『日本近世都市論』（東京大学出版会、一九八三年）では二論文が発表時当初の原形をほとんどとどめないかたちで再構成されている。こうした再構成は大変な努力を必要とするのであろうが、率直に言ってその結果は、初出時の論文から得られたシャープな印象が弱まり、同時に開拓的研究に固有の熱気が消え失せてしまったような気がする。

この二論文というのは前出の、一九七〇年歴研近世部会報告と『三井文庫論叢』四号の論文である。もちろん書き直しなどしないで、もとの論文のままで出すこともありうると思う。吉田伸之さんの著作はすべてもとの論文には手を入れないで本にしている。初出時の個々の論文としてより、一冊の本として出す場合の総合性などを重く考え、加除訂正に踏み切ったということは前述した通りである。

2　いま近世都市史で考えていること

『日本近世都市論』刊行以後、吉田伸之さんらの主導のもとに都市研究は大きく発展したことは周知のことである。これらについて一々ここで論評を加える気はない。いま求められていることは、『日本近世都市論』の著者として、その後の経緯を含めて、近世都市研究についていま何を考えているのか、ということである。

いま強く意識していることは、農村を含めた地域史的な視点からの都市史研究である。一つは、地域の中で独自の発展を遂げる存在としてであり、二つには、異なるタイプの都市が地域のなかで結合し、どういう地域を作り出しているのかということである。共通するのは巨大都市のミニチュア版としての地方都市ではなく、地域独自の性格を持った都市群の存在で、その上に、あるいは並存して巨大都市が存立するという構図である。もちろん、都市基盤の分析方法に違いがあるわけではないが、置かれた諸条件、政治や経済などに、それぞれ独自の条件があるからだ。

これまで、前者の仕事としては『町場の近代史』（二〇〇一年）がある。この本は題名通り近代史を描いたもので、近世史のものでない。ただ、筆者にとっては地域への視点を明確にした著作で、かつ愛着のある一冊である。ここでは地域の中の町場の存在形態を見たうえで、経済発展の方向を、一つは財閥資本の鉱山経営との関わりに、二つは近世以来の町場が作った会社経営に見出している。後者は特に重要で、「財閥や国家資本による経済発展との関わりでなく、近世的な経済発展の一つの帰結としての町場で、株式会社化の独自の展開が見られた」と主張し、「地域は、ややもすれば全体と部分の下位に、あるシェーマの中での論証の場といった位置づけにどうしてもなってしまうのではないか。地域の個別性は、もっと多様なものであるはずだ」と記している。

もう一つは、城下町以外の地域のなかの別の都市群を検討し、併存、あるいは補完の関係を論じたもので、どのような地域独自の性格を見ることができるのか、ということである。かつて刊行した『幕末維新期の都市と経済』（二〇〇七年）に収録した論文を見ても、総論部分に当たる第一章では、年貢米を軸にした城下町の経済と、特産品を活発に流通させている湊町などとを対比的に描き、その上で第二章に城下町研究としての幕末期の城下町（佐賀）住民の存在形態を分析し、さらに第五章では宿場町・湊町（四日市）の構造と商品流通を関連させている。ただ、これらは地域の違う都市を、テーマにそって個別的に論じたものといえる。

同じ地域（領国）のなかで、城下町だけでなく、湊町や在町などがどう関わっているのだろうかと思い、最近は同じ地域の中の複数の都市を検証するようになった。以下の記述は未発表論文であるが、その概要を示すと次の通りである。奥州南部領をフィールドにしている。①盛岡の町々は近世初頭から南部藩の「御町」として位置づけられている。②城下の町々はほぼ表口七間、裏行二〇間の地面（一軒役）を割り渡され、領主御用や伝馬役の負担をしている。③城下町々の成立は、海産物などを商う市の開催と深く結びついている。④城下町々は寛永―天明期にかけて、諸街道の出入り口などに家数が増加し、新しい町々ができている。⑤延宝期に出来た新しい町の一つである八幡町には八幡宮の祭礼神事の一環として芝居興行や見世物などで賑わいをみせている。⑥城下全体に広がりだした芸能興行だけでなく、博奕や茶屋遊びが常態化し、「御町」が変質し、制度としての町とは別に若者組や親方の活動が目立つ町々になっていった。⑦こうした町々は前出④の町々と重なり賑わいの町が稼ぎの場となっていった。⑧藩は財政資金を得るため城下周辺に荷物改め所を前出④の町々周辺に置き、商人たちの問屋化の動きが強まると「相対」の立場を要求する、生産地と対立した。⑨盛岡の商人は穀類の流通を掌握し、塩などの海産物と合わせて問屋化し、市商業を形骸化していった。

他方、同じ領内の遠野は、①筆頭家老の八戸氏の城地で、多くの家臣が居住する小城下町であった。「近世遠野の都市的性格」（二〇一六年）で、②山奥には珍しい繁華な市の立つ町場でもあった。③町の中の百姓の多さと市商業の関わりがベースになり、④街道に面して表口三・五間の半軒役の家が多く、七間以上の家は多くない。⑤百姓の家には借家ができ、渡世を営んでいる。⑥元禄期には市が衰退し、常見世（店舗）が登場してくる。⑦地域の特産品（肴や塩）を扱う小商人が数多く、⑧

藩政と癒着する城下町商人との対立などを論じている。

こうした城下町や町場を含めて、この地域の性格をどう見たらいいのだろうか。南部領について強く感じるところは、凶作や飢饉の頻発、あるいは収奪が厳しく百姓一揆が多いということである。しかし、反面で海産物の流通、駄賃稼ぎなどが展開し、いくつかの町場を形成したことも事実である。年貢米に強く依存している城下町という面だけでなく、遠野や宮古のように特産品の経済に関わった町場の展開に影響を受け、城下町としても変化せざるをえなくなっていたことを見落としてはならないだろう。その上で、改めて生存の崖っぷちに追い詰められている漁民や農民の目線から城下町などの存在意義が改めて問われているといってよいように思う。

こんなことを考えながら、近世都市の研究を続けている。

〔まつもと・しろう　一九三二年九月生まれ。都留文科大学名誉教授。〔著書〕『東京の歴史　大江戸・大東京史跡見学』岩波ジュニア新書、一九八八年、『町場の近代史』岩田書院、二〇〇一年、『幕末維新期の都市と経済』校倉書房、二〇〇七年、『城下町』（日本歴史叢書）吉川弘文館、二〇一三年〕

孤独な闘いの十年、そして今 『フランス帝国主義とアジア』

権上 康男

本書は学派やイデオロギーが力を失い始めた時代における歴史研究の成果である

一九六〇年代末までは、洋の東西を問わず、学派やイデオロギーが人文・社会科学系の研究者に有形無形の影響を及ぼしていた。その背景には主に二つの事情があった。一つは冷戦体制という時代状況である。いま一つは、研究者人口も研究職のポストも未だ少なく、学術研究の世界はどの分野も多かれ少なかれ閉鎖的な世界であったという事情である。

1985年刊

学派内には問題意識やアプローチを共有する研究者が多く、先行研究の蓄積もある。また、学派間では論争が行われている。それだけに、学派は若手研究者のトレーニングの場としては好適であった。だがその反面、問題もあった。研究の方向性や結論の大枠があらかじめ決まっていることから、研究は予定調和的なものになりやすい。言い換えれば、自由な発想にもとづく研究が生まれにくく、ともすればモラル・ハザードの温床になるリスクが潜んでいた。

私が大学院に進学したのは一九六四年である。当時、学派は依然として強い力を持っており、私は大塚史学に身を置いた。大塚史学とは、東京大学の大塚久雄、高橋幸八郎、松田智雄の三教授とその周辺に形成された、英、仏、独三国を中心とする近代資本主義発達史の比較研究の流れである。明示的ではなかったが、この流れは近代日本の成立ちを批判的に検証するという、強烈な問題意識によって支えられていた。私は修士論文のテーマにアンシァン・レジーム末期のフランス農村工業を選んだ。理由は簡単である。私に許されたテーマ選択の幅が狭く、また利用可能な情報源が第二次文献に限られていたことから、これ以外に事実上選択肢がなかったのである。

大塚史学は日本における社会科学の発達に大きく貢献した。これは紛れもない事実である。しかし大学院で研究を進める過程で、私は時代と大塚史学の間に埋めがたいギャップが生じていることをごく自然に感じ取っていた。このため、いかにして自分の時代にふさわしい研究テーマ、手法を見つけるか、つまり、どうしたら自分なりに現在と過去との対話ができるかを、自問しつづけた。

今にして思えば、これは私だけではなかったようである。大塚久雄先生自身が当時、「横倒しにされた世界史」という表現を使って南北問題を世界史のなかに位置づけようとしていた。先生も自らの近代イギリス経済史研究と現在との接点を探しておられたのであろう。

学派もイデオロギーも、一九七〇年代に入ると次第に大半の国で力を失う。その契機となったのは一九六八―六九年に世界を吹き荒れた若者たちの「異議申立て」運動と、それに随伴して展開した

「文化革命」である。この運動の起点は一九六八年五月にパリで発生した「五月危機」にあるが、フランスの研究者たちは今日、この危機を文化革命——たとえば、高等教育の大衆化、学術研究の民主化——に道を開いた歴史的事件として、現代史のなかに位置づけている。文化革命は国際政治における米ソおよび欧州のデタントの進展とあいまって、学派やイデオロギーを無力化する方向に作用したと考えられる。私の『フランス帝国主義とアジア』は、こうした現代史の転換期に進められた研究の成果である。

どのようにして私は学派やイデオロギーから自由になれたか

私が大学院時代の悩みと苦しみから解放されたのは比較的早かった。「フランス帝国主義とアジア」の研究に着手する以前に、私は事実上、学派からもイデオロギーからも解放されていた。それは一九六八年秋にパリ大学に留学したおかげである。

留学先で私は研究テーマを一九世紀末のフランス国家による地方鉄道建設（「フレシネ・プラン」）に移した。確固とした見通しがあったわけでもないのに、時代とテーマを大きく変えるのは明らかに無謀である。しかし当時の私は、特別なこととは思わなかった。「異議申立て運動」を担った若者たちと同じ血が、多少なりと私の体内を流れていたのかもしれない。

指導教官ジャン・ブーヴィエは一九六九年一月、フランス国立図書館近くのカフェで、初対面の私に開口一番こう言った。「私はコミュニストです。でも、ひとたび図書館に入るとそのことを忘れます。」私の主な研究の場は図書館ではなく歴史文書館になったが、ブーヴィエ先生の言葉のように、史料（アーカイヴズ）と向き合うとき、私はきわめて自然に自由で開放的な気分になれた。私が読むことのできた史料群にはさまざまなアクターが登場し、彼らの多様な生きざまや行動と直接向き合えたからである。そこでは学派もイデオロギーも関係なかった。しかも、留学を終える際に私が仏語で書いた論文は彼の地の専門誌に掲載され、「国家を扱った最初の歴史研究」であるとして、望外の評価を得た。この経験は私に、自らの感性に忠実に研究しても問題が生じないことを教えてくれた。

一九七五年に私は二度目のフランス留学の機会に恵まれた。このときは、植民地経済史という新しい領域に挑んだ。この方が現在との対話がしやすいと思ったからである。折から、独立後の旧植民地地域の開発をめぐって、いわゆる「低開発問題」が浮上し、この問題とのかかわりで「多国籍企業」の存在が脚光を浴びつつあった。またアジアでは、ヴェトナム戦争（対米抗戦）が終結した直後であった。

私の研究が『フランス帝国主義とアジア』として結実したのは一九八五年と遅い。それでも、いざ出版となると、大きな不安に襲われた。日本における西洋経済史学の伝統から外れているとして全面否定されることを怖れたのである。そうした評価はなんとしても免れたい。この一心から、私は本書に二つの工夫をすることにした。まず、冒頭で書物の成り立ちを、個人的な経験をも含めて詳しく説明すること。編集を担当された渡邊勲氏の口から「先生、ずいぶん書き込みましたねえ」という言葉がついて出るほど、「序」が盛り沢山になったのはこのためである。次に、口絵に史料やインドシナ植民地の写真を載せることにより、私の研究作業の現場と、研究の舞台となったインドシナ植民地の実像を、読み手に視覚を通じて知ってもらうことである。口絵については、渡邊氏が無理を聴いてくれた。

こうした工夫が功を奏したのか、あるいは、この時までに学派もイデオロギーも消滅していたのか、私が危惧したようなことは起こらなかった。

本書で依拠した史料と、史料の持つ可能性

『フランス帝国主義とアジア』は、仏領インドシナの中央発券銀行、インドシナ銀行の一八七五年から第二次世界大戦前夜までの活動を軸に、フランス政府の対東アジア政策、植民地体制下インドシナの経済社会、インドシナ経済と周辺のアジア地域経済との関係、のそれぞれ歴史を扱っている。

この研究の基礎になっているのはインドシナ銀行に関連する文書類である。それらは当時利用可能になったばかりであった。いうまでもなく、史料は歴史研究者にとって研究の基本的手段である。当然、研究者はおびただしい量の史料を読むことになる。しかし私の経験によると、実際に研究全体を方向づけ、結論を導くうえで決定的な意味をもつのは数十頁の文書、ときには数頁の文書である。それらにめぐり合ったときは、それこそ欣喜雀躍で、一週間は興奮が収まらない。

「フランス帝国主義とアジア」の研究では、そうした僥倖は、旧フランス植民地省の歴史文書室に入り、試読を目的にある文書箱を開いた際に訪れた。そこには一九三〇年代の恐慌期の文書が収めら

れており、そのなかの一冊のファイルが私の目に止まった。本国から派遣された、恐らくは若い、検査官が作成した報告書である。インドシナ銀行は一九二〇年代のブーム期に、「開発」の名のもとにヴェトナム人大地主を相手に大規模な貸出しを行った。しかし三〇年代に入ると、大口の貸出しの大半が焦げつき、同行は機能不全状態に陥った。中央発券銀行の危機は植民地体制そのものを揺るがす。このため本国政府は公的資金を投入し、本国の公的金融機関を介して地主債務の肩代わりを実施した。くだんの報告書は、この負債肩代わり業務に関するものであった。

地主たちは借り入れた資金を水田の投機的購入や遊興費に支出していた。それにもかかわらず、彼らは公的資金で救済されることになった。そうした実態を克明に分析したあとで、検査官は次のように記している。

博愛的な観点だけから見れば、行政の介入は決して正当化されるものではなかった。介入を支配したのは政治レヴェルの考慮だけであった。モラルは政治に勝てなかった。……不幸なことに何も変わらなかった。悪いことに、自らの不用意、浪費癖が危機を招いたというのに、地主の地位は保全された。結果として、彼らの力は強固になった。……かりに、若干の大農地が分割され、定額小作農が行政府から前貸しを受けて、たとえば賃借や購入によって小区画の農地に接近できたとすれば、土地変革——つまり、みじめな勤労大衆の境遇の改善を目的とする、きわめて望ましい土地変革——の実験を成就させることができたであろう。（『フランス帝国主義とアジア』

三四七頁)

私は後にも先にも、行政官がこれほど率直に自らの心情を吐露した公文書を見たことがない。ここに垣間見えるのは、ホブスンやレーニンの古典的帝国主義論からはうかがい知れない、何の加工も施されていない現実そのものである。私はこの研究になら自らの研究者人生をかけられると直感した。

この研究を始めたとき、私は為替も手形も銀行の機能も、貸借対照表や国際収支表の読み方も知らなかった。これは必ずしも私が不勉強だったからではない。私の周辺の研究者たちの多くは皆そうであった。金融関連の領域は物質的生産関係の上部に位置する構造であるとして、メジャーな研究対象とは見ない風潮が経済史学を支配していた。当時はそれでもとくに不都合はなかった。たしかに一ドル＝三六〇円の固定相場制は崩壊し、為替は変動するようになっていた。しかし、この新しい国際通貨制度のもとで、世界がどうつくり変えられるのかは未だ判然としなかった。資本の自由化は進んでおらず、経済は依然として、産業と国際貿易の上に聳え立つ伝統的な国民経済の枠内で基本的に完結するものと看做されていた。

それはともかく、通貨も金融も分からない私が、金貨圏と銀貨圏という異なる通貨圏にまたがって活動する銀行、しかも植民地中央発券銀行、という特殊な銀行を扱うことができたのは、ひとえに史料のおかげであった。金融や簿記会計に関するマニュアル類は私の研究にほとんど役に立たなかった。というのは、金融関連の用語は実務のなかに起源があり、関係する実務に通暁しない限り理解できないものが少なくないからである。それに、実務自体が変化することによって用語が死語となり、後世の人間には解読不能になる例もある。

私は用語や業務の仕組みに由来する実に多くの困難に遭遇したが、各種の史料を突き合わせることによって、これらの困難を基本的に克服できた。史料によって史料を読み解いたのである。本書は一九九三年に仏語に翻訳されパリで出版されたが、それに序文を寄せてくれた畏友パトリック・フリーダンソンは、用語の解読に悪戦苦闘した私を考古学者になぞらえている。史料は私にとって、どんなマニュアル類よりも優れた教師だったのである。

私はそのあとも継続的にフランスの公的歴史文書を利用してきた。そのような私から見ると、現代日本を対象とする経済史研究の将来はきわめて厳しい。公文書館法と情報公開法の成立前夜に、有力な中央諸官庁が歴史文書の大半をシュレッダーにかけてしまったからである。公文書の組織的廃棄は現在もつづいている。しかも困ったことに、メディアも国民の大半もそうした状況を知りながら、問題を事実上放置している。なぜそうなのか。その理由を合理的に説明した人を、私は知らない。ただ、問題が今に始まったことでないのは、はっきりしている。明治期に西欧の文物が持ち込まれた際、図書館制度が導入され、司書という専門職も設けられた。だが公文書館制度の導入は見送られた。このような国は世界でもめずらしいから、そこには当局者の意図が働いていたと見なければならない。この国の近代国家は、歴史研究にたいして閉ざされた存在として制度設計されていたのである。

とはいえ、公文書の保存をめぐる日本の現状が変わらずとも、歴史研究者にはなおやれることがある。公文書は重要であるとはいえ記述史料のすべてではないし、記述史料が歴史研究にとって唯一の情報源というわけでもない。それに、さまざまな情報源から隠された真実を炙り出すのも歴史研究者の重要な職務である。

本書で私は何を問題にし、何を明らかにしたことになるのか

私は『フランス帝国主義とアジア』には三つの特徴があると考える。第一に、矛盾に満ちた資本主義世界の歴史像を提示している。つまり、善意の個々人の力では動かすことのできない巨大な諸力が存在し、そうした諸力と多様な社会カテゴリーとの終わりの見えない格闘の過程として、歴史を描いたことになる。このような研究手法はその後の研究にも継承されており、私にとって常套的な手法になっている。ただし、それは「フランス帝国主義とアジア」の研究に始まるわけではない。というのは、私の最初の仏語論文（「フレシネ・プラン」）を読んだブーヴィエ先生が「とても弁証法的である」と評していたからである。私がいつ、どこで、こうした手法を身に着けたのかは自分でも分からない。恐らくは、私が最初に出会った社会科学であるマルクス主義から着想を得たのであろう。

第二の特徴は、歴史のなかで培われた文化や伝統の重みに光を当てていることである。西欧で開発された合理的な金融技術は、インドシナにも中国にも、そのままのかたちでは持ち込めなかった。歴史のなかで形成された社会組織や社会慣行、それらの背後に控える文化状況という、経済社会が拠って立つ岩盤は強固であった。それらを廃絶することはもとより、それらを組み換える、あるいはそれ

らに喰い込むことさえも不可能に近かった。結局、植民地当局も欧州系資本も、現地に根づいている諸制度、社会的諸関係および諸慣行に自らを合わせるしかなかった。そのため、植民地政策も植民地開発も、当局者たちの本来の意図に反して伝統社会を温存し、その内部の矛盾を拡大再生産する結果となったのである。

第三に、狭く限定された対象を扱っていても、常に経済社会の全体像を意識し、それとの関連で個別具体的な対象に迫ろうとしている。私にとって歴史研究とはアナル学派風に言えば「全体史」の研究であり、時々の権力の中枢に位置する人々と、その対極に位置する働く無名の大衆とを、同一の経済社会の構造的枠組みのなかに位置づけ、彼らを相互に関連させてとらえることである。本書の仏語版を読んだフランスの同学たちがとくに評価してくれたのも、まさにこの点であった。

こうした歴史のとらえ方は、私を育んでくれた大塚史学から受け継いだものである。私は先に学派から自由になれたと述べたが、それはあくまでも狭い意味の学派、あるいは外形上の学派のことであり、その基礎にある哲学や思想、あるいは科学方法論は含まれていない。大塚史学は私のなかに支柱として残っており、私はそのことを誇りに思っている。

歴史の全体像や経済社会の構造的把握にたいする関心は今日、歴史研究者の間で希薄になっているかに見える。学派が姿を消した後に、こうした傾向が学術研究の多くの分野に見られるのは興味深いことである。

「全体史」をめざしているとはいえ、私の研究は全体史とは言えない。記述史料に全面的に依拠しているからである。記述史料は情報源として重要ではあるものの情報源のすべてではない。当事者たちにとって自明であるか、関心の対象にならないような事柄は記録に残らない。そのことを気づかせてくれたのは、高田洋子氏のヴェトナム土地制度史に関する研究である。氏は一九九〇年代末から二〇〇〇年代初頭にかけて、現地で古老からの聞取り調査を実施した。氏はこの聞取り調査と記述史料から、植民地当局によるヴェトナム南部の水田開発にともなって、北部に居住していたヴェトナム人が次第に南下し、先住民のクメール人を追い払い、メコンデルタを占有するようになった事実を明らかにしている。私の旧著はフランス当局とヴェトナム人との関係を軸に植民地化の歴史を描いている。しかし高田氏によれば、フランス当局による植民地開発とヴェトナム人の南部入植＝クメール人の追放とは表裏の関係にあったのである。

歴史（経済史）研究と地域社会の文化

人文・社会科学の研究、なかでも経済史的アプローチの研究は、研究主体が生活する場——これを国と呼ぶのが現代にふさわしくないなら地域社会と言い換えてもよい——の文化状況、およびそれと分かちがたく絡み合って生起する経済的・社会的諸問題から離れてはあり得ない。私は自らの経験にもとづいてそう考える。実際、「フランス帝国主義とアジア」の研究を進める過程で、私は常に近現代の日本を意識し、それをとりまく問題群と自分の研究との間に緊張関係を維持しようと努めた。この研究姿勢も、比較経済史を標榜する大塚史学に由来している。そうした支えがなければ、十年もの間、孤立を恐れることなく、モノグラフィックな研究をつづけることはできなかったであろう。

私はこの研究を終えたあとに、「フランス資本主義と中央銀行――フランス銀行近代化の歴史」、次いで「通貨統合の歴史的起源――資本主義世界の大転換とヨーロッパの選択」という二つの研究に取り組み、それぞれ十数年を費やして同名の単著を出版した。そこで私が問題にしたのは、前者においては、コーポラティズム型社会の誕生と、社会がケインズ主義を介してインフレを容認するにいたった歴史的経緯である。また後者においては、新自由主義（ネオリベラリズム）が経済社会を支配し、それを改造するにいたった、同じく歴史的経緯である。扱ったテーマも、時代も、国や地域も、「フランス帝国主義とアジア」の研究とは大きく異なる。しかし、テーマを選択した動機、研究手法、依拠した史料のタイプ（主に記述史料）は、いずれも「フランス帝国主義とアジア」と基本的に変わらない。変わったのは、研究主体である私が生活する地域社会を規定する諸条件であり、また、それらと不可分な関係にある過去と現在との対話のあり方である。

実際、新しい二つの研究に手を染めたとき、私はコーポラティズム、ケインズ理論、新自由主義のいずれについてもわずかな情報しか持っていなかった。しかし、何としても、自分の周りで生じている新たな、一見したところ解決困難な諸問題に、歴史研究の側から接近したかった。そのために、公開されたばかりの史料に依拠し、モノグラフィーの形式を借りて、単独でこれらの研究に挑戦したのである。

グローバル化が進み、学術研究の国際交流が盛んになるにつれ、行政が学術研究の国際競争力強化を声高に叫ぶようになった。そして今や、英語での成果の発表、アングロサクソン流の手法や発想にもとづく研究が半ば強制されようとしている。もとよりグローバル化への対応は必要である。しかしそれを画一的に進めることは、近現代の歴史に照らして合理的と言えるであろうか。

一九世紀末以降、資本主義市場経済が内包的かつ外延的に拡大するのにともない、国民国家と国民経済が衰弱し、世界が同質化するかのように繰り返しいわれた。だが実際にはそうならなかった。まして民族や地域の文化が、特定の政治権力によって否定され跡形もなく消え去るなどということはなかった。人間社会の歴史はこの点で近世からあまり変わっていない。このことは、「社会の反動」ともいえるような、今日、世界各地でさまざまなかたちをとって噴出しているナショナリズムを見ても明らかである。人文・社会科学系の研究は国や地域の文化状況と密接にかかわる。それは国や地域に特有の文化状況（あるいはそれらの違い）の上に成立するものであることを、いまいちど、確認しておく必要がありはしまいか。

（ごんじょう・やすお　一九四一年二月生まれ。横浜国立大学名誉教授。〔著書〕『フランス資本主義と中央銀行――フランス銀行近代化の歴史』東京大学出版会、一九九九年、『新自由主義と戦後資本主義――欧米における歴史的経験』編著、日本経済評論社、二〇〇六年、『通貨統合の歴史的起源――資本主義世界の大転換とヨーロッパの選択』日本経済評論社、二〇一三年）

通説的「冷戦史」の修正　『戦後世界秩序の形成』

油井　大三郎

はじめに

早いもので私が一九八五年五月に初めての単著である『戦後世界秩序の形成』を出版してから三十年以上が経過した。この本の出版を東京大学出版会に頼む計画は、大学時代の恩師である斉藤孝先生からの推薦によるものであった。しかし、東京大学出版会の編集会議では国際政治関係の編集者が難色を示したため、渡邊勲さんが助け舟を出してくれて、日の目を見たと聞いている。つまり、渡邊さんは流産しかけたこの本を救ってくれた助産婦役を果たしてくれたわけで、大変感謝している。

1985年刊

この本は、元来、一橋大学大学院社会学研究科に提出した博士論文であったが、丁度、在外研究でカリフォルニア大学バークレー校の滞在中にまず手書きの原稿として論文を提出し、並行して出版を進めたので、ゲラのやり取りは米国から航空便でおこなうはめになった。当時は、まだ原稿をメールで送ることはおろか、ワープロもそれほど普及していない時代で、ゲラのやり取りにはかなり手間取ったと記憶している。特に印象に残っているのは、英語文献の表示で、&のイタリック体を知らず、何度も&に戻して、自分の無知をさらけ出すはめになったことである。いずれにせよ渡邊さんの奮闘で、博士号の取得とほぼ同時に出版することができたので、私としては忘れられない書物となった。

通説の修正

この本は、米ソ対立を軸に冷戦史を描く通説の修正を意図した著作という性格をもっている。一九七〇年代の米国では、ベトナム戦争の衝撃を受け、米国史を「帝国史」として描き直す「ニューレフト史学」の台頭が顕著であった上、冷戦初期の外交文書の公開が進み、実証的にも冷戦起源の再検討が活発になっていた。私自身も、一九六四年に大学に入学し、六八年に大学を卒業したので、丁度、学部の学生時代はベトナム戦争が激化してゆく最中にあり、自分自身を「ベトナム戦中派」と自称している。それ故、超大国の米国がなぜ小国ベトナムを侵略するのか、という素朴な疑問が、私が研究者を志す原点となった。

しかし、一九六〇年代初めまでの冷戦起源史研究では、ジョージ・ケナンのように、ソ連の東欧支配に対する米国の反発から冷戦の起源を説明する学説が正統派となっていた。それを批判する場合でも、D・F・フレミングのように、米ソ平和共存を願う観点からトルーマン政権の対ソ強硬策を批判するものがほとんどだった。この両者とも、米ソという超大国中心に冷戦史を理解する点では一致していた。ベトナム戦争の体験から米国現代史の研究を始めた私としては、米ソ間では「冷戦」であっても、朝鮮やベトナム、中東ではなぜ「局地的熱戦」が勃発したのか、という矛盾が気になり、米ソ中心史観の克服が課題となった。

そのような折の一九七三年に短期の米国調査の機会を得て、ミズーリ州のインディペンデンスという田舎町にあるトルーマン大統領図書館で一夏、外交文書に耽溺する貴重な機会が与えられた。ある日、一九四七年三月に発表された「トルーマン・ドクトリン」の草稿をみて、衝撃を受けた。この宣言は、内戦状態にあったギリシアやソ連からダーダネルス・ボスポラス海峡の共同管理の圧力を受けていたトルコに対して、トルーマン政権がイギリスに代わって軍事援助を与えることを宣言したものとしてよく知られていた。

実際に発表された宣言では、「現在の世界では、自由主義か、全体主義かのどちらか一方の生活様式を選択しなければならない」とか、「武装した少数者や外部からの圧力による征服の試みに抵抗している自由な諸国民を援助することこそ米国の政策でなければならない」として、ソ連や共産勢力との対決姿勢が鮮明になっていた。それ故、この宣言は冷戦起源の重要な起点と評価されていた。ところが、この宣言の当初の草案では次のようなことが書かれていた。

「イギリスは、ギリシアとトルコだけでなく、世界の他の地域、とりわけ、エジプト、パレスチナ、インド、ビルマにおいても、その関与を削減ないし解消する必要に迫られている。それ故、我々が直面しなければならない状況は、決して突発的で、限定的な出来事ではない。それは、長い歴史的過程の中の最終局面であり、世界大の拡がりをもっている……」

つまり、イギリスからギリシアやトルコへの軍事援助の肩代わりを要請されたトルーマン政権が最初に考えたのは、イギリス帝国の衰退局面の始まりであり、米国がイギリスに代わって世界秩序の維持者になるべきとの覇権交替戦略であった。しかし、議会指導者に対して事前の意見聴取をしたところ、共和党が多数となっていた議会指導者の間では新たな財政支出を伴う援助計画やイギリス「帝国」への援助政策は全く不評であった。そこで、アチソン国務次官が主導して、反共十字軍的な基調の説明に切り替えたところ、議会指導者から賛同をえたため、実際に発表された宣言では反共的なトーンが前面に出たことが分かった。

このような宣言草案の発見は、私にとってゾクゾクするような刺激的体験だった。正統派の研究書で語られていたソ連や共産勢力の脅威を煽る宣言の基調は、議会対策的なもので、実態はイギリス帝国に代わって米国が世界支配に乗り出す覇権代替戦略であった。その発見は衝撃的であった。歴史研究者にとって不可欠な一次史料を吟味する醍醐味を実感した瞬間でもあった。

本書の構成

第二次世界大戦中、中東や北アフリカにおける連合軍の指揮権はイギリス軍にあったので、戦後にイギリスが疲弊し、それらの地域から撤退し始めた事態は、米国にとってそれらの地域を米国の勢力圏とする絶好の機会になった。また、大戦中の米英間では、戦後の自由貿易体制のあり方をめぐって激しい対立も見られた。そこで、本書では、中東地域を舞台とした英米関係史から冷戦起源史を見直すことを中心的な狙いとし、次のような構成で本書を執筆した。

第一部　戦後世界システムの形成と英米関係
第一章　英米借款協定と貿易自由化体制の構築
第二章　英米石油協定交渉と中近東支配の再構成
第二部　東地中海地域システムの変動とギリシア内戦
第三章　ギリシアの解放と民主化の挫折
第四章　強権体制の成立とイギリスの後退
第三部　合衆国のギリシア介入と軍事的グローバリズムの形成
第五章　合衆国のギリシア介入とトルーマン・ドクトリン
第六章　ギリシア・トルコ援助法の成立過程
第七章　マーシャル・プランとギリシア内戦の深刻化
結　論

この構成からも明らかなように、本書では、米国が第二次世界大戦中の戦時経済を通じて急速な経済成長を遂げ、戦後に世界大の自由貿易体制の構築と中東石油支配をめざした経済的動機を重視するとともに、ギリシアの内戦や西欧の経済混乱がその自由貿易構想を阻害すると受け止め、大規模な経済援助や軍事援助を展開した過程を詳しく検討した。その意味で、本書は、米国のウィリアム・A・ウィリアムズなどに代表されるニューレフトの「帝国史学」の影響をうけていたが、しかし、この学派では米国の影響を一方的に強調する「米国中心的欠陥」があった。その点では、民族解放運動や西欧の社会主義運動など米国にとっての外部要因による制約を重視したガブリエル・コルコの一連の仕事にも大きな影響を受けた。

さらに、私の学生時代には帝国主義論などの経済史的な研究が盛んで、本書はそうした経済史の成果も取り入れて、グローバルな覇権交替の過程を政治史と経済史を結合しながら描こうとした学際的な試みを意図していた。しかし、冷戦起源史の見直しは、主として国際政治学の分野で進んでいたため、経済史にも重点を置いていた本書への注目は期待したほど高くはなかった。今から思えば、「英米の覇権交替と冷戦の起源」といったタイトルで本書の特徴をもっと明示した方がよかったかもしれないと反省している。

後日談

以上で、自著『戦後世界秩序の形成』の語りは終わるのであるが、渡邊さんとの関係はその後も続いたので、後日談を付け加えておきたい。

それは、一九八〇年代に四〇歳台であった同世代の歴史研究者一二名が「現代歴史学研究会」を組織して、一人一冊の形で「新しい世界史」シリーズを刊行したことに関係する。その編集の中心に渡邊さんがいて、東京大学出版会からこのシリーズが継続的に刊行され、歴史書としては稀にみる売れ行きを示したからである。私は、このシリーズの一一番目の本として『未完の占領改革――アメリカ知識人と捨てられた日本民主化構想』（一九八九年）を執筆した。それは、太平洋問題調査会という国際的な研究団体に所属していた米国などのアジア研究者が日本の民主化に果たした貢献を発掘したもので、日本では占領初期に徹底した民主化を主張した「ニューディーラー」と呼ばれた人々に思想的な影響を与えたグループであった。しかし、冷戦の開始によってその影響力は切断され、日本の民主化は中途で挫折した面を強調して、「捨てられた日本民主化構想」と題したのであった。幸い本書は多くの新聞・雑誌で注目され、一九九〇年の毎日新聞社・アジア調査会による「アジア太平洋特別賞」を受賞する栄誉にも浴した。また、その後も重版を重ね、二〇一六年には増補新装版を出版するほどのロング・セラーとなったので、渡邊さんと著者との関係を語る上で忘れられない本となった。

このシリーズの本を出す基盤となった「現代歴史学研究会」については、他にも言及する著者がいると思われるが、私が強い印象をもったのは、各執筆者が自分の構想を定例の研究会や合宿などで発表し、時には厳しい批判をたたかわせて、内容を高めていったその密度の濃さにあった。しかも、渡邊さんはその討議の模様を毎回、会報に記録して、構想の高まりを導いていったのであった。その上、シリーズで本を予告通り完結するのは並大抵のことではなかった。とくに、私の場合、途中で二年間も在外研究に出たため、一九八六年七月に帰国した時にはシリーズの刊行開始が迫っており、一一冊目という終盤組に入っていたとはいえ、渡邊さんから原稿の厳しい取り立てを受けるはめとなった。しかも、このシリーズは、一般の人々にもアピールするような大衆性を持つことを狙っていただけに、叙述のスタイルやタイトル付けにも随分気をつかったので、他の講座本に一本の論文を書く時には考えられない位の貴重な体験もさせてもらうことになった。

このように密度の濃いスタイルの本づくりは、渡邊さん独特のものではないだろうか。研究会の席上、渡邊さんも積極的に発言し、読者の視点を何度も著者に意識させた。そのような動機付けがあったからこそ、「新しい世界史」シリーズは予想外に多くの読者をえたのだと確信している。

このシリーズの成功は、その後二一世紀に入って、研究グループの復活を促し、二〇一二年から一三年にかけては、研究会「戦後派第一世代の歴史研究者は二一世紀に何をなすべきか」の名称で全九巻のシリーズを有志舎から刊行し、この時も渡邊さんは名編集者ぶりを発揮した。

（ゆい・だいざぶろう　一九四五年一二月生まれ。東京大学・一橋大学名誉教授。〔著書〕『未完の占領改革――アメリカ知識人と捨てられた日本民主化構想』（新しい世界史⑪）東京大学出版会、一九八九年、『好戦の共和国アメリカ――戦争の記憶を探る』岩波新書、二〇〇八年、『ベトナム戦争に抗した人々』（世界史リブレット125）山川出版社、二〇一七年）

駒井正一先生と共に苦闘した日々　『中国の自然地理』

阿部　治平

この文章は、わたしが書くべきではない。本書の主力翻訳者の駒井正一氏が書くべきであった。だが、駒井先生は二〇〇一年一月二四日に他界した。享年五七歳。五〇歳台という学者としては働き盛りというとき、文字通り急逝した。

駒井先生は京都大学文学部を卒業後、一九七一年三月同大学院文学研究科博士課程を修了し、信州大学で教鞭を執られた。一九八三年に金沢大学教養部に移り、一九九六年から文学部教授になった。

1986年刊

信州大学から金沢大学に移ったについては、何か事情があったかと思われたが、学者の世界には無縁のわたしにはわからない。

任美鍔・楊紉章・包浩生編著『中国自然地理綱要　修訂版』（商務印書館、一九八二年）を駒井先生とともに翻訳するについては、こんないきさつがあった。

一九八一年と記憶しているが、わたしは友人の中国近現代史史家姫田光義氏から、「こんど東京大学出版会からわたしの研究グループが『中国近現代史』という本を出すことになったが君も参加しないか」という誘いを受けた。研究者でもないものが大丈夫か、という一抹の不安を感じながら、同書に簡単な囲み記事を書いた。

そのとき資料として使ったものの中に、改訂前の原書『中国自然地理綱要』があった。かねてから中国の地理についてはしかるべき概説書がないのを残念に思っていたので、これを『中国近現代史』編集担当の渡邊勲氏に見せて翻訳出版ができないか検討してもらった。

渡邊さんはわたしの学力に不安を感じられたようで、「もう一人共訳者がいませんか」といった。わたしはまったくアカデミズムと縁のないものなので大いに迷ったが、ようやく当時信州大学に在籍する駒井正一氏を思いついた。以前わたしの論文を検討評価してくださった縁があったからである。

わたしは一九六五年から九九年まで、高校の地理と漢語の教師であった。高校地理の教科書には、必ず北アメリカ・ヨーロッパ・中国の三つの農業地域区分図がある。そのうちの中国の農業地域区分図は、一九三〇年代の金陵大学農学院教授L・バック（『大地』の作者パール・バックの夫）の研究をもとに、若干の手を加えたものである。核心は、南の水稲と北の小麦（田と畑）の境界を秦嶺山脈と淮河を結ぶ線とするところにある。これは八〇〇―八五〇㎜／年の等降水量線と一致していた。

一方、中国専門家の間では、L・バック図は古い、一九四九年の革命によって中国の農業生産力は向上している、といわれていた。それでわたしも、農作物の分布に変化がないということがはたしてあるだろうか、教科書通りの地域区分を生徒に教えるのは間違いではなかろうかと思った。

すでに一九六〇年代半ばには、関西大学教授河野通博先生が『現代農業学習の構想』のなかで、中国農業の変化はL・バック図を過去のものにしたと指摘していた。一九七〇年代にも、文化大革命に心酔した藤島範孝駒沢大学教授の「中国に農業区分はない」という論文が教育出版社の宣伝誌に載った。「区分がない」と言いながら、藤島先生は区分を論じていた。それまでわたしは、権威ある大学の先生や研究者の方々を大いに尊敬していた。尊敬しすぎて間違った言説を信じたこともある。そこで、このときは自分で調べるべしと考えた。わたしは漢語文献を読むべきではあったが、漢語の学力がなかったので、手に入るだけの日本語文献と、偶然買うことのできた中国出版の英語文献を読んだ。当時は中国に関する直接的な情報は限られていた。大学や研究所の中国専門家も新しい資料や情報を何かの手段で手に入れると、小出しに発表するありさまだった。

調べているうちに、L・バックの地域区分図を検討するには直接中国から発信される情報を得ないとだめだと感じた。文化大革命期ではあったが、東京神田の内山書店に申し込むと、「人民日報」を購読することができた。そのほかの資料も得たいとは思ったがカネがなかった。「人民日報」をよみつつ、あらためて漢語の学習を始めた。

というわけでわたしの研究（？）は毎日「人民日報」の農業や気象の記事の切抜きをつくることに限られた。そのようにして得た結論は、自分でも意外だったが、当時の通説である河野・藤島両先生のお説とは異なり、「やはりL・バック図は生きている」というものであった。

これを高校地理教師の研究会で発表した後、古今書院の地理雑誌に投稿した。いま思うと引用の仕方もよくわからず、見よう見まねで書いた稚拙なものであった。高校教師風情の書いたもので、しかも権威ある地理学者を真っ向から批判した内容だったから、掲載するか否か『地理』編集部はかなり迷ったようである。だが結局これが掲載された（『地理』一九七七年一〇月）。

ところが河野先生は批判に応えて自説を再検討するという意向を示された。その自己批判の中に駒井先生とわたしの名前があった。実に誠実な学者だと感じた。これによってわたしは初めて駒井正一の名を知ったのだった。

はじめて書いたものが斯界の雑誌に載ったことは、わたしにとって非常な励ましになった。それでさらに切抜きで得た知識をまとめたくなって、「四川盆地における冬季湛水田について」と題する文章を書いた。書いてみるとこれを発表したくなって、にわかに「経済地理学会」に入り、学会誌に原稿を送った。これを学術誌掲載に足るか否かを検討したのが駒井先生であった。

結果として先生は「四川盆地における冬季湛水田について」の一部の訂正をして掲載を許可したのだが、思いもかけず、その評価の中でわたしが以前書いた上記論文「中国の農業地域区分について」をプラスに評価してくださっていることがわかった。わたしは自分の書いたものが他人から評価されたことがなかったので、うれしい思いよりも戸惑いを感じた。当時わたしにとって駒井先生は見も知らぬ人であった。

以上のようなわけで、渡邊さんが「もう一人翻訳者はいないか」と聞いたとき、駒井正一の名を思い出したのだった。


原著は南京大学の自然地理研究者任美鍔・楊紉章の二人が多くを分担し、包浩生が華中区のみを書いて、一九六五年には初稿が完成していた。ところが翌六六年、毛沢東によって文化大革命が発令された。中国の学術文化界はおもな攻撃対象となり、出版どころの騒ぎではなくなった。楊紉章は文革の犠牲となって死去した。関係者が語らないから詳しくはわからないが、殺されたのかもしれない。任美鍔先生もイギリス留学の経験があるから、「イギリスのスパイ」として迫害されたことは想像に難くない。

文革が終わると七八年から七九年にかけて改稿が行われ、七九年七月初版が発刊の運びとなり、八〇年六月に重版となった。わたしが入手し渡邊さんに持ちかけたのは七九年の初版本だった。

当然のことながら東大出版会の編集部は、駒井先生と私が東大出身者でない上に、原著が東大出版会の名に値するものか疑問に思ったのであろう。こまかい経過はもう忘れてしまったが、戦前からの中国乾燥地帯研究の権威、保柳睦美氏に原著の検討を依頼した。保柳先生は原著に対して否定的だった。だが、わたしは地理教育の立場から最新の中国地理概説書が必要だと感じていたので、渡邊さんに強引に頼み込んで出版をきめてもらった。

ところが、訳稿がほとんど完成したとき、中国人留学生からこの本の改訂版が出るはずだ、という情報を得た。ならば改訂版の刊行を待つべきだという話になったのだが、原書が手に入ったのは八四年になってからだった。改訂版作成には新たに周舜武など二人が加わっていた。大きな改訂追補は、生産力の飛躍的拡大など、大躍進・文化大革命期の捏造されたおおげさな記述の訂正が中心だった。

わたしは本書の翻訳をめぐって出版社の商務印書館と任美鍔先生を何度か訪問した。当時手みやげとして任先生にはかなり上等の「端切れ」をもっていった。だが、任先生は頑として受け取らなかった。そのおり南京大学の学生が通訳をしてくれたのだが、彼女らも通訳の礼を受け取らなかった。当時はまだわたしの中国経験は浅かったけれども、彼らは何かを警戒しているからだと感じた。

こんなわけで翻訳開始から出版までひどく時間がかかった。編集担当の渡邊さんにはずいぶん我慢をしてもらったと、今でも申し訳なくおもっている。

翻訳は駒井先生が自然区画の原則部分と東北・華北・華中・華南・西南の各地区を、私が内モンゴル・西北・青蔵（チベット高原）の各地区と小結を担当した。

特筆しなければならないことがある。駒井先生担当の「訳者あとがき」は、翻訳書としての本書の価値を高めた。そこでは自然総合体といった概念、ロシア・ソ連地理学の影響、中国自然地理学の動向を述べているが、とくに重要なのは総合自然区画の方法論史である。

本書は、中国科学院や農業区画委員会などの、中国の自然を熱と水分（要するに気候）、養分とエネルギー（植生と土壌）などの「統一指標」によって区画する理論とその方法への批判・異論として書かれた。原書執筆者の任・楊両教授は、中国の自然条件は多様で、統一指標ではくくれないとし、東部では熱による区分は効果的であるが、西北の乾燥地域では水分が主導的要素となると主張した。

中国地理学界の「統一指標」への「執着」はかなり強く、本書翻訳作業中に出版された『中国自然地理総論』（科学出版社、一九八五年）も、駒井先生によると、それまでの自然区画同様、統一指標を重視する地理学会主流の結論として書かれたという。

本書も一級区画（大区分）では、東部モンスーン、モンゴル・新疆、チベット高原の三区画を「統一指標」によっているが、二級以下の区画（中小の区分）では全国をひとつの指標ではくくらず、いわば「ダブルスタンダード」に依っている。これによって地理学者から批判が生じたのは、「準熱帯」の設定のしかたとチャイダム盆地・祁連山区を西北区（すなわち新疆地域）へ帰属させることの適否である。前者は南嶺以南、すなわち北回帰線以南の広東省南部をどうみるかの問題である。

海抜高度の著しい違いを考えると、クンルン山脈以南のチャイダム盆地と祁連山区を西北区（新疆南部）に入れることには、わたしにも強い疑問があった。その後、現地を見て、やはりこの地域は青蔵区（チベット高原）に入れるべきだと確信している。チャイダムへ出かけたのは三回だが、いずれの時もできるだけ自然景観を目に収め、植生を確かめるようにした。そのうえでの結論である。ただしそれは厳密には学問的作業とはいえないのだが。

話はわき道にそれるが、一九九〇年代のチャイダムのオアシスは恐るべき速さで変化した。その中心のゴルムドはうらぶれた田舎町から歓楽街をともなった大都市に変わった。他のオアシスも漢・回民族の移住者と観光業者のものになり、先住民族のチベット人もモンゴル人も小さくなって生活しているかのようであった。

さて動植物の同定がわたしにとっては大問題であった。第一、もし原書に「蒲公英」とか「石楠花」とかが出てきたら、まずその学名がTaraxacumとRhododendronであることを別の何かで確かめ、そこから和名タンポポとかシャクナゲを導くというのでなければ翻訳とはいえない、という程度の知識しか持ちあわせていなかった。エングラー（H. G. A. Engler）の植物分類など知る由もなく、分類学入門書を初歩から学ばざるを得なかった。

しかも学名を調べる「工具書」が手元になかった。何度かの中国訪問のおり、ようやく『中国高等植物図鑑』（科学出版社）全五巻だの『中国植被』（同）だのを手にいれ、漢語から学名を確認したのち、日本の植物図鑑で和名を捜すという作業ができるようになった。植物名はそれでよいとしても、動物・鉱物・土壌分野はまた別な辞書が必要で、それらの入手も容易でなかった。

わたしがやっと担当範囲内の動植物名の和名を三分の一ほど調べおわったころ、駒井先生からそれら全部の和名リストが送られてきた。事情を察した先生が、大学内の人的、物的資源を駆使して調べあげてくださったのである。

わたしはこのときばかりはひじょうに申し訳ないと思い、恥ずかしくも思った。自分の能力のなさを嘆いた。同時にしかるべき図書館にも遠く、分類学上の質問をする相手もない環境を呪った。

わたしは翻訳書に自分の名前を入れるのを辞退した。いま『中国の自然地理』に阿部治平の名前があるのは、駒井先生と渡邊さんのわたしに対する思いやりである。


動植物の同定をしていて、おもしろいこともあった。

原書上の「松樹」は和名のマツを表し、「茶樹」はチャである。このレベルでは中国と日本の漢字と実物が一致する。「岳樺」はダケカンバであり、「白樺」はシラカンバで、これも同様である。ただこれらの和名が中国名から来たものか、和名が先かはわからない。「菊」の「キク」という発音そのものが「チャ」同様中国由来であることに気が付いたのはこの頃だった。

日本にノミノツヅリ Arenaria という高山植物がある。漢語でも「蚤綴」と書く。これは和名が先かもしれない。奇妙な名前だが、オオイヌノフグリとかヘクソカズラといった和名からすれば、日本の植物学者にはユーモアのある人がいたのである。

原書では、レモンは「檸檬」、ブドウは「葡萄」、ダイコンは「蘿蔔」と表記されている。これは中国にとっての外来植物の音訳だろうと見当がついた。漢字はほとんど一字が一音（まれに二音）・一意を表す。ところが「葡萄」の「葡」も「萄」も音はあるが、一字では意味をなさない。輸入年代が「檸檬」は新しく、「葡萄」「蘿蔔」は古い。

ところが「柏」という字であらわされる植物は、日本でいう落葉広葉樹のカシワ Quercus serrata ではなく、ビャクシンSabinaなどの針葉樹である。カシワは漢語では「柞樹」であった。誰かがどこかでひどい間違いをしでかしたのだ。

話はまたそれるが、私の山仲間の元中学教師森田千里氏が最近『北西インドヒマラヤの高山植物ハンドブック』という図鑑を自費出版した。彼はヒマラヤの花に魅せられて数万枚の写真をとったが、そのなかから一五〇〇前後を本図鑑に載せている。森田先生は、日本で広く普及したエングラーの分類ではなく、東大名誉教授大場秀章先生の『植物分類表Syllabus of the Vascular Plants of Japan』によっている。森田先生は図鑑完成までに一〇年かかったと聞き、その苦労を思い感動した。

わたしたちの場合、種に漢語が与えられていたから、それから学名を検索できた。それでもわたしはひどく苦しんだ。もっともこれはわたしが微力だったからで、本当に苦心したのは駒井先生だったのだが。

翻訳をやっているうちに、原書に先行研究著作からの引用が著しく少ないことが気になった。これは駒井先生も同じ感想をお持ちだった。当時の中国の論文や著作には無断引用が多く、それをまた学界があまり問題にしないところがあった。本書の原書もその例にもれなかったといえるかもしれない。

のちに中国地理研究者から本原書への批判を聞く機会があったが、やはりこの問題を指摘した。

失敗したと思うことがある。第一は、動植物名の索引を「学名・和名・中国名」の順序としたこと。和名から学名・中国名を求める人のほうが圧倒的多数であろう。学名が先ではその需要にこたえられない。和名索引にすべきであった。第二は、少数民族地域の地名に極端な現地主義を採用したことである。少数民族語のカナ表記だけでは、中国で刊行された漢語地図での検索が難しい。現地語のあとに漢字表記を入れるべきだった。内モンゴルのアルシャ（阿拉善）、青海省のズォゲ（若爾蓋）、タンゴル（唐克）というように。

さらにこれは原書の問題だが、地図に縮尺と所在地、制作者などが明記されていないことがあった。「チベット高原の湖沼と内陸水系網図」はその例だが、おそらくこれは、チベット自治区のニェンチンタンラ（山脈）以北のナグチュ（那曲）地区だろうと思い、商務印書館を通じて確認を求めたが回答を拒否された。この地域に軍事機密でもあったのだろうか。

わたしは、二〇〇〇年以後十一年余、中国に定住し大学で日本語を教えた。そして自分が本書の翻訳を担当した内モンゴルやチベット人地域へたびたび出かけた。チベット高原の東北部青海省では五年間暮らした。そして一時帰国したおり、渡邊さんから駒井先生が急逝されたことを知らされた。愕然というのはこのことだった。私は「せめてもの……」という思いに駆られて駒井夫人にお悔やみをおくった。夫人からは丁重な返事をいただいた。

標高三〇〇〇mを越えるチベット高原でも、六月以後の短い夏には花を見ることができる。ヒマラヤピラカンサ、アザミ、オミナエシ、タンポポの仲間、みな小さい花だ。ときどきキノコや赤紫のノビルの花と球根を取っている人を見かける。尾根の頂上では赤いシオガマが迎えてくれる。ヨモギも強いよい香りを振りまく。道にオオバコがあるのは懐かしい。羊やヤクの過剰放牧の草原にはキンロバイ potentilla が進出していた。

メーデーが終わり、春が来ると、高等師範学校の植込みで発情期のナキウサギ Ochotona が追いかけっこをした。夏の草原では雨の中にヒマラヤマーモット Marmota himalayana が呆然と立っていた。クロハゲワシ Aegypius monachus が大空を飛んでいるのを見た。

こうしてチベット高原で生きものを見ていたとき、わたしはいつも若くして逝った駒井正一先生の学恩を感じ、悲痛な思いにとらわれた。

駒井先生の魂よ。永遠なれ!!

（あべ・じへい　一九三九年六月生まれ。元高校教師。〔著書〕『中国20世紀史』姫田光義他共著、東京大学出版会、一九九三年、『黄色い大地 悠久の村――黄土高原生活誌』青木書店、一九九三年、『もうひとつのチベット現代史』明石書店、二〇〇六年、『チベット高原の片隅で』連合出版、二〇一二年）

三十年後の自己書評　『ビラの中の革命』

増谷　英樹

はじめに

この著作を、「新しい世界史」シリーズの一冊として書き上げたのは一九八七年のことだから、その後世紀の転換を挟んで三十年後にこの著作について、ある意味での「自己書評」を書くことになろうとは思ってもみなかった、というのが、渡邊さんの企画ないし「趣意書」を受けとって感じた最初の思いであった。そもそも、「三十年後の自己書評」など可能であろうか、「『私の作った本』の今日的意味の再確認」（渡邊「趣意書」）などできるのだろうか？　「若い世代の研究者・学生・若者に向かっての『物申し』」をすることなどできるのだろうか？　それが意味のあることであろうか、とも考えた。この本の成立過程ないし、あるとしての「意味」などについては、本書の「あとがき」などですでに述べていることでもある。さらに、研究会「戦後派第一世代の歴史研究者は21世紀

1987年刊

に何をなすべきか」編集『21世紀歴史学の創造　別巻Ⅰ　われわれの歴史と歴史学』所収、増谷英樹「戦後歴史学からオルタナティヴへ」でも、本書執筆の経緯を説明してみたつもりである、など色々と「言い訳」や「釈明」などを述べてはみたが、もう幾ばくもない歴史研究者人生の終盤で、遅まきながらその出発点となった本書について、もう一度振り返って考えて見ろといわれれば、それも課せられた課題であるかもしれない、と考え、この企画にのった次第である。編集者としての渡邊さんの意図にまんまと乗せられてしまった、というべきか。

良知氏からのバトン

本書の発想ないし執筆動機については、本書の「あとがき」やその後の「戦後歴史学からオルタナティヴへ」においてすでに述べているが、ここでは、本書の執筆によって、僕の研究自体にどのような変化や影響が生じて来たか、そして僕の「革命論」にどのような転換が生じてきたかを、少しく論じてみたいと思う。

「ウィーンの一八四八年革命」への関心を与えてくれたのは、良知力『向う岸からの世界史――一つの四八年革命史論』（未来社、一九七八年）という一世を風靡した書物である。同氏は社会思想史研究者として、マルクス、エンゲルスやトクヴィルなど、西欧の思想家たちが一八四八年の革命を西欧的「世界史」のなかでとらえるのに対して、当時、東欧諸地域あるいはロシアからやってきた思想家たちの革命観を、「向う岸から」見た歴史として捉えていると指摘し、彼らの歴史論を「向う岸からの世界史」として捉え、その相違を明らかにしようとしていた。そうした「向う岸からの視点」を良知氏は、次第に、一八四八年革命時のウィーンの下層民衆の中にも見出すことができる、と考えるようになっていった（と僕は考えていた）。当時僕は、良知氏と共同研究会を行なっていて、一九七九年には同氏編による『［共同研究］一八四八年革命』（大月書店、一九七九年）をまとめることができたが、そこでは、まだ僕の関心は革命期のドイツ、特に「ドイツ国民議会」の置かれたフランクフルトやプロイセンの首都ベルリンの革命運動や労働者の運動に置かれており、ウィーンの革命に関しては、まだ研究の視野に入って来ていなかったし、資料もほとんど集めていなかった。それに対して良知氏は、社会思想史研究から、具体的歴史過程を社会思想の対象として捉えるいわば「社会史」に傾倒していき、ウィーンの一八四八年革命をその分析対象とすべく、ウィーンにでかけて行った。しかしウィーンでの資料収集および研究の最中に、氏は病を得て、ウィーンから無念の帰国を強いられた。逆に僕はその直後に、偶然にもウィーン大学との交換教授の機会を得て、ウィーンに赴く機会が与えられた。僕がウィーンに行くにあたって良知氏は、「現物を目の前にしながら、いくらも手にしないうちに調査を打ち切らざるを得なかった」資料類の文献カードのコピーを渡してくれた。それは「僕の出来なかったことをやってこい」との最高の餞別であり、最大の励ましであったということは、本書「あとがき」でも書いたことである。だが、それは逆に言えば極めて重い課題でもあった。

「向う岸」の探求

ウィーンでの研究は、「向う岸からの革命」の探索から始まった。しかしすぐに気付かされたのは、この街そのものがヨーロッパにとっては未だに「向う岸」的存在であり、一般に言われ、思われているような「ドイツの街」ではないことである。店の看板や店名はほとんどドイツ的ではなく、東欧諸国の言語の名称を持ち、人々の名前も、とくにいわゆるファミリー名はドイツ的ではなく、東欧ないしバルカンの名前であり、当時まだあった「電話帳」でも、ドイツ的名前は三分の一に過ぎなかった。当時、そうした非ドイツ系の名前の多くは、旧帝国のハンガリー、チェコ、ポーランド、ユーゴスラヴィア（当時の）などの名前であり、まさにウィーン自体が「向う岸」にあったのである。当時はそれに加えて、いわゆる「ガストアルバイター」の全盛時代であり、聞き分けはできなくはなかったが、市電の中ではトルコ、ギリシャ、バルカン諸国語が飛び交っていた。ウィーンはまさにそうした「非西欧的」な人々で満ちあふれていたのであり、それは前世紀ないし前々世紀からのことであったことは、その歴史をたどれば容易に理解できることなのである。だが、一八四八年の革命がそうした「向う岸からの革命」であったことを、どのようにして明らかにすることができるのだろうか。良知氏は確証を持っていたが、歴史学的証明を果たす前にウィーンをあとにしなければならなかった。その確認をどのように果たしうるかが、僕の課題であった。

史料としてのビラ・パンフレット

ウィーンでは、革命当時の記録やその後の研究書を読みながら、良知氏と同様に本屋や古書店を廻って歩き、当時の新聞類やビラ、パンフレットなどを集めていったが、その数は膨大で、全体を把握するにはやはり国立図書館や文書館、大学図書館を利用する方法しかなかった。特に国立図書館には相当の史料が保存されていた。その中で、とくに有用であったのが、本館とは別の特別室に保存されていた数千枚数万枚の、歴史的なビラやパンフレット、個人的な新聞などであったことは、すでに本の中でも述べたことである。それを実際に覗いてみると、そこには我々が望んでいた庶民の意見や要求、活動の記録などが豊富に見られた。「これだ！」と思った僕は、その史料をこまめに読んでみることから仕事を始めた。

その記録や要求のビラやパンフレットは、恐らく庶民自身によって書かれたものだけではないが、それらは明らかに庶民の意見や要求を代表していた。当時のウィーンは城壁とリーニエによって二重に囲まれていて、城壁の内側には支配層、金持ちが住み、城壁の外側は「市外区」と呼ばれ、ウィーン以外の地方や帝国の他地域からやってきた人々が多く、まさに「向う岸」であり、リーニエの外はもうウィーンでさえなかったのである。そうした「市外区」の人々が起こした運動は、市内区のエリートたちが起こした革命とは一線を画す、まさに「市外区の革命」であり、その主張は「向う岸から」のものであるようにみえた。市外区のビラやパンフレットは明らかに市内区の政治的ないし立憲的なものではなく、パンや肉の値上げに抗議するとか、家賃が高いとか失業をうったえる庶民の生活基盤から発せられる要求をとりあげていて、それらは城壁内の金持ちないしエリート層からは想像もできない「向う岸」からの要求に満ちていた。

そうした「市外区」のビラやパンフレットを集め読み進めることが、その後の僕の仕事になり、それは極めて面白く、興奮するような作業であった。その僕なりのまとめがこうした本となったのであるが、題名は「向う岸からの革命」ではなく、『ビラの中の革命』としたのは、本書の出版一年前に良知氏が亡くなり、氏の許可を得られなかったからである。残念なことであった。

なお、原稿の段階で渡邊氏から受けた助言としては「文章がよく流れていますね」という一言だけを覚えているのだが、それは病気で入院中であった良知氏の絶筆となった原稿を手伝っていたおかげであったことは、渡邊氏には言わないでいたし、僕の文章にも良知氏の影響があったのだが、それも彼には黙っていた。

現在の、僕の課題

最後になるが、現在考えていることを一つだけ付け加えさせていただきたい。それは、「市内区の革命」の中にも「向う岸」が含まれていたことを見ておく必要がある、ということだ。とくに、市外区の革命をビラやパンフレットで表現していったのは、どうやら市内区の革命の突破口を担い、その後の「五月革命」を担った学生たちであった可能性が高いのである。十九世紀のウィーンの大学に登録している学生たちの多くは、ハプスブルク帝国の東方の各地からやってきた若者たち、特にユダヤの子弟たちであった。地方で、それぞれの領邦で領主たちを経済的に支援したり、地方貴族化していったユダヤたちがその子弟をウィーンで学ばせようと、ウィーンに送り込んでいた。そうした子弟たちはウィーンの街では学生として優遇され、政治的・社会的批判分子を形成していたのであり、フランスでの革命の勃発が報じられるといち早くその自由・平等の理念に反応を示し、体制変革の運動を形成していったのである。その自由・平等の理念には、長く主張してきた「ユダヤの解放」の理念も含まれていた。このような学生たちの運動とその理念の分析も、現在の僕の課題となっている、というわけである。

（ますたに・ひでき　一九四二年一月生まれ。東京外国語大学名誉教授。〔著書〕『歴史のなかのウィーン――都市とユダヤと女たち』日本エディタースクール出版部、一九九三年、『ウィーン都市地図集成』編著、柏書房、一九九九年、『移民・難民・外国人労働者と多文化共生　日本とドイツ／歴史と現状』有志舍、二〇〇九年）

今なお生きる三〇年前に作ったテキストたち　『教養の日本史』

竹内　誠・木村茂光

東京学芸大学日本史担当の教員、竹内誠・佐藤和彦（故）・君島和彦・木村茂光の四人を編者とする大学生向けの日本史テキスト『教養の日本史』が、東京大学出版会から出版されたのは一九八七年のことであった。

本書出版に至る経緯は後に述べるが、まずその実績を整理しておくと、初版は五〇〇〇部、一か月も経たないうちに増刷四〇〇〇部という売れ行きであった。本書は三〇年を経た現在も出版されており、東京大学出版会の情報によれば合計約八万部を超えているという。まさにロングセラーの出版物といってよいであろう。

1987年刊

これまで多くの日本史テキストが出版されているが、同一大学に所属する教員だけが編者となって編集・出版されたテキストは皆無といってよい。このような稀有なテキストが出版されるに至る経緯・特徴とその意義を、編者のまとめ役であった竹内誠と編者中の最若手だった木村茂光が語り合った。

出版の契機について

木村　本書が出版される契機はどのようなものだったのでしょうか？

竹内　木村さんもご存知のように実は、本書よりまえに同じ四人が編者になって編集した出版物があるんですね。それは東京堂出版から刊行された『日本史年表』です。古代―木村、中世―佐藤、近世―竹内、近現代―君島という、教員養成系大学ではめずらしく時代別のスタッフが揃っていたことと、各時代ともそれなりに大学院生や卒業生がいましたから、年表作成という膨大な作業もできるだろうと出版社側は思ったのでしょうね。実際、大変な作業でしたけれど、卒業生や院生の協力を得て一九八四年に無事出版することができました。

つづいて編集・出版のお話をいただいたのがこの東京大学出版会の渡邊勲さんからで、「大学生用の「日本史テキスト」を作りませんか」というお誘いでした。このような話が私どもにきたのは、時代別のスタッフが揃っていることや『日本史年表』を出版した実績もあったと思いますが、やはり当時出版界に広いネットワークをもっていた佐藤和彦氏の尽力があったからこそであろう、というのが私の認識です。このようにして、一つの大学の教員だけで一冊のテキストを編集・発刊するという、これまでにない企画が始まったわけです。

編集経過について

木村　編集の経過については思い出がいろいろありますね。

竹内　渡邊さんの要請は、いま（一九八〇年代）の学生のニーズに合った内容をということでしたが、その上に彼らが持って歩けるような厚さとデザインであることという、本の体裁に関する注文までついていました。したがって、内容もそうですが、「本の作り」＝構成について何度も話し合いをもった記憶があります。

＊一年間の授業数を勘案して三〇章までに抑えること。

＊一章は原則一〇頁（本文八頁）に抑えること。

＊各時代の最初に「年表」を入れること、脚注を付けるが文字で埋め尽くさないこと。

＊各章の「参考文献」は新書レベルとすること、などなど。

本当に細部に至るまで、編者と渡邊さんの五人で議論しました。渡邊さんはデザインにも凝っていて、学生諸君がそのまま持って運べるものにするといって、いまも続いている縦縞のデザインになったんです（当時は透明なキャリアケースやブックバンドで教科書をとめて持ち運ぶのが流行っていた）。なお、渡邊さんは意識していたかどうかわかりませんが、九鬼周造の『「いき」の構造』によれば、縦縞はもっとも「いき」なデザインだとあります。

木村　ほんとうにそうでした。本書は章扉で各章の内容を「小見出し」で紹介しているのですが、私はその小見出しに付ける記号を〇にするか●にするか、ということまで、まじめに議論したことが印象に残っています。その結果、それまでの大学用教科書にはない、とても斬新なものになりました。

竹内　こまかな点まで議論して作り上げた印象がありますね。それと編集会議のたびに、渡邊さんがビールを用意してくれていて、議論に詰まると「まー一杯」とビールを注いでくれたのも、楽しく充実した編集会議を行えた要因ではないかな。四人ともお酒が好きでしたから。

木村　私たちはそれで終わらず、新宿辺りに寄り道したのも度々でしたが。それはさておき、続いて実際の執筆状況について話を移しましょう。

竹内　先にも述べたように、日本の歴史を三〇章にまとめることと、各章本文八頁で書く（ほかに章扉とコラムで二頁を使う）ということが決まっていますから、章名をどうするか、本文ではなにをどのように書くか、ということを確定するのは大変でした。個性的な筆者が集まっていますから、どう統一性をもたせるか、お互いに苦労しましたね。

木村　だれの提案か忘れましたが、章名は時代性を直接示すものではなく、やや象徴的なものにしようということで、全三〇章の原案はまず編者四人で決めたと思います。「稲の道」、「「みやこ」と「いなか」」、「西鶴と京伝」、「あゝ君死にたまふことなかれ」など、テキストの章名とは思われないものが並んでいます。それを筆者に提案して本文を書いてもらうというのですから、いまから思えば筆者の皆さんには失礼なことをしました。でも細部まで議論したからこそ、ある程度統一性と特徴のあるテキストができたのだと思います。

竹内　章の本文は、まず筆者の方に章名に沿った内容を書くための「小見出し」を四・五個提出してもらいました。それを編者の四人で議論して変更したり付け加えるという作業もしました。これはすごく良かったと思います。小見出しをみれば、筆者がこの章で書きたいと思っているポイントがわかるからです。もちろん、大幅に変更したりはしませんでしたが、これもテキスト全体の統一性を保つうえで大事な作業だったと思います。ここまでくると後は執筆していただくだけですが、これにとどまらず、提出された原稿を、内容というより文章表現が中心でしたが、やはり私たちがチェックするという徹底ぶりでした。

出版の意義について

木村　いろいろな思いと苦労を込めて、『教養の日本史』は一九八七年に出版されたのですが、その思いはいかがでしたか。

竹内　当時はちょうどバブル経済（一九八六―九一年）へ突入しようとしていた時期で、人々の生活の関心や価値が、「質」よりは「量」、「心」よりは「物」へ移りつつあった時期でした。また大学では教養課程が解体され一年生から専門教育が叫ばれるようになっていました。「基礎」よりは「応用」が大事ということで、世の中でも「教養」を軽視する風潮が高まっていたんですね。しかし、大学の「日本史」の授業で使用される教科書は高校の教科書とほとんど変わらないものが多く、学生からは「高校の繰り返しではないか」という声もよく聞かれました。なんとかできないものかと思っていた時、「『教養の日本史』を作りませんか」という声がかかったので、私としては、日ごろの悩みというかわだかまりを少しは解決できるのではと思い、編集に取り組んだと思います。

木村　「教養」が軽視されつつある情況に抗して、「教養」を書名にしたテキストを出版したというわけですね。現在に至ってもまだ使い続けられているのは、そのような意気込みや「教養」にふさわしい内容になっていたからともいえますね。出版した後にどんな印象を持たれましたか。

出版後の印象について

竹内　冒頭の記事にもありますように、最終校正が終わった打ち上げの会で「初版は五〇〇〇部です」といわれた時も驚きましたが、一か月も経たないうちに「増刷四〇〇〇部です」と報告があったときはもっと驚きでした。三〇〇頁弱の本ですから書ける内容も相当限られていますし、参考文献も新書程度というレベルですから、本当に通用するのか、という不安がありましたからね。でも、やはり、この企画が当時の学生や教員のニーズにあっていたのですね。渡邊さんの、先を見据えた編集者としての力量に感服するとともに、私たちの努力も報われたという思いでしたね。

木村　私も、恩師の故戸田芳實氏から「この本は、すべてを書いていないので、教えるとき、教師の裁量を入れられるから便利だよ」というお褒め（？）のことばをいただいたことを覚えています。とくに、各地の短期大学で結構使用してくれたことは嬉しかったですね。そういえば、短大でも使えるテキストというのはこれが初めてだったかもしれません。また、大学受験生が論述試験の対策として購入してくれたことも驚きでした。入試時期の前には、大きな本屋で平積みになっている、という話も聞きました。

『史料　教養の日本史』と『方法　教養の日本史』について

木村　『教養の日本史』の後、つづいて『史料　教養の日本史』と『方法　教養の日本史』が出版されましたね。のちに『教養の日本史』シリーズ三部作といわれました。

竹内　あとの二冊は当初から企画されていたものではなく、『教養の日本史』の売れ行きが順調で反響もよかったので、急遽、「第二弾、今度は史料から事実を導き出すプロセスを学ぶテキストを作りましょう」と、東大出版会の高橋朋彦氏から提案されて作ったのが『史料　教養の日本史』です。一九九一年に出版されました。この本は「オリエンテイション」にも書いてありますように、「いわゆる有名史料ではなく、民衆の動きや意識がわかる史料、政治・文化の中心以外の地域の史料を重視」して選びました。

古代では「天慶八年シダラ神事件」、中世では「飢饉と惣村」、近世では「草莽の学問」、近代では「理想の農場という幻想」、現代では「天皇は戦争責任を認めたか」など、これまでの史料集にはないテーマと史料が選ばれています。逆に「有名史料」でないため、解釈も評価も明確に定まっていない史料ばかりですので、各筆者とも解説を書くのに相当力を注ぎました。

木村　各章とも一―三点の史料を選んで書き下しにし、その史料の意味と価値が理解しやすいように長めの「解説」を付けました。なかには二頁に及ぶ長い史料や二頁を超える解説があるなど、これまでの歴史史料に関するテキストにはないユニークなテキストができたと思います。と同時に、史料の読み方、史料を読む楽しさを実感してもらえる内容になったのではないかと自負しています。

また、「史料読解」というとどうしても堅くなってしまうので、史料の多様性とおもしろさを身近に感じてもらうために「コラム」に工夫をしました。少々例示すると、「呪符」「棟札」「富士塚」「唱歌」「憲法改正案」など、本文では扱えなかった種類の史料がわかりやすく解説されています。

竹内　『史料　教養の日本史』を出版した後、編者と出版会の高木宏さんと話し合っていた時、最近の学生は卒論のテーマを見つけることが難しくなっていることが話題になり、「テーマの見つけ方に関するテキストを作ろうじゃないか」ということになったのですね。二冊出版できた勢いというのでしょうか。お陰様で高木氏の尽力で、東大出版会から第三冊目として出していただいたのが一九九七年に出版された『方法　教養の日本史』です。

先の『史料　教養の日本史』も編者・筆者の問題意識が相当優先されていましたが、この『方法』はもっとそうで、全体が、Ⅰ「ドラマ」の世界、Ⅱ都市空間、Ⅲ暮らしの経済、Ⅳ戦争と平和、Ⅴ生と死、の五部に分かれていることがそれをよく示しています。

そして、各部は三―五個の具体的なテーマから構成されているのですが、さらにそれぞれが〈身近な体験〉〈歴史への接近〉〈テーマの発見〉から構成されているという風です。一例として私が執筆した「盛り場」を取り上げてみましょう。

これは、「Ⅱ都市空間」のなかの一章なのですが、まず〈身近な体験〉「浅草繁昌記」は、「思い出の浅草」「戦後の浅草」の二項目で構成されているように、私自身の浅草体験から書き始めています。次の〈歴史への接近〉「信仰空間と娯楽空間」では、「六区の成立」「江戸の盛り場」「将軍と庶民」「浅草寺奥山」を取り上げ、江戸時代を中心とした浅草の具体的な様相を書きました。そして最後の〈テーマの発見〉「地域史研究にむかって」は、「自殺・行倒れ・捨て子」「文人大名」「庶民と勤番武士」「旅人と訴訟」を取り上げ、地域としての浅草に焦点を当てることにより、浮かび上がってくる具体的な研究テーマとその意義について叙述しています。

このような構成が適切だったかどうかは読者の皆さんの評価に委ねるしかありませんが、「私たちが研究の手の内をさらけ出す」ことによって、学生諸君が卒論のテーマを発見する契機になってほしい、という思いはある程度果たせたのではないかと思っています。

木村　この二冊も相当議論を重ねて編集しましたね。ただ、『教養の日本史』のように、テキストとしての形式のしばりがありませんでしたので意外に自由に編集できた記憶があります。

竹内　木村さんも知っていたと思いますが、実は四冊目の企画もあったんですよ。『教養の日本史』のビジュアル版を作れないか、という話。残念ながらこれは日の目をみなかったですけどね。

『教養の日本史』シリーズ発刊の意義について

木村　最後に、改めて『教養の日本史』シリーズ発刊の意義についてお話し下さい。

竹内　やはり三〇年経っても使い続けられていることですよね。バブル経済の到来と大学の大衆化が一層進展するという社会の大きな転換を見据えて、学生諸君が手に取りやすい、しかし学問・研究の水準は維持したテキストを作ろうという先見的な思い、そしてそれを実現するための積極的な努力があったからこそできたと思うんですよ。

いま「積極的な努力」といいましたが、前にも述べましたように、新しいテキストを実現するために、編者四人と、編集者のそれぞれ渡邊さん、高橋さん、高木さんと何度も何度も議論しましたよね。一冊の本を作るのに、その内容はもちろんですが、本の狙いや構成、さらにデザインについてまであれだけ議論した経験はありません。

このように、本を作る編者と編集者が忌憚のない議論を時間をかけて徹底して行ったからこそ、充実した内容のテキストができたのだと思います。このテキストが長い間使用される要因の一つはこの点にあると思います。

また、章名や小見出し、さらに本文も当時の学生諸君の感覚にできるだけフィットするような内容を選ぶ努力をしたことも重要だと思います。当時の研究水準を取り込みながら、一方では学生諸君のニーズに合わせてわかりやすい内容のものにするというのは、まさに「言うは易く行うは難し」で、筆者の皆さんは相当苦労したと思います。でも、編者四人の徹底した討論が前提にありましたので、筆者の方々もブレずに水準を保った文章を書いていただけたのだと思います。

そして、「オリエンテイション」にも書いてあるように、本書の特徴は、歴史が、継起的に発展すること、その要因が何であったのかを検討し、叙述したことである。多くの人々の日常的営み、そこにおける矛盾と、それを克服しようとする努力とが、歴史を進歩させる基本的な要因である。権力の抑圧に対して、民衆の日常的な闘いが展開する。ここに歴史のダイナミズムがある。

という視点、あえていえば「日常的な民衆の視点」が全体を通して貫かれていることもこのテキストの意義を高めていたと思います。

最後に改めて、歴史の分野に限らず広く「現代社会における教養とは何か」を問い直さねばならないと思っています。

（たけうち・まこと　一九三三年一〇月生まれ。徳川林政史研究所長、江戸東京博物館名誉館長。〔著書〕『大系日本の歴史10 江戸と大坂』小学館、一九八九年、『元禄人間模様　変動の時代を生きる』角川書店、二〇〇〇年、『寛政改革の研究』吉川弘文館、二〇〇九年）

（きむら・しげみつ　一九四六年七月生まれ。東京学芸大学名誉教授、日本歴史学協会委員長。〔著書〕『日本古代・中世畠作史の研究』校倉書房、一九九二年、『中世の民衆生活史』青木書店、二〇〇〇年、『日本中世百姓成立史論』吉川弘文館、二〇一四年）

人間の顔をした東欧史　『静かな革命』

南塚　信吾

一九八〇年代前半までの日本における東欧史研究をもっと「人間的」にすること、これが本書を考え始めたときのねらいであった。振り返ると、東欧史研究は、戦後さまざまな個々のすぐれた先達が登場したあと、一九七〇年代後半から本格的に組織されて始まったということができるが、それは、西欧史とロシア・ソヴィエト史の間にあって、双方からの影響を受けながら成長し始めた。東欧史は、この両者にくらべれば後発的であったとはいえ、両者にないものを見出していこうという意欲は旺盛だった気がする。しかし、当時の東欧史は、階級と政党と民族で論じていたといわねばならない。それを民衆の動き、社会の動きを入れて打破することが、『静かな革命――ハンガリーの農民と人民主義』の目的の一つであった。当時の言葉で言えば、「人間の顔をした東欧史」である。

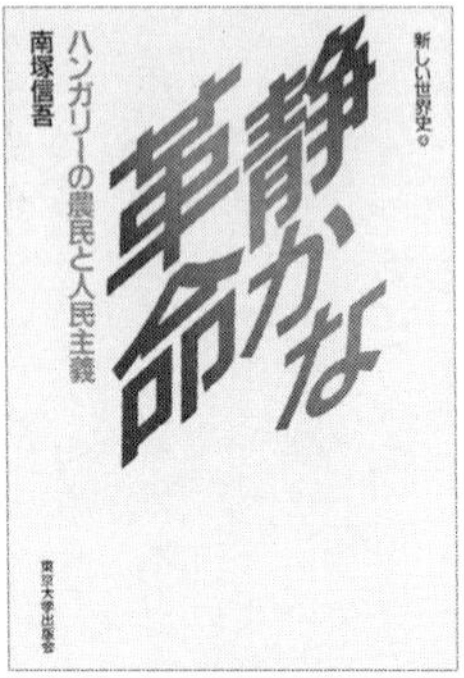

1987年刊

自分自身の研究に即して言えば、一九七二―七四年のハンガリー留学の一つの成果が、一九七七年に発表した一九世紀末の「農業社会主義」を社会民主党の側から検討した論文であった。だが、一九八二―八三年のブルガリア留学からは、これをひっくり返して、農民の側から見直してみたいと考えるようになっていた。ブルガリアで農民同盟に関係する史料や現場を調査し見学したことが大きな転機になった。同時にそれは、ロシア史の和田春樹さんの『農民革命の世界――エセーニンとマフノ』（東大出版会、一九七八年）の影響を受けたものであった。そのため、一九八四年にはかつて「農業社会主義」が繰り広げられたハンガリー南部農村の現地調査をやってみた。また、社会民主党の側から見た一九七七年の「農業社会主義」の論文を、農民の側から見直してみようという仕事も始めたのだった。そうした関心の延長上に、一九三〇―四〇年代のハンガリーの社会主義と革命を農民の側から捉え直したいと考えたのである。

当時一般に、東欧の「人民民主主義」は、ソ連の「侵略」のカモフラージュであり、東欧社会主義はソ連からの「輸入」「押しつけ」であると言われていた。その反面、「人民民主主義」は一九三〇年代からの「人民戦線」政策の延長上にあるのだとも言われていた。わたしは人民戦線五〇周年にあたる一九八五年ごろの時期に、山際潔さんや百瀬宏さんと人民戦線の研究会を重ねていて、一九三〇年代の東欧の共産党などの動きについては知見を広めていたが、そのときハンガリーの一九三〇年代に「人民主義者」と呼ばれた人びとの動きがあったことの重要性に気が付いた。それは、「農村探索者」とも言われて、ハンガリー農村と農民生活の調査研究から出発してハンガリーの変革を考える人びとの動きであった。しかもその運動は、わたしがすでに関心を持っていた一九世紀末の「農業社会主義」の運動とも関係があるらしいということも分かった。そこで、このような人々の目線から東欧の変革を見てみて、その中に「人民民主主義」や社会主義を位置づけられないかと考えたのだった。つまり、東欧内部での「土着的変革」の運動とはどういうもので、それと社会主義との関係はどうだったのか、を見たいと思ったのだった。

普通、東欧の「人民民主主義」期を論ずるときは、一九四四年の敗戦あたりから議論を始め、共産党とその周辺の政治勢力の眼から、考えるのであった。しかし、わたしは、「人民民主主義」をハンガリーの歴史の中にすでに存在した人民主義の脈絡との関係で見直してみたいと考えていたので、視野を一九三〇年代までに伸ばして考えることにした。そして共産党ではなく、できれば個々の農民に即して、全体を見てみたいと思った。結果的には、農民出身の活動家とその周辺の知識人の眼になってしまったが、当時の史料的な状況からは、それがせいぜいであったと言わざるを得ない。そうした人びとの眼からは、ハンガリーの当時の現実を変革するには社会主義と民主主義を総合した「第三の道」による変革が、変革を目指す人びとの多くにとって最適に見えていたということを確認した。そのような動きは、やがて「人民民主主義」と関係づけられていくことになったのだった。一九四五年から四八年までのハンガリーは、そういう思想と運動の静かに高揚した時期であったように思われる。だが一九四八年には、そういう現場の動きが、大きな国際政治の動きのなかで、ソ連と共産党によって、からめとられてしまった、そこでわたしは筆をおいたのだった。

このテーマを選んだについては、一九七二―七四年のハンガリー留学の体験が重要であった。この時期にわたしがハンガリーで見知って親しんできた人びとは、現実にこの人民民主主義の時代を生きてきた人たちだった。そういう人たちが、どのように社会主義を取り入れていったのかに強い興味があった。社会主義を書物の上でしか知らないわたしにとっては、これには尽きない興味があった。インタヴュー調査こそしなかったが、また、酒の上でのこととはいえ、生きている人たちから話が聞けたということは、大事なことであった。

本書『静かな革命』を執筆していたときには、たとえば人民主義者や「第三の道」論についての史料（著作でさえ）の入手が困難であった。いくつかの著作は図書館では「閉鎖」されていた。幸い、ハンガリーの友人の知恵で、ブダペシュトの「周辺」のアンティーク書店を探したり、新聞広告で本を探したりした。新聞広告では、「これこれの本」を探していると広告すると、市民から反応があって、そして出かけていくと、「閉鎖」されている本を譲ってもらえるのだった。そういう本を新聞広告で探せたというのも、当時のハンガリーの状況を物語っている。だが、さらに、「実は」と言って、天井裏などの隠し場所から、人民主義者の思いがけない著作を出して見せてもらったこともあった。その一つが、本書のタイトルに借用したコヴァーチ・イムレの『静かな革命』であった。

このテーマを扱うに際してわたしは、全く個人的な経験を常に念頭に置いて筆を進めざるをえなかった。それは、一九六八―六九年の東大闘争の経験である。大学闘争当時、わたしは駒場のキャンパスにおいて研究棟を学生・院生・職員によって「自主管理」する動きにコミットしていたが、結局この「自主管理」運動は、ずっと大きな全共闘の政治論理にからめとられてしまった。東欧の戦後においても、現地で運動している人びとからすれば、かれらはこれに近い状況に置かれていたのではないか、と考えながら、執筆したものであった。

出来上がった『静かな革命』においては、主人公のラツィを通して、ハンガリー農民の衣服のにおいや、パーリンカの香り、あるいは干し草や砂地のにおいを感じながら、社会の変革にうごめく人びとの様子が、多少とも描けたのではないかと思う。本が出た後の反響という点では、もちろん東欧史研究の内部においても、新たな視点からの研究として評価してもらったが、一般的には、鈴木佑司さんの書評(『朝日新聞』一九八七年四月二〇日)がポイントをついていた。鈴木さんは「土着の変革」に着眼した歴史として評価してくださったのだった。実際、本書の描いたハンガリーの変革の状態は、ちょうど一九八〇年代初めのハンガリーの状況にぴったりだった。一九八〇年からハンガリーにおいて始まった諸改革は、「第三の道」を実行しているように見えたのだから。

本書が出版されたのち、とくに一九八九年の「東欧革命」以後は、「第三の道」や人民主義について旧来の史料的・政治的制約もなくなって自由に調査し研究できるようになった。本書を執筆していたときには、先に述べたように人民主義者についての史料の入手が困難であった。その後、十数年もしないうちに、政治的な制約はなくなり、一般に史料の点で入手可能なものが豊かになった。いや入手できないものがなくなったと言ってもよい。ひょっとしたら、あの時期についても、もっと民衆に即した史料が手に入るのかもしれない。そういうものを活用してあの時期を描き直す仕事を期待したいものである。また、歴史の方法としても、本書の方法は、その後、乗り越えられているかもしれない。社会史の精緻化によって、民衆社会の動きを活かした研究が出てくるかもしれない。さらに、「構築主義」などの新たな方法によって、史料の読み方も変わってくるのかもしれない。ただ、そうした方法での研究の成果はハンガリーについても他の東欧についても、あるいはロシアなどについてもまだ、見られていないというべきであろう。

さらに、このテーマの世界史的な意味については、今日ではもっと明示的に議論できるかもしれない。もちろん当時も、わたしは世界史的な脈絡で考えようとはしていた。たとえば、人民主義や人民民主主義の議論はそうである。しかし今ならば、もっと人びとのレベルにまで下りて、世界史的な文脈を探していたかもしれない。たとえば、世界的な農民存在にまで下りて、その生活や意識の比較や関連を見ながら、東欧の人民主義や人民民主主義を考えていたかもしれない。

最後に、本題に戻ってみよう。今日、社会主義や人民民主主義や「第三の道」といった思考や動きは東欧自体においても、ほとんど消えてしまっている。しかし、そういう思考や動きが人びとを捕まえた時代を人類が持っていた、という歴史的事実は残っている。同じ内容ではないにせよ、そこへの「参照」は必ず生じるであろう。たとえば、大きな社会的格差を人民の手で克服するには、東欧の人民民主主義の道になにかヒントはないかと、人は問うかもしれない。東欧自体だけではなく、世界史としてもそうであろう。話を少し絞って、世界史が、一九三〇年代と一九四〇年代に「人民民主主義」の時代を持って、「第三の道」などの議論をしていたということは、ハンガリー、東欧、そして世界の人びとにとって「貴重な」経験なのである。それは、自然発生的な市場経済と資本主義、それをささえる自由主義が持つ諸問題を、「より多数の人びと（人民）」の観点から、なんとか意識的・意図的に是正しようという営みなのである。意識を持った人間である以上、自分の生きている社会を意図的に改革しようという試みは、いろんな時代にいろんな形で現れてくる。人びとがなんらかの目標をもって国家の政治経済社会の体制を改革したいと思い、それに向けて動いた時代というのは、「人間的な時代」であった。この一九三〇―四〇年代という時代は、困難な時代ではあったが、人びとの自己意識は「社会的」であった。「人民民主主義」と「第三の道」は、一方で、資本主義が「大恐慌」を生み出し、他方で、よかれあしかれすでにソ連という社会主義の体制が存在するという時代において、社会の諸問題を、「より多数の人びと（人民）」の観点から、意識的・意図的に是正しようとした人間的試みなのであった。わたしたちは、そこからさまざまなことを学ばねばならないと考えている。

（みなみづか・しんご　一九四二年一月生まれ。千葉大学名誉教授。ＮＰＯ・ＩＦ世界史研究所長
〔著書〕『東欧経済史の研究――世界資本主義とハンガリー』ミネルヴァ書房、一九七九年、『ハンガリーに蹄鉄よ響け――英雄となった馬泥棒』平凡社、一九九二年、『図説 ハンガリーの歴史』河出書房新社、二〇一二年）

帝国意識論の原点に立つ　『支配の代償』

木畑　洋一

修行の場としての現歴研

渡邊勲氏は記録魔である。旅に出ると、行く先々で綿密なメモをとり、それが見事な旅行記に結実する。渡邊氏を軸として一九八一年から八九年までつづき、「新しい世界史」シリーズを生み出した現代歴史学研究会（略して現歴研）の活動についても、氏は詳細な記録をとり、八九年六月に「現代歴史学研究会／シリーズ・新しい世界史　全記録」と題する会のまとめを作成している。その

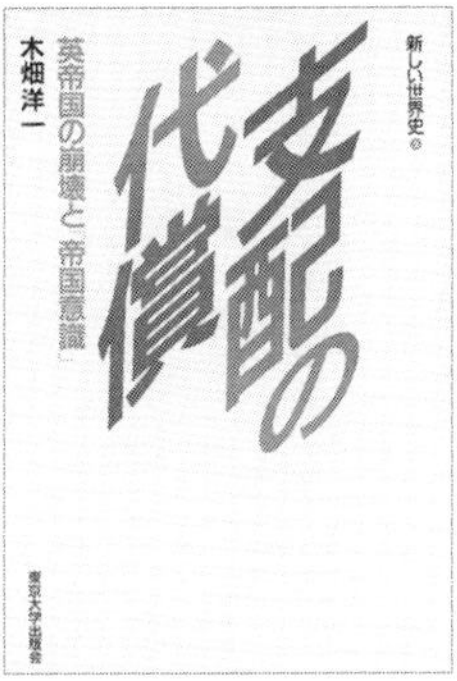

1987年刊

一九八二年のところに、「第何回の研究会からだったか正確な記録がないのだが、木畑氏と藤田氏がメンバーに加わる。」という記述がある。記録魔の氏によっても、私の研究会への参加がいつからだったか記録されていなかったわけだが、現歴研に加わらせてもらったことは、私にとって人生の一大事であり、私自身ははっきり記録している。現歴研は八〇年の暮れから八一年初めにかけ

て始動し、八一年三月三一日に第一回研究会を開いていた。それに私が最初に参加したのは、八二年二月六日の第一〇回研究会からである。

そして三月一三日に開かれたその次の研究会では、私が報告者になり、米国の歴史家A・J・メイアの現代史論についてちょうど書いたばかりの小文を、「ヨーロッパ現代史における危機と戦争」と題して報告した。その日の研究会が終わってから書いたメモには、「他の人たちは自らの研究計画を話したらしいとあって少々気恥しい。メイアの主張についても疑問続出。」とある。このような自己反省を梃子として、私はその後、現歴研を自分の研究生活の主要な場として位置づけるようになった。それというのも、ほぼ毎月開かれた現歴研は、すぐれた問題提起を行っている先輩研究者の方々(私が参加する以前には網野善彦氏など、参加してからは安丸良夫氏や梶村秀樹氏など)を招いて書評会をしたり、メンバー自身の研究報告を行ったりする形で進められ、そこで交わされる議論が私にとってすばらしい刺激になったからである。今触れたメモの最後には、「あと混河利で飲む」という一文があるが、研究会が終わった後の本郷三丁目駅近くの飲み屋「混河利」での歓談も、常に楽しかった。当時三〇代の後半に入ったばかりの私にとって、現歴研は貴重な修行の場となったのである。

ただ、この研究会が単に議論をしていればよい場にとどまらないことは、すぐにはっきりしてきた。研究会の成果として一人一冊の書下ろしの本を出すという方針が明確に定められたからである。

帝国意識論に行き着くまで

それまで私は単著を書いたことがなく、当時他にその予定もなかった。従って現歴研で出す本（『支配の代償　イギリス帝国の崩壊と「帝国意識」』という本になった）が最初の著書になるわけだったが、そのテーマはすぐに決まったわけではない。八二年九月初旬にもたれた一泊二日の合宿は、各自が書く本の構想発表会という性格をもっていたが（ちなみに渡邊氏のまとめによると、その時点では「地球史時代叢書」なるシリーズ名が考えられており、グローバル・ヒストリーの先駆けになるはずであった）、そこで私が示したテーマは、「イギリス帝国の危機と崩壊」というものであった。イギリス帝国の崩壊過程を対象とする本を書くという大きな方向性は決めていたものの、この段階ではまだ焦点が絞り切れていなかったのである。合宿で私が提示したのは、①イギリス帝国の崩壊過程、②イギリス帝国の崩壊とイギリス政治、③イギリス帝国の崩壊と日本、という平凡な三部構成から成る本であった。

それでは駄目であることははっきりしており、その頃から著書の切り口を模索する過程がはじまった。ただ、ある程度の目途がついていたことは、その合宿のために作った私のレジュメの原紙に、「崩壊を導くような mentality の問題」と鉛筆で走り書きがしてあることから分かる。人々の帝国支配に関わる心性を中心に据えてイギリス帝国の崩壊過程に迫ってみるという視座である。

その頃すでに自覚していたかどうか記憶に定かでないが、そうした心性の問題に関心を抱くようになった要因として、それまでの二度にわたる私のイギリス留学時の体験があった。それらについては、『支配の代償』の「あとがき」のなかで記しておいた。確実なのは、八二年の春から初夏にかけて展開したフォークランド戦争が、直接のきっかけになったことである。イギリスからはるか遠く離れ二千人にも満たない数の人々しか住んでいない帝国領土を守るため、莫大な軍事力、巨額の費用を用いて戦争を起こしたイギリス、思いがけない人びとまで含めてその戦争を強く支持した多くのイギリス人たち、イギリスという国とその国民のこういった姿を念頭に置いた上で、帝国崩壊の過程を眺めてみるとどのような問題が浮かんでくるか、ということが問題となったのである。

八三年一月に作った暫定プランに「フォークランド戦争に見る帝国シンドローム」なるものを盛り込み、その年の八月の合宿で示した案で帝国主義意識という言葉を用いるなど、徐々に焦点は絞られていった。そして翌八四年九月の合宿（この合宿の際、「新しい世界史」というシリーズ名称が決定した）になると、「フォークランド戦争と帝国支配の後遺症」という章で始め、帝国意識というものに重点を置く形にするという方向で、本のコンセプトがかなり固まってきた。この時の構成案はその後相当変更されることになるが、著書の基本的な姿はこのあたりで決まったといってよい。

自国による植民地保有を当たり前と思い、自分たちが植民地の人びとに対して支配的な位置に立つことに何らの疑問もさしはさまないという帝国支配国の人びとの心性を、帝国意識と呼び、それを柱として本の執筆に本格的にとりかかっていったわけだが、帝国意識という言葉を、何をきっかけとしていつから使い始めたかは、記録にも記憶にもない。ただ、この言葉がそれまでも用いられていたことは確かであり、たとえば八一年に邦訳が出た米国の歴史家ジョン・ダワーの『吉田茂とその時代』に見出すことができる。私はこの本を熱心に読んだので、そこからヒントを得たことは大いに考えられる。

また心性、メンタリティを議論の軸に据えるという枠組を最終的に組み立てていく上では、私が方向性を決めた直後の八四年秋に刊行された John M. MacKenzie, *Propaganda and Empire. The Manipulation of British Public Opinion 1880-1960* という研究がこの上ない力となった。マッケンジー氏はその後、マンチェスター大学出版局によるイギリス帝国史シリーズの総監修者になるなど、帝国史研究の強力な牽引役となっていく歴史家だが、当時は四〇歳ほどで、年齢は私に近かった。九七年に東京で開いた第二回日英歴史家会議に招待したことで、とりあえず彼への研究上のお礼はすることができたのではないかと思っている。

私にとっての『支配の代償』の意味

このような準備作業の結果、『支配の代償 英帝国の崩壊と「帝国意識」』を、私は八六年の春から冬にかけて執筆した。「新しい世界史」シリーズの第五巻目としてそれが刊行されたのは八七年四月である。その刊行時、私は個人的に非常に厳しい状況に遭遇していた。私は両親がかなり歳をとってから生まれた子どもであったので、当時両親はすでに八〇歳をこえていたが、寝付いていた父を看病していた母が、急に体調を崩して入院した末にその年の二月末に死去したのである。母の葬儀に関わるもろもろの仕事や父を故郷の病院から私がその頃住んでいた横浜の病院に移すといった作業にあけくれるなかで、刊行のための最後のつめを行い（三月の日付がある「あとがき」の最後で母の急逝について触れている）、できあがった本に接することになったわけである。そして父も母の後を追うように六月末に逝ってしまった。私をこの世に生み出してくれた存在が四か月の間にいなくなってしまった、ちょうどその中間時点で、私が最初の著書として世に送り出したものがこの『支配の代償』だったわけである。

私の人生のなかで期せずしてそのような意味をもつことになったこの本は、内容面でも私のこれまでの著書や論文のなかで最も愛着を覚える作品となっている。帝国意識論は、それ以降の私の研究で、濃淡の違いはあれ常に意識する要因となった。イギリスについて帝国意識を語るに際しては、当然のことながらアジアで帝国支配国となり敗戦によって植民地を失ったことで植民地支配への反省の契機を欠いてしまった日本の問題が常に念頭にあったが、その点に焦点をあてた日英両帝国の比較論にもその後取り組んだ。

帝国意識論に関心をもち、それを自分の研究に活かそうとする研究者が少なからず出てきたことも、私にとってはありがたいことだった。『支配の代償』に関心をもって下さったイギリス史研究の先達川北稔氏などと一緒に八九年に結成した「イギリス帝国史研究会」のメンバーの関心も強く、それは研究会での共同研究のテーマとなり、その成果は、木畑洋一編『大英帝国と帝国意識――支配の深層を探る』（ミネルヴァ書房、一九九八年）に結実した。私も含めこの研究会のメンバーも多く加わった、北川勝彦・平田雅博編『帝国意識の解剖学』（世界思想社、一九九九年）も、そのような関心の産物といえる。

帝国意識論が、イギリス帝国に限らず他の帝国史研究にも有効であることは、今あげた『帝国意識の解剖学』や、ジュール・ヴェルヌを対象にフランス帝国でのそれを論じた、杉本淑彦『文明の帝国――ジュール・ヴェルヌとフランス帝国主義文化』（山川出版社、一九九五年）が示してくれた。日本帝国をめぐっては、ひろたまさき『日本帝国と民衆意識』（有志舎、二〇一二年）をあげておこう。この本の帯には、「日本と世界は「帝国意識」を克服できるのか？　民衆思想史の歩みを自己点検しつつ、帝国意識と民衆の複雑な歴史的関係にメスを入れる。」とある。日本と世界は帝国意識を克服できるのか、という疑問は、現歴研での議論のなかで私の内部で結晶してきた疑問に他ならず、『支配の代償』を執筆するに至った理由であった。その問題に正面から取り組むいくつもの研究に接してこられたことも、この本を私にとってこの上なく貴重なものとしているのである。

帝国意識と現在の世界

『支配の代償』を出してから本稿の執筆時まで、すでに三〇年が経過した。『支配の代償』を世に問うたとき、フォークランド戦争での帝国意識高揚に戸惑い、帝国意識は克服できるのかと問いながらも、私は、二一世紀に入っていく世界では帝国意識の希薄化が着実に進んでいくものとの希望的観測を抱いていた。一九九〇年代に入り、冷戦が終焉を迎える一方で南アフリカでのアパルトヘイトも終わりを迎えるといった事態が展開するなか、私のそうした考えは強まっていった。イギリスにおける帝国意識が複雑にからまりあった北アイルランド紛争が九八年に一応の終息をみたことも、その思いをさらに強めた。九九年に次のような一文を書いたときにも、私は楽観的であった。「筆者は、これから到来しようとする二一世紀における人類の課題は、「帝国意識」の残滓の最終的な克服を軸とする、さまざまなレベルでの共生の実現である、と考えている。」（「二〇世紀の国際体制――支配の時代から共生の時代へ」『社会科学研究』五〇―五）

しかし世界の現状を見ると、そのような見込みは甘かったといわなければならない。支配―被支配の関係の存在を当然のものとする考えは確かに国際関係の表面から姿を消したものの、私が帝国意識の主要な構成要素として強調した人種主義と大国主義は、さまざまな変形をこうむりながらも、しぶとくつづいている。『支配の代償』で素材としたイギリスの場合、EUからの離脱支持が過半数を占めた二〇一六年の国民投票では、イギリスはヨーロッパの単なる一国ではなく世界の大国であるという大国主義や、移民をめぐる人種主義が見られた。日本で広がりをみせてきたヘイトスピーチやヘイトアクション、さらに本稿執筆中に話題となった関東大震災での朝鮮人大虐殺への反省表明に否定的な小池東京都知事の姿勢などは、帝国意識の表現形態に他ならない。また米国で、クー・クラックス・クランが堂々とメディアの前に姿をあらわし、かつての米国と中南米の関係を髣髴とさせる形でトランプ大統領がベネズエラに対する軍事行動の可能性を明言する、といった事態が出現したことも、帝国意識の文脈で考えることができる。

帝国意識が克服され共生が基調となる世界は、遺憾ながら近い将来には到来しそうにない。ただ、そうした世界を早く実現するために、私としては研究者としてできることを、これからも、つづけていきたいと思っている。

（きばた・よういち　一九四六年一〇月生まれ。東京大学・成城大学名誉教授。〔著書〕『帝国のたそがれ――冷戦下のイギリスとアジア』東京大学出版会、一九九六年、『イギリス帝国と帝国主義――比較と関係の視座』有志舎、二〇〇八年、『二〇世紀の歴史』岩波新書、二〇一四年）

民衆の体験と「過去の克服」『草の根のファシズム』

吉見　義明

院生時代から現歴研参加まで

自分の学生時代をふりかえると、東大大学院国史学専修課程の近現代史専攻の学生にとって、いつも相当なプレッシャーがあった。それは、伊藤隆『昭和初期政治史研究』（一九六九年）、坂野潤治『明治憲法体制の確立』（一九七一年）、宮地正人『日露戦後政治史の研究』（一九七三年）という、東大出版会からあいついで出された優れた先行研究があり、われわれにはそのレベルにどう追いつけるか、という困難な課題がつきつけられていたからだった[1]。

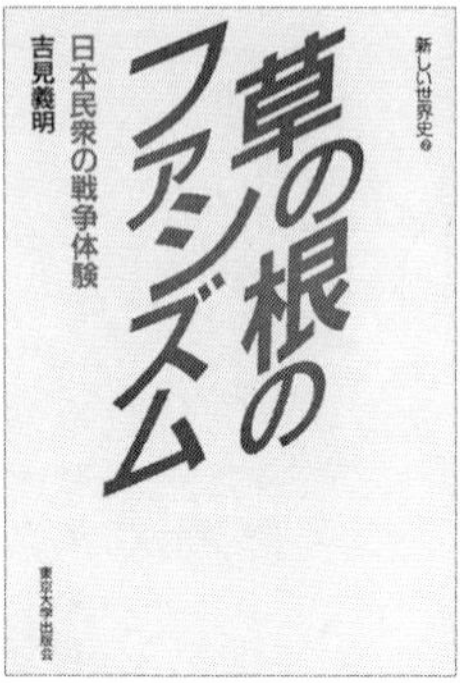

1987年刊

その課題を果たすことができたかどうか心もとないが、『草の根のファシズム』を書くことができたのは、思いがけない幸運からだった。

院生時代から中央大学に就職した頃にかけて、ぼくは社会運動の研究をしばらく続け、労農派の研究もしたが、どうも自分が本当にやりたいことではないな、という気がしていた。そこで、「満州事変論」などを書き、「日本ファシズム論」をやろうかと思い始めていた。そんな時に、小谷汪之さんや吉沢南さんたちが東大出版会の渡邊勲さんとつくった「現代歴史学研究会」（現歴研）に誘われて参加したのだった。小谷さんから電話をもらった時は、「どうしてぼくが？」と感じたことを思い出すが、大変幸運でもあった。

民衆の戦争体験

この研究会の議論に加わる中で、次第に研究の方向が定まっていき、日本民衆の日中戦争体験・アジア太平洋戦争体験に焦点をしぼるようになった。その際に、普通の人びとや兵士の日記と回想記がきわめて重要だと思うようになった。

気づいたことのひとつは、兵士たちの戦場体験には二重性が共通してあるのではないか、ということだった。多くの兵士は、日本のファシズムを下から非常に熱心に支えて動いている。これは、自分たちは戦い続けたという誇りにつながっていく。他方で、ファシズムと意識したかどうかは別にして、そのような体制下で、あるいは自分が戦った戦場で、自分が参加している戦争がいかにおぞましく、汚いものであるか、ということに気づいていく。この両面があるのではないかということだ。

平和・自由・民主主義

そして、後者は、戦後の平和・自由・民主主義を大切に思う意識につながっていく。戦後日本の平和主義は、アメリカの核の傘の下で、韓国や沖縄の基地があることによって、はじめて許されたものだという評価もあるが、そうであっても、このような意識がひろく定着していったことは重要なことだと思う。『一下士官のビルマ戦記』（葦書房、一九八一年）を書いた三浦徳平さん（一九一八年生まれ。敗戦時二七歳）は、自らがビルマで住民虐殺にかかわったことを明らかにしている。また、兵士や下級の将校が戦場で虫けらのように殺されていったのに、上級の将校はほとんど無事に帰還していたことなどをふまえて、軍隊を否定し、絶対平和主義の立場に立つようになった。このような人も生まれているのだ。

なお、一九九〇年代に日本軍「慰安婦」問題が浮上してきた時に、拙宅を訪問された三浦さんは、ビルマの駐屯地には日本人・朝鮮人・中国人・ビルマ人の「慰安婦」がいたが、自分は当時下士官だったので自由に外出でき、自分にはなじみの中国人「慰安婦」がいた、という話をしてくれた。率直な回想に聞き入ったが、あの三浦さんにして、という驚きを禁じ得なかったことも思い出す。

対アジア戦争責任

「二度と戦争をしてはいけない」という合意は、戦後の日本で定着していくのだが、他方で、日本以外の対アジア戦争責任の自覚はあまり生じなかった。中国に対してすまないことをしたという意識はある程度形成されるが、十分ではなかった。また、東南アジアに対する戦争責任意識や朝鮮に対する植民地（支配）責任意識はほとんど形成されなかった、というのが大きな特徴だと思う。その意味で「過去の克服」はいまだできていないのだ。

そのような中で、矢野正美さんの『ルソン島敗残実記』（三樹書房、一九八六年）はいまも強く印象に残るもののひとつだった。これは日記体で書かれているが、正確には日記というより、戦後に書かれた回想記録というべきだろう。捕虜収容所で書いたメモをもとに、ルソン島から帰り、マラリヤから回復した後に、一日ずつ思い出して書いたものだ（彼は一九二〇年生まれで、敗戦時は二五歳）。注目されるところを一つだけ挙げると、一九四五年一二月一〇日の記述がある。日本への帰還命令が出て、列車に乗って移動するときに、沿線の住民から「ドロボウ」「死ね（パタイ）」という声とともに、石を投げつけられるのだが、この時彼は反発しないで、次のように感じている。

私達もあのサンフェルナンド上陸以来、比島の住民達にして来た事を考えてみると、その罪の大きさを思わずにはいられない。殺人、放火、強盗、強姦、ありとあらゆる罪を重ねて来ている。彼等との戦争でもないのに、何で彼等に大きい被害を与えたのであろう。何でこの遠い他国まで来て戦ったのであろうか。〔憎しみを込めて叫んでいる〕あの老婆の憎しみが分かる。私達は本当に罪人であろう。

矢野さんがどうしてこういう認識に到達できたのか、きちんと追究できたらよかったのだが、この回想記の基になったメモや原稿は本が出た時に捨ててしまったということだった。ただ、自分もレイプをしたというような文章がなぜ活字になったのかという事情は分かった。矢野さんがこの回想記を書いているということは、周りの人たちは知っていた。彼は建設業で成功したため、いろんな芸術家などを呼び、文化的なサロンをつくる。その中のある陶芸家が回想記を借りだして、その内容に感銘し、矢野さんに内緒で出版社に持ち込み、活字が組まれた後に出版の相談をした。矢野さんは、躊躇したけれども、もう活字になっているのだったら仕方がないと思ってそのまま出版することになった、というのだ。

「自らを拘束する国家」という認識

矢野さんは建設業なので、自民党との関係も深く、地元の中曽根派の越智伊平代議士を応援していた。この代議士はのちに建設大臣になる。上記のような矢野さんの認識と中曽根派の代議士支援がどうつながっているか、興味のあるところだが、矢野さんはこんなことを言っていた。

自分はフィリピン戦線で擲弾筒を背中に受けて、負傷した。上官は自分を見捨てて、手榴弾を渡し、生きていけなくなったらこれで自決しろ、といって去って行った。軍に見捨てられて、ルソンの山中をさ迷うのだが、その中で多くの戦友が命を亡くしていった。帰国した時に天皇は当然自決していると思っていたのに、生きているのでびっくりした。

こういう思いが、保守派の人びとの中にもそうとうあるのではないかと思う。

国家というものは、本来は個人を守るはずのものだという考えがある。しかし、ルソンにおける国家(軍)はそうではなく、個人の自由と生命を拘束し、ある場合には死に追いやるものだ、ということに彼は気がついたのだ。そのような認識に到達した、多数派ではないけれども、少なくない一人であったと考えられる。

『草の根のファシズム』以後

『草の根のファシズム』を書きあげた後、一九八九年にアメリカ留学の機会をえて、二年間、メリーランド大学で、占領期の民衆意識の調査(プランゲ文庫)と、日本軍の毒ガス戦の調査を行った。前者は、『草の根のファシズム』の続編を書くため、後者は「過去の克服」のためのひとつの基礎調査のつもりだった。

一九九一年に帰国してみると、日本軍「慰安婦」問題が浮上していた。そこで、同年末から、この問題にかかわることとなった。「過去の克服」をしっかりと行うためには、基礎的な歴史的事実を知らなければならないという思いからだった。こうして、遅々たる歩みではあるが、『従軍慰安婦』、『毒ガス戦と日本軍』、『焼跡からのデモクラシー』を刊行してきた。また、『従軍慰安婦』は二〇〇〇年に、『草の根のファシズム』は二〇一五年にコロンビア大学出版会から英訳本が刊行された。

とはいえ、時間の流れは速く、平和主義も「過去の克服」もどこかに忘れ去られそうな勢いである。その背景には、日本が「経済大国」になったという意識が広がったことと、アジア太平洋戦争を一番下で支え、戦後は高度成長を支えた三浦さんや矢野さんなどの大正生まれの人たちが、日本からほとんどいなくなったことがあるのではないかと思う。

しかし、明治以来の日本の植民地主義的な進路を問い直し、「過去の克服」をしっかりしなければ、やがてわれわれはアジアや世界で生きていけなくなるのではないか、と思う（もちろんこれは日本だけの課題ではなく、欧米の植民地支配をした諸国も同様だが）。

その意味で、自分に残された少ない時間を使って、日本軍「慰安婦」問題そのものを検討する本と、この問題を日本人が解決できない原因を探る本と、高度成長が日本人にもたらした問題を問う本（『草の根のファシズム』の続々編）をなんとか書いてみたいと念願しているところである。

註

（1）ぼくの研究の歩みについては、中央大学の最終講義でもふれたので参照していただければ幸いである（吉見「歴史学の楽しみ」『戦争責任研究』二〇一七年一二月号）。

（よしみ・よしあき　一九四六年一二月生まれ。中央大学名誉教授。〔著書〕『従軍慰安婦』岩波新書、一九九五年、『毒ガス戦と日本軍』岩波書店、二〇〇四年、『焼跡からのデモクラシー』全二巻、岩波書店、二〇一四年）

現代世界の抱える難問にも挑戦　『異郷と故郷』

伊藤　定良

一　『異郷と故郷』の成り立ちと反響

『異郷と故郷』（一九八七年）は、私のはじめての著作で、書下ろしである。最初の著作は何とか書下ろしにしたいと考えていたので、本書への思いはひとしおである。これまで、講義などではもちろん本書に触れることはたびたびあったけれども、文章で本書の成り立ち自体に言及したのは、私自身の研究歴を概括した文中の次の一節と後述の「ある史料についての断章」という短文くらいのものだ。

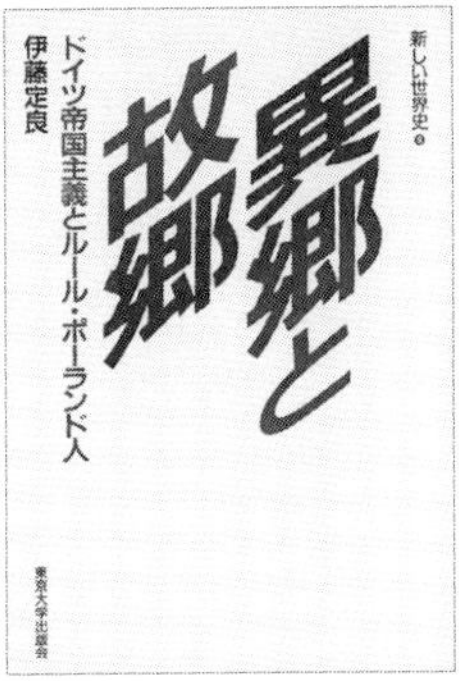

1987年刊

国際社会の動きを受け、内外の研究が大きく転回していくなかで、一九八六年に「新しい世界史」のシリーズが誕生する。私もそのメンバーであった現代歴史学研究会は、「西欧的近代」によって担われる「文明」から裁断される「世界史」を排し、さまざまな地域に生きる人びとのそれぞれの歴史を具体的に捉え、それらを下から積み上げていくことによって新しい世界史の可能性を切り拓こうとした。私自身は、第八巻の『異郷と故郷――ドイツ帝国主義とルール・ポーランド人』において、ドイツ統一から第一次世界大戦までを対象に、糊口の資を求めてルール工業地帯に移動してきたポーランド人（ルール・ポーランド人）の民族運動の成立と展開を明らかにすることによって、プロイセン＝ドイツの国家と社会の抑圧的構造やドイツ国民国家の矛盾のありように光を当てようとした。それは、複合的な構造をもつヨーロッパ近代世界を捉え直す試みでもあった。（「近代ヨーロッパ再考の試み」『われわれの歴史と歴史学』21世紀歴史学の創造　別巻I、有志舎、二〇一二年）

ここに述べたように、本書は現代歴史学研究会の存在を抜きにしては誕生しなかった。編集を担当した渡邊勲さんの卓越した組織力のおかげで、私たちは月一回の定例研究会と四回の夏合宿をもち、一九八一年から八六年のおよそ六年にわたって研究会活動を続けた。私自身は、この間、八三年秋から一年間ドイツに滞在したが、文書館にこもってひたすら史料に沈潜できたのも、研究会で自分のテーマの方向性がほぼ明確になっていたからである。

本書にまつわる史料については、他のところでも述べたことがある。これら史料を収集し、読む過程で、私が味わった歴史学の醍醐味を「ある史料についての断章」として語ったのだった。それは、まさに私の「忘れ得ぬ出会い」とでも言っていいものだった。

在外研究中私は、西ドイツ（当時）のノルトライン＝ヴェストファーレン州立文書館（ミュンスター）に日参し、明けても暮れても、政府や自治体、警察関係の公文書、裁判記録や新聞などの山とにらめっこしていた。たまには、文書史料の綴りに挟まれているまだ白紙の閲覧者名簿の最初に署名することもあり、そうした史料のなかに貴重な新しい事実を発見することもあった。しかし、手書き文書も少なからずあって、崩し字一覧表を横に置きながらカタツムリの歩みしかできない状況がしばらく続いた。やっと慣れてきて、それまで読めなかった文書も何とかこなせるようになると、今度は在外研究の残り時間との闘いが待っていた。

テーマの全体構造が何となく見えてきたにもかかわらず、肝心のポーランド人民衆の意識といったことについては隔靴掻痒の感じで、もどかしさが募った。そのようなときに手に取ったのが、文書館のフランツ博士が勧めてくれた戸籍関係文書である。そのなかに、改姓文書の膨大な綴りがあった。正直なところ、最初はそれにはほとんど期待していなかった。しかし、一枚一枚と書類をめくるうちにはっきりしてきたのは、改姓申請書類が当時の人びとの生活や意識を写し出していることだった。そこに書かれている申請理由を読むと、なかには、あきらかに自分の犯罪歴を隠すために改姓を申請するような不届きものもいた。史料の面白さに引きずり込まれて、気がついてみるともう閉館時間がきていた。

二〇世紀以降の文書の束は、それまでのものとはいささか違っていた。しだいに、ポーランド人の改姓申請書類が増えてきたのである。一九〇八年以降には、ドイツ人の改姓申請に対して、ポーランド人の改姓申請件数が圧倒するようになる。いうまでもなく、ポーランド姓からドイツ姓への改姓であった。ある申請者は、明解なドイツ語で、ドイツ姓に改姓したい旨を強く要望していた。ポーランド人であるが故に不当な差別を受けている状況には我慢できないというのである。彼の願いは、ドイツ姓を獲得することによって、自分の能力にふさわしい社会的地位を確保し、さらに上昇を遂げていきたいという一点に絞られていた。また別の申請者は、わが子が「ポラッケン」(ポーランド野郎)と中傷され、いじめを受けている現実に心を痛めていた。ドイツ社会で生きていかねばならない子供の現在と将来への心配が、彼を改姓へと踏み切らせたのである。彼の必死の思いが文面からも伝わってきた。さらには、やはり同じような理由を付した改姓申請書類のなかには次のようなものもあった。タイプ打ちのきちんと書かれた改姓理由に、かろうじてアルファベットの体を成しているような、金釘流とでもいうべき署名が付けられていたのである。おそらく、申請理由は代書屋で書いてもらい、自分の名前はやっとのことで綴ったのだろう。

それは、これまで経験したことのない衝撃であった。身の震えが止まらず、文書をつぎつぎと読み進むには大変なエネルギーを要した。彼らは、なぜ改姓という手段によってプロイセン＝ドイツ社会と折り合いをつけようとしたのか。改姓というかたちで生きる道を選び取ったポーランド人がいる一方で、ポーランド民族運動に結集していく人びとも存在した。彼らのありようは、いみじくも、プロイセン＝ドイツ社会の特質を示しているのではないのか。ポーランド人の改姓文書の多くの分厚い束を一通り読み終えたとき、彼らのうめきや悲しみ、決意などをとおして、プロイセン＝ドイツ社会の現実の一端を実感できたように思う。それは、異質なものに対する国民国家ドイツの圧迫と排除であり、「ドイツ国民」内部の偏見と分裂である。改姓申請書類との出会いは、近代ドイツ、ひいては近代ヨーロッパの意味を再考するうえでかけがえのないものだった。同時にそれは、近代日本と朝鮮との関係を意識させるものでもあり、書かねばならなかった本の構成をおぼろげながらも浮かび上がらせたのである。

本書が出版されてから、書評も含めて多くの反響があった。わが国ではじめてルール・ポーランド人の問題を本格的に論じたことで、本書は望外な評価を得た。民族問題あるいは労働運動史の分野から取り上げられたのである。さまざまな書評・コメント（とりわけ、阪東宏さんと野村正實さん）が、民族と階級の関係や民族問題の重層構造などについて、私の不十分な点を指摘してくれたのは、表記上の問題点を含めて、非常に貴重だった。ただ、私自身の意識からすれば、そこにやや違和感を覚えたのも事実だった。私の問題意識や「読者へ」のメッセージを受けて、テーマを大きく発展させるまでにはなかなかいかなかったからである（この点については、数年前に、割田聖史さんが本書を取り上げ、私の問題意識を論じている）。一九八〇年代には、国民国家やナショナリズムに関する研究が進展し、西欧中心的な世界史像に対する良知力さんの批判も影響力を広げて、戦後歴史学が新しい歩みを始めていた。私はそれを意識して、国民国家イデオロギーの抑圧性や国民国家における国民統合と差別・排除の関係、「理念としての」ヨーロッパ近代の一面性を明らかにし、現在の私たちの課題を考えようとしていたのである。

だいぶ経ってから、私たちの「新しい世界史」シリーズの問題提起・問題関心について、今は亡き中村政則さんに問われたことがあった。中村さんは、ポストモダニズムなどを念頭に置いて質問したようだったが、私自身にはそうした意識はなかった。私は、建前であるにしても、人権や生存権・社会権などを保障する国民国家の積極的な面を評価することにやぶさかではない。しかし、国民国家が異質なものを差別・排除し、「理念としての」西洋近代が一人歩きして、それが植民地支配を正当化していた現実がある以上、その西洋近代を批判し、近代社会が抱えるさまざまな矛盾を明らかにしなければ「新しい世界史」も構想できないだろうと私は考えていた。『異郷と故郷』のねらいでもある。

『異郷と故郷』は思わぬところから反響があった。当時国際基督教大学で教えていた姜尚中さんから連絡があり、自分の担当授業を使って特別講義をしてほしいという依頼だった。大教室で、学生たちは私の話に熱心に耳を傾けてくれた。その後、姜さんは『ナショナリズムの克服』（集英社新書、二〇〇二年）でも私の本を取り上げ、「在日の問題意識を、西洋史の立場から書いてくれた」と高い評価を寄せた（学校の授業語＝ドイツ語の問題について、ここで沖縄の「方言札」を持ち出すのは間違いだと思うが）。また、立川の図書館から点字図書の許可を求める申し出があったが、これはどのくらい読まれたのであろうか。

ところで、私の一番近い周辺からの反響だが、これはあまり芳しくなかった。『異郷と故郷』の内容の一部は、執筆中に講義でも取り上げ、それなりの反応はあったはずだった。しかし、ゼミの学生や卒業生たちなどからは、プロローグの魅力にひかれて面白く読み進んだものの、途中からは難しくて投げ出してしまったという感想ももらった。身近な学生を読者に想定して書いただけに、この反応はショックで、私としてはもう一度内容を再構成し、叙述の仕方を含めて読者に分かりやすく書き改めたいと思ったのだった。現在では、この気持ちがいっそう強い。

二『異郷と故郷』を受けて——ドイツ・ナショナリズム考と現代世界

ルール・ポーランド人は、近代ドイツの資本主義的発展によって生み出され、ドイツ資本主義の不可欠な労働力として「石炭と鉄の時代」を支えた。このルール・ポーランド人にとって、西部工業地帯のルール地方はあくまでも「異郷」であり、元来の居住地のプロイセン東部国境地方こそが彼らの「故郷」であった。彼らは出稼ぎ労働者としてルール地方に移住したが、しだいにルールに定住するものも多くなった。それには、プロイセン＝ドイツ東部での抑圧的な民族政策も関係していた。私の研究は、その後、この「東」の民族問題、つまりポーランド人問題をめぐって近代ドイツの抱えた矛盾を明らかにすることに向けられた。

じつは、「東」におけるポーランド人問題については、これまである程度は勉強しており、『異郷と故郷』でも多少は触れていた。しかし、「東」を舞台にしたドイツ・ナショナリズムの歴史とポーランド・ナショナリズムの展開とを総合的に検討する作業は、課題として残されていた。ポーランド・ナショナリズムが、とりわけドイツ第二帝政国家の国民統合政策に異議を突きつけ、さまざまなレベルの民族差別＝社会差別に対決し、ドイツの国家・社会のあり方を批判しただけに、その課題に取り組むことは必要だった。しかも、それぞれのナショナリズムの関係を問うためには、ユダヤ人という両者から差別された住民集団を視野に収めなければならないということも自覚していた。こうして、それらの課題を意識してやっとまとめたのが、シリーズ「民族を問う」の第一巻『ドイツの長い一九世紀　ドイツ人・ポーランド人・ユダヤ人』（青木書店、二〇〇二年）である。

この著作を書いて以降、私自身学内行政に携わらざるをえなくなり、学部長に引き続いて学長の激務に忙殺されて研究どころではなくなった。それでも、いわゆる「戦後派研究会」の末席に連なっていたおかげで、もちろん研究会に皆勤とはいかなかったけれども、研究の息吹には触れていた。そういうなかで、伊集院立さんと共著で、『国民国家と市民社会』（21世紀歴史学の創造　第一巻、有志舎、二〇一二年）を出した。ここでは、「国民国家とは何か」と題して、研究史とその課題を考察するとともに、新しい内容を多少入れながら、従来の研究を手直しして発表した。

もとより、十分な時間が取れなかったこともあって、ここに書いた二つの論文には内心忸怩たる思いがあり、欲求不満と反省だけが残った。こうした私の気持ちを察していたのであろうか（この点は確認していないが）、シリーズの刊行終了後しばらく経って、有志舎の永滝稔さんから「一九・二〇世紀のドイツ史をまとめませんか」と声をかけられた。それに対して、私は『近代ドイツの歴史とナショナリズム・マイノリティ』（有志舎、二〇一七年）を書いて、永滝さんの申し出に何とか応えた。その間の事情については、「あとがき」に次のように記している。

そのときは、第一次世界大戦に関する史料を読んでいたこともあって、即答できなかった。私自身はもっぱら一九世紀史を中心に学んできており、第一次世界大戦以降については勉強不足という思いもあった。ただ、以前から、先行研究の成果を借りて自分の仕事をドイツ近代史全体のなかでまとめたいという気持ちは強かった。結局は、この気持ちが私の迷いを押し切った。

本書のテーマは、私が長年抱いてきた「ドイツ・ナショナリズムにおける『東』の意味」を問うことである。同時に本書は、「東」との関連で「西」の問題も扱っている。ここに見られる「東」と「西」の対照性は、ヨーロッパ近代の矛盾を明らかにするうえで大事な問題の一つだと思っている。

現代世界の抱える難問にも挑戦（伊藤定良）

このように、私の最近作は、ドイツ・ナショナリズムの変転の歴史とナショナリズムを克服しようとする戦後ドイツの試みを、もっぱら「東」の問題をとおして考えることをめざしている。なぜ「東」なのか。すでに述べたように、「東」こそはドイツの抱えた矛盾を集中的に表し、ドイツ・ナショナリズムの特徴をすぐれて示しているからである。ここでは、さまざまな点で、フランスをはじめとする「西」の問題とは対照的である。

ドイツを歴史的に振り返ってみると、いわゆるドイツと呼ばれる地域の「西」の国境線は、一八一五年に成立したドイツ連邦以来今日に至るまで、ほとんど変わっていない。それに対して、「東」の国境線の変動はきわめて大きい。このことは、ドイツがつねに「東」に不安定要因を抱えていたということを意味している。こうした「東」の不安定性を象徴していたのが、ドイツの歴史のなかのポーランド（人）問題であった。率直なところ、ドイツとポーランドとの関係を、ドイツ・ナショナリズムを軸に、マイノリティであるポーランド人・ユダヤ人を視野に入れて、しかも二〇〇年にわたる近代ドイツの「通史」に位置づけることは、私の手に余る作業だった。それでも、私の長年の思いが、この作業をともかくにも終えさせ、『異郷と故郷』以来の自分の研究に一応のかたちをつけた。

『近代ドイツの歴史とナショナリズム・マイノリティ』を書き終えた今、ドイツとポーランド両国あるいは両国民間の関係が、第二次世界大戦後の国際教科書対話や「被追放民」問題などの取り組みのなかで変わってきていることを実感している。ヨーロッパ連合（EU）の動きも、両者の友好、対等な交流を後押ししている。このEUにあって、難民問題への対応に苦しみながらも、二一世紀世界を国際協調によって切り拓こうとしているのがドイツであることは興味深い。ナショナルな問題の中心にいたドイツが、いまやかつての敵フランスとともにEUをリードし、地域協力・地域統合を牽引しようとしているのである。ところが、このEUがグローバル化による格差と差別の拡大のなかで、移民・難民に対する排外主義やナショナリズムによって揺れ動いている。私たちは、EU市民が人びとの共同と連帯によって、こうした現状の解決に向かうことを期待したいと思う。また、私たちの周辺を見ても、「外国人は出ていけ」といったヘイトスピーチや事実に基づかない「沖縄ヘイト」などの「フェイク（偽の）ニュース」が、ネットだけでなく社会でも流布されており、EUでの排外主義は他人ごとではない。

このように考えると、『異郷と故郷』で取り上げた問題は、現在においていっそう切実さを増してきているように思う。移住ポーランド人であるルール・ポーランド人の問題は、上に述べたEUの抱える深刻な問題を考えることにもつながっている。彼らについての考察は、イスラム系移民やシリアなどからの難民をめぐるナショナリズムや排外主義の動き、それに対抗する市民の運動を捉える点でも多くの示唆を与えるだろう。さらに、ドイツ国民国家に見られる国民統合のあり方とルール・ポーランド人との関係についていえば、それは、戦前日本における「内鮮融和」「日鮮同祖論」に基づく皇民化政策と朝鮮人との関係、戦後日本の在日韓国・朝鮮人問題を考えるうえで格好の材料を提供してくれるはずである。

『異郷と故郷』は、今日の時点でなお大きな意味をもち、あらためて読み直されてよいのではないか。最近では、心からそう思っている。

最後に一言。『異郷と故郷』というタイトルの意味についてはすでに触れたが、それは、史料を読み込んでいくうちに自然に浮かんできたように思う。しかし、最初は違う書名を考えていた。本の準備状況を執筆者全員で確認するために、渡邊さんから、ドイツにいる私のところにも構想シートとも言うべきものが送られてきた。そのときは、苦し紛れに「ライヒの敵」というタイトルを書き送った。横書きで、「イ」と「ヒ」の間隔を取らなかったために、渡邊さんはそれを「ラ化の敵」と読んでしまったらしい。「ラ化」とは何か。渡邊さんが首をひねっているちょうどそこに居合わせた永原陽子さんが、「ライヒでしょう」と助け舟を出し、渡邊さんの疑問は解消したという。一事が万事この調子で、読みづらい文章もずいぶん渡邊さんを煩わせてしまったのではなかろうか。「あとがき」の最後の文章の一節、「本書の内容にはもちろん私が責任を負うべきだが、氏（渡邊さん）との『共同作業』によってともかくも本書を完成することができた」という思いは、今でも変わらない。

（いとう・さだよし　一九四二年三月生まれ。青山学院大学名誉教授。〔著書〕『ドイツの長い一九世紀――ドイツ人・ポーランド人・ユダヤ人』青木書店、二〇〇二年、『越境する文化と国民統合』増谷英樹共編、東京大学出版会、一九九八年、『近代ヨーロッパを読み解く』平田雅博共編、ミネルヴァ書房、二〇〇八年、『近代ドイツの歴史とナショナリズム・マイノリティ』有志舎、二〇一七年）

風景のなかから、インディオとともに問いかける　『エル・チチョンの怒り』

清水　透

暗中模索のなかから

結局、この本で先生が言いたかったのは、これからは地方の時代っちゅうこっすかね？

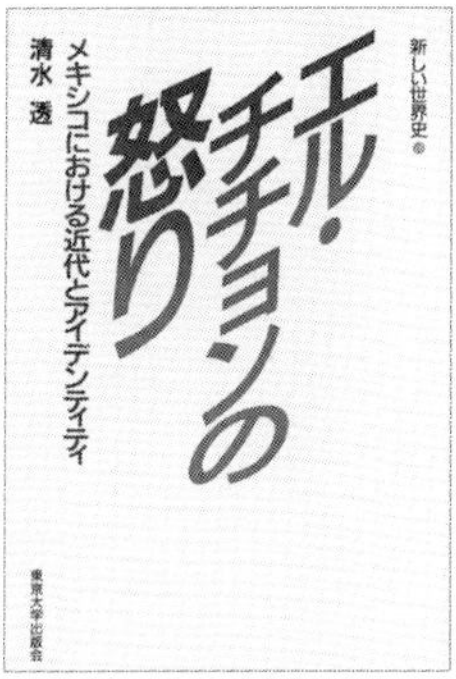

1988年刊

岩手県一関市のある読書会に招かれた際、農業で生きてこられたお年寄りからのこの質問。なんと答えるべきか言葉に窮した。いったん活字化してしまうと、本は独り歩きをはじめるとはよく言われるが、想像もできなかったこのコメント。そのような読み方もあるものかと、自分の書いた本を読み返した覚えがある。

これは『エル・チチョン』を遡ること四年、一九八四年に出版した『コーラを聖なる水に変えた人々——メキシコ・インディオの証言』（現代企画室）にまつわるエピソードだが、『エル・チチョン』にも、考えてもみなかった反応が寄せられた。研究対象地域に違いはあれ、同じメキシコの先住民社会の研究を続けてこられた文化人類学者、黒田悦子さんからいただいたお電話でのこと。

清水さん、文化人類学に殴り込みかけたわね。現地調査を重ねるほど、論文は書けてもモノグラフはますます書きにくくなってくる。『エル・チチョン』は本来、文化人類学者が書くべき本ですよ。

そうだったのか、と、実に好意的なこのお話にまずは驚き、大いに励まされた覚えがあるが、殴り込みなど、そんな意図がさらさらなかったことは言うまでもない。

長年にわたり僕は、文化人類学とも歴史学とも無縁な世界で生きてきた。大学紛争と同じ一九六八年に東京外国語大学の助手に採用されたが、言語研究や言語教育に徐々に関心がうすれ、ラテンアメリカの地域研究に傾斜していった。

一九六〇年代末といえば、この地域を専門とする研究者はどの分野でも数少なく、それだけに、多分野にわたりいろいろと執筆依頼の仕事が舞いこんできた。おかげで政治・経済・歴史にわたり幅広く知識を積み重ねることはできた。しかしこのままでは、ラテンアメリカの事情通で終わるのは目に見えている。それでいいのか。数年もたてば意味のうすれる政治経済の動向分析にも限界を感じる。

以来、延々と自分の専門について暗中模索の状態がつづくこととなる。

史料世界のフィールドワーク、そして文書に孕まれた権力関係

一九七三年メキシコへの留学を機に、それまで漠然と関心をもちつづけていた歴史学へ照準を絞りこみ、はじめて文書を読み解く歓びを知る。行き着いたテーマは、植民地時代におけるイエズス会の伝道とそれにともなうインディオ社会の変容であった。ある日、「クリアデロ」と呼ばれる黒人奴隷の「飼育施設」についての、詳細にわたる管理規則の文書と出会う。閉じ込められた女奴隷に子どもを産ませ奴隷を育てさせる、イエズス会が経営していた施設の生なましい実態の一部が浮かび上がってくる。その日は夜も眠れぬほどの興奮を覚えたが、その後もこうした文書との感動的な出会いは何回かあった。また、イエズス会の効率的な農園経営の実態や、命を賭して広漠たる荒野を伝道へと向かうフランシスコ修道会の伝道者たちの姿、しかもその彼らの活動も、鉱山開発を順調に進めるための地ならし的役割＝精神的征服と密接に関連していた実態も徐々に浮かび上がってくる。しかし、だからといってそれで一体何が書けるのか。テーマをもっと絞りこまねば無理だ。しかし絞りこめば逆に、限られた文書でものを書いてしまうことになりかねない。

文書の海を前にして、その恐ろしさを徐々に感じはじめる。ものを書くには、まずは二次史料もふくめ史料の海に浸りきること、いわば史料の世界のフィールドワークがいかに重要であるかという問題に突きあたる。しかし歴史学の世界に入ってわずか三年。その限られた留学期間に果たしてそれは

可能なのか？

もうひとつ、いくら史料を読み漁ってみても、なぜかある種の苛立ちを、焦りを感じつづける。文書を書き遺した人々の大半が、征服者であり聖職者であるなら当然のことだが、生なましいインディオの声が聞こえてくることはない。彼らのリアルな姿も一向に見えてこない。そうなのだ、自分の関心は、「発見」された側の人々にあるのだ、とようやくそのことに思いいたる。なぜこちら側ではなく、あちら側に惹かれたのか、その理由は定かではない。今思えば、文書を書き遺した人々と、書かれるだけの人々、書かれもしない人々との、文書そのものに孕まれている権力関係に、漠然とながら気づきはじめていたと言えそうだ。書かれない人々、書かれるだけの人々の歴史における主体性の問題だが、それは、普通に生きる僕自身の歴史における主体性の問題とも無関係ではない。ただあの頃は、あちら側に焦点をあてることに何か新しい可能性がありそうだと、そんな漠然とした予感を感じていたに過ぎない。

西欧知と、それとは別の知

植民地時代史の基礎知識は身についたものの、当然のことながら、納得できるまとまった成果もあげられぬまま帰国することとなるが、その直前に出会った『ファン・ペレス・ホローテ』という、一〇〇頁ほどの本との出会いは、その後の僕の研究方向を決定づけたといえる。メキシコの文化人類学者がマヤ系のチャムーラ村のインディオの聞き取りをベースにまとめたライフ・ストーリーだが、そこには、僕が追い求めていたリアルな歴史のモデルがあった。文化人類学者や歴史学者が観察や分析を基礎に描いたインディオの世界ではない。分析され書かれる側に押しとどめられてきたインディオが、自らの口で生活、文化、価値観、歴史をとつとつと語る。その語りをつうじて、従来のメキシコ史には見られない別の歴史世界が伝わってくる。西欧知ではない、別の知の存在も見えてくる。そしてなにより、物語としても面白い。

この本をきっかけに、文献史学が描いてきた歴史とは、一体どの部分の歴史なのか、どの部分に過ぎないのか、そんな素朴な疑問が広がってゆく。つまり、西欧知を基礎に築かれてきた歴史学自体に、根本的な欠陥と限界があることに思いいたる。いわゆる西欧中心主義の問題だがしかしそれも、他人事ではあり得ない。僕自身にも巣くっている、西欧知の偏りと限界性についての問題でもあった。その限界から解放されることは果たして可能なのか。そのためにはどうすべきか。まずは埋もれた世界に身を投じてみる以外にない。そして埋もれた声に接することからやり直してみよう。こうして一九七九年からはじめたチャムーラ村でのフィールドワークは、暗中模索の再出発であった。

ディシプリンから自由であるということ

調査の方法も聞き取りの方法も知らない。でもそのままで良い。知ってしまえば、西欧知の方法をなぞることになりかねない。インディオ社会についての研究論文も読むまい。読めば先入観に犯される。事前に彼らの言語を習得することもしない。下手に話せれば、彼らの社会を分析しにやってくる文化人類学者と勘違いされるかも知れないからだ。他所者ではあれ、一人の人間としてどこまで認めてもらえるのか。その上で、一体彼らは何を語ってくれるのか。その埋もれた声が僕に何を訴えてくるのかを考えてみたい。まず手をつけたのが、『ファン・ペレス・ホローテ』の主人公ファアンの家族を捜すことであった。そしてようやく出会った彼の長男ロレンソからは、案の定、次のような言葉を浴びせられた。

これまで何人も、文化人類学者やらなんやらがやってきた。根掘り葉掘り親父やワシの話を聞きだしても、その後は無しのつぶてだ。有名らしいメキシコのジャーナリストなんか、たった一枚残っていた親父の写真を借りていって、その後なんの音沙汰もない。どうせあんたも同じだろう。帰れ、帰れ!!

彼が徐々に心をひらき聞き取りに応じてくれるまでに、数か月が必要であった。そして彼の語りをもとに、『ファン・ペレス』の翻訳を第一部に、ロレンソの語りを第二部として、ようやく二世代記にまとめたのが、『コーラを聖なる水に変えた人々』である。足掛け四年にわたるフィールドワークの成果であったが、あの『コーラ』がなければ『エル・チチョン』もあり得なかったとつくづく思う。フィールドワークをつづけながら、徐々に既存のディシプリンと自分との関係もはっきりと見えてきた。いかなるディシプリンからもますますはみ出してゆく自分。しかしむしろ、そうなってはじめて、既存のディシプリンの実態が見えてくる。そして自分なりの方法の方向性も定まってきたと言える。

風景のなかの史実、風景のなかの声

既成のディシプリンから自由であるためには、調査方法や村に関する研究は読むまいとする気持ちに変わりはなかったが、かといって文献を一切拒否していたわけではない。フィールドワークを続けながらも、その傍ら、気になる書物には幅広く目をとおす。でもそれは、あくまでも自分なりの作品の構想を練り上げるための下地づくりであった。

研究対象との接し方や、学問、民衆へのまなざしについては、宮本常一の研究姿勢に刺激を受ける。何をどう描くかといった歴史叙述の面では、パール・バックの壮大な長編小説『大地』（一九五三年）、文書のフィールドワークを基礎とする吉村昭の歴史文学、澤地久枝の一連のノンフィクションや、一部倫理的な問題を感じつつも、山崎朋子の『サンダカン八番娼館』（一九七二年）にも惹かれるものを感じた。埋もれた声を伝えたい相手は誰なのか。歴史研究者が読んでくれればそれは嬉しい。でも、それ以上に読んで欲しいのは、西欧知を常識として日常を普通に生きてきた人々だ。そのためにも、歴史叙述のスタイルはどうあるべきか。

そもそも、いかなる具体的歴史的出来事も、歴史的風景のなかにある。声を伝えてくれるインディオも、記憶という歴史的風景を基礎に、今を生きている。彼らの歴史実践とはそのようなものであろう。そして彼らが語ってくれる声は、録音され活字化される言葉だけではあり得ない。ひとつの語りも、それとは対立する別の語りも、ともにそれ自体が風景の一部であり、また、それぞれの語りも、具体的風景のなかにある。その風景に目を向けず、文字化された史実のみで構成される客観的とされる歴史叙述、あるいは、オーラル・ヒストリーのなかでも、活字化された声に聞き手の解説を加えただけの作品、これらの研究や作品の限界性は、まさにこのあたりにあるのではないか。いずれにせよ、風景の見える叙述に可能なかぎり拘りたいという僕の気持ちは、歴史学以外の前述の作品から大いに示唆を与えられたと言えるようだ。

ミクロを突き抜けるマクロ

インディオ社会というミクロの世界に徹しながらも、大きな歴史のなかでその世界の位置を、そしてミクロの世界に徹することの意味を確認する作業も不可欠であった。ああ、そんな世界もあるんだ、そんな声もあるのか、でも、そんな世界も声も無数にある。あなたの描くミクロの世界は、一体どれほどの普遍性をもっているのか。こうした批判が噴出することは目に見えていた。ミクロをミクロに終わらせるのではなく、ミクロからしか見えてこないマクロとは？　ミクロを突き抜けるマクロ（普遍）の問題は常に僕の意識にあった。

『ラテンアメリカと奴隷制』（メジャフェ著、一九七九年）の翻訳の仕事でお世話になった石原保徳氏との議論は、その面でつねに刺激的であった。上原専禄の教えを受けた彼は、岩波書店の編集者として『大航海時代叢書』の出版に携わっていたが、特にラス・カサスの作品の現代的意味＝近代批判に拘る彼との議論は、近代の原点として「発見」を位置づけ、現代にいたるメキシコ社会もインディオ社会も、ともに「発見」を起点とする植民地性に支配されているという、僕の歴史認識の大枠が形成されるうえで、大いに影響を受けた。

こうした問題意識を補足してくれたのが、和辻哲郎の『鎖国』（筑摩書房、一九六四年）、E・ウィリアムズの『資本主義と奴隷制』（理論社、一九六八年）そして一連の従属論の議論であった。そして最後に『エル・チチョン』の執筆に取りかかる前に背中を押してくれたのが、川田順造の『無文字社会の歴史』（岩波書店、一九七六年）、阿部謹也の『中世を旅する人々』（平凡社、一九七八年）、そして良知力の『向う岸からの世界史』（未来社、一九七八年）であった。現代のインディオ社会というミクロに徹すれば、逆に、「発見」以降の近代というマクロの世界の実態が見えてくる。そんな確信に近い思いに支えられて、執筆にとりかかった記憶がある。

この他にも、マルク・ブロックにはじまるアナール学派系統の研究書、フランス社会史の世界に導いてくれた二宮宏之の一連の著作、フーコーの知と権力に関する議論なども、フィールドワークをつづける僕の意識のなかにつねにあった。一方、自分なりの方法が見えはじめてからは、対象社会についての文献にも目を向ける。しかし、これら一連の文献を読む目的は、歴史を見る目、対象社会へのまなざし方という、いわば書こうとする作品の下地の糸をつむぐ作業であり、フィールドワークを続ける自分の立ち位置を確認する作業の一環であった。そうであるなら、ひとつの論に全面的に依拠することはない。従来の説を補強することも反証することも、また、新たな知見、新たな思想、新たな方法を、知的議論の素材としてつぎつぎと消費してゆくことも、僕の関心の外にあった。ただただフィールドワークをつづけながら、下地の布を織りなおす。そして淡々と、自分らしい作品のあり方を模索する。

インディオとともに問いかける

『コーラ』を脱稿した直後に考えたことがある。著者名は語ってくれたロレンソにすべきか僕なのか。確かにあの本（第二部）はロレンソの語りで構成され、僕の姿は見えてこない。しかし彼の語りの録音は、ほぼ例外なく彼ではなく僕の語りから始まっている。日本の今について、歴史について、生活について、社会問題について僕が語ると、「イヤ、ワシの場合はね、ワシの村ではね」と彼が語り始める。いったん話しはじめると彼の語りは延々とつづく。日が変われば、同じ語りが繰り返されることも珍しくない。こうして録音した厖大なテープの数十分の一を基礎に、語りの構成を考え、物語としてまとめたのはほかならぬ僕である。つまり、一見彼ひとりの語りかに思われる物語も、彼に聞いて欲しいと思った僕の語り、僕が読者に問いかけたいと考えた語りが折り重なっている。

『エル・チチョン』は、その意味でどのような作品だったといえるのか。言うまでもなく、客観的な歴史を描いたつもりは毛頭ない。そうではなく、メキシコの近現代の歴史的風景を、インディオの語りとともに描きだしてみたい。そしてインディオと僕の語りを軸とするその風景をつうじて、現代世界に生きる読者に今という時代、今を支えてきた近代のあり方について問いかけてみたい。そんな気持ちが込められている。こうした僕の意図がどこまで実現できたか、今も十分な確信があるわけではないが、あの作品がそれ以後の僕の研究の原点として、今も意味をもちつづけていることは事実である。

そして今

この作品からすでに三〇年がたった。あの頃の時代状況を振り返ってみるなら、日本でも海外でも、すでにマイノリティの多様な声が浮上しつつあり、ラテンアメリカでも先住民運動が胎動し始めていた。そして日本では、女性史の掘り起こし運動や、すでに触れた歴史文学やノンフィクションの作品の登場によって、従来の学術的歴史学の外堀が埋められはじめた時代でもあった。『エル・チチョン』もその流れの一端に位置づけられるのかも知れない。

業績主義のもとでますます研究条件が悪化しつつある今、しかも命を危うくする「役立つ」科学技術や現状分析、はては軍事研究へと国家予算が集中しつつある今、僕のような研究姿勢はとうてい許されることはないだろう。いずれにせよ、かなりの遠回りを余儀なくされたとはいえ、既存のディシプリンから自由にフィールドワークをつづけることが出来たのは、まさに幸運だったとしか言いようがない。そして、フィールドワークをはじめた当初からの理解者、二宮の存在、なかば強引に歴史学研究会に僕を押し込んだ増谷英樹や現代歴史学研究会の仲間たちとの議論、分野も方法も異にしながらも、公私にわたり支援してくれた西川正雄と松村高夫、そして遅筆な僕にもかかわらず、僕の仕事に延々と関心をもち続けてくれた渡邊勲氏。四〇年近くにわたり付きあい続けてくれているロレンソとともに、『エル・チチョン』もこうした人々の支えなくしてはあり得なかったといえる。

（しみず・とおる　一九四三年七月生まれ。慶應義塾大学名誉教授。〔著書〕『コーラを聖なる水に変えた人々――メキシコ・インディオの証言』リカルド・ポサスとの共著、現代企画室、一九八四年、「砂漠を越えたマヤの民――揺らぐコロニアル・フロンティア」、『オルタナティヴの歴史学』共著、有志舎、二〇一三年、『ラテンアメリカ５００年　歴史のトルソー』岩波書店、二〇一七年）

奈落における解放の営みに惹かれて『蘇るパレスチナ』

藤田　進

『蘇るパレスチナ』は、イスラエル建国で祖国を追われ無国籍難民となったパレスチナ人が祖国回復闘争にのり出し、「パレスチナ民主国家」実現の夢を託して「難民キャンプ・コンミューン」構築に取りかかるまでを、レバノンのパレスチナ難民を中心に、彼ら自身の証言に基づき描いた作品である。

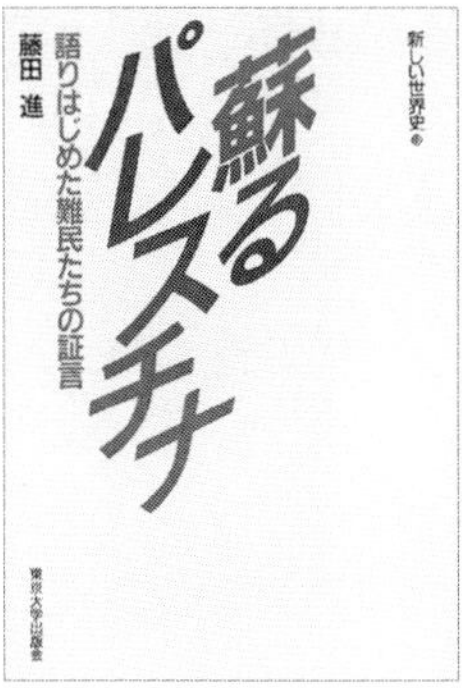

1989年刊

本書刊行後三〇年のいま、パレスチナ人を取り巻く状況ははるかに悪化している。二〇一七年一二月、トランプ米大統領が「エルサレムはイスラエルの首都」と認定し米大使館の移転を決定した。パレスチナ人はその決定に猛反発し、国連緊急総会がアメリカの決定撤回を求める決議を圧倒的多数で採択するや、トランプは「中東和平」が進展しないのはパレスチナ側の責任であり、「米国はパレスチナに毎年何億ドルも支払っているのに感謝も尊敬もされていない」と述べ、国連パレスチナ難民救済事業機関（UNRWA）へのアメリカの拠出金（全体の三割）を半分以下に削減することを決定し、UNRWAの支援を唯一の支えとしているパレスチナ難民約五三〇万人を生存の危機にさらすという報復手段に訴えた。

トランプの言動は、第二次世界大戦後のアメリカの中東へのコミットがいかなる歴史をもたらしたかを一切抜きにしてのものであり、私はそのことを史実に照らして検討してみたいと思う。

1　イスラエル建国に関与するアメリカ

アメリカの中東への進出　一九四五年五月ヨーロッパで第二次世界大戦が終結し、ナチス強制収容所から救出されたユダヤ難民が米英連合軍避難所に収容された。トルーマン米大統領は八月、ユダヤ難民一〇万人を英委任統治領パレスチナにただちに入国させるようイギリス政府に要請し、これがイスラエル建国に関与するアメリカ政府の第一歩となった。しかしイギリスはアメリカの要請を拒否した。そこにはイギリスの特別な理由があった。

イギリスにとって東地中海支配は、「アフリカ、近東を経て英本国とインド、オーストラリア方面を確保し、イラクの石油（英帝国または英帝国支配下の諸国にとっての最大の石油資源でモースル油田を中心に年間四百五十万トンを生産し、パイプラインで地中海岸のハイファに送られ地中海艦隊の燃料となっている）を押さえて交戦能力の維持を図る上で、英本国の防衛陣地であるとともに英国の宝庫・インドの防衛陣地であった」（甲斐静馬『嵐を呼ぶ近東』朝日新聞社、一九四一年）。英石油資本はイラク原油をハイファに送って莫大な利益を手にし、ナチス台頭期のドイツから移住したユダヤ人富裕層はハイファの石油コンビナート建設に財力を投じて協力した。

イギリスは「バルフォア宣言」（一九一七年）によって、一九世紀末以来パレスチナで「ユダヤ人国家」実現に取り組むシオニズム運動に「将来パレスチナにおけるユダヤ人国家の建設を認める」と約束し、パレスチナ委任統治期を通じてシオニズム運動のユダヤ人入植・土地取得をアラブ住民の反発を抑えて保護奨励した。

しかし、パレスチナで勃発した反シオニズム・反英のアラブ大反乱がパイプライン破壊による莫大な石油利益の損失をもたらし、間近に迫った第二次世界大戦でイラク、ヨルダン、エジプトと結びついて反英意識が高まるのを危惧したイギリスは、急遽シオニズム支持を放棄して親アラブ政策を打ち出した。イギリスは大戦中アウシュビッツで虐殺が起きようともユダヤ人のパレスチナ入国を許さず、その方針は大戦後も堅持されていた。こうして、イギリスはアメリカの要請を拒否した。

アメリカに支援されたシオニズム運動は、ユダヤ難民に繰り返し密入国を企てさせ、また反英テロ活動を激化させて、ユダヤ難民の受け入れとユダヤ人国家実現を認めよとイギリスに圧力をかけた。イギリスは強大な軍事力を擁しながら効果的な対応策を打ち出せなかった。

一方アメリカは、中東最大の石油埋蔵量をもつサウジアラビアにおける米巨大石油会社ＡＲＡＭＣＯと米軍の活動を認める協定をサウード国王と結び（一九四五年二月）、大戦後の中東において石油事業を本格的に展開するための準備を整えていた。イギリスは一九四七年二月一八日、四半世紀に及ぶパレスチナ委任統治を打ち切り、委任統治終了後のパレスチナ統治の方法について国連に委託すると表明した。さらに同月二四日、英地中海艦隊が受け持つ東地中海の防衛を米軍へ移譲することを発表した。イギリスは大戦中に三〇億ポンドの対米債務を負い、四五年にあらたに三七億五〇〇〇万ポンドをアメリカから借り入れており、もはや独自に中東支配を維持出来なくなっていた。アメリカはイギリスに代わって、パレスチナと東地中海における実権を握りはじめた。

アメリカのイスラエル建国へ向けての工作

英委任統治終了後のパレスチナ統治方法を検討し提案する国連特別委員会は、パレスチナの人口・面積に占めるアラブ住民の割合が圧倒的に大きいにもかかわらず、「ユダヤ難民を収容するユダヤ人国家にパレスチナ領土の五六・四%、アラブ国家に四三・六%を配分する」「パレスチナ分割」案支持が大勢を占めた。だがユダヤ教徒（人）単独の国家建設を危惧し、「パレスチナ全土でアラブ・ユダヤ両住民は分かち難く混住しており、二つの自立国家の誕生は深刻で破滅的な結果を招く」と分割案に強く反対する少数派メンバーの「パレスチナ連邦」案との間で提案を一本化することはできなかった。国連総会は提出された二つの提案を前にして採択はきわめて微妙な情勢であり、アメリカが経済支援と引き換えに集票工作に動いた結果、一九四七年一一月二九日、ハイチ、リベリア、フィリピンが分割案に賛成票を投じて、「パレスチナ分割」案が採択された（国連総会決議181）。シオニズム運動は、アメリカの工作のもとで「ユダヤ人国家」実現にこぎつけるや、その実現に反対するエルサレム近郊のデイル・ヤーシン村住民をシオニスト軍事組織は虐殺した（デイル・ヤーシン虐殺事件）。恐怖におののくアラブ住民が大挙して国外に避難する中で一九四八年五月一五日、イスラエルは独立し、そのまま周辺アラブ諸国との戦争に突入した（第一次中東戦争）。

イスラエルを擁護するアメリカ　イスラエルは周辺アラブ諸国に避難したアラブ住民が自国内の故郷に戻るのを禁じており、四八年一二月、国連総会は「パレスチナ難民のイスラエル国内にある故郷への帰還を求める」決議をした（決議１９４）。しかし決議は、アメリカが安保理で拒否権を発動し葬りさられた。イスラエルの占領による土地没収と入植地建設はハーグ協定（一九〇七年）と第四次ジュネーヴ協定（一九四九年）に違反しても、超大国のアメリカが黙認すればまかり通り、その結果大量のパレスチナ難民が発生した。

2　アメリカによる中東石油支配体制構築とイスラエル、パレスチナ難民

ＵＮＲＷＡの設置　アメリカは一九四九年、追放され生死の間をさまよっているパレスチナ難民を収容し、「無国籍難民（displaced person）」として登録のうえ、最低限の食糧・医療・教育の提供と引き換えに定住させる難民キャンプを運営する「国連パレスチナ難民救済事業機関」（ＵＮＲＷＡ）

の設立を提唱し、翌五〇年アメリカが資金の大半を拠出して開設にこぎつけた。UNRWAはアラブ諸国に難民キャンプを設置し、その管理をアラブ政府に任せた。レバノン政府の難民管理体制は特に過酷であり、市民権も移動の自由も与えず、就労は肉体労働に制限し、海外出稼ぎのための出国・再入国から住宅の釘打ちまですべて許可制とし、その都度賄賂を強要した。自ら窮状打開を講じるのが困難な難民キャンプは、パレスチナ人にとって奈落だった。

中東石油支配体制　一九五〇年、サウジアラビアのARAMCO油田と東地中海沿岸を結ぶ長距離パイプラインが完成し、西欧へ向かう石油輸送ルートの東地中海防衛の要衝パレスチナに、アメリカが擁立するイスラエルが据えられており、アラブ諸国内に設置された難民キャンプには、イスラエルに追放され無国籍難民となったパレスチナ人を閉じ込めた。この体制のもとで米石油独占体は中東全体に築きあげた原油生産・輸送システムをフル稼働させ、戦後復興にとりくむ西欧諸国に大量の原油を日夜送り届けることで莫大な利益を上げはじめた。

聖地エルサレムの「ユダヤ化」　シオニストたちは、旧約聖書の「神がイスラエル人に約束した土地」の文言を拠り所に、ユダヤ教神殿のあったエルサレムをイスラエル国家の永遠の首都として蘇らせようと考えていた。一九六七年六月、イスラエルはアメリカの軍事援助のもとに第三次中東戦争に突入しエジプトのシナイ半島からシリアのゴラン高原にいたる広大なアラブ領土を占領し、パレスチナの残余のヨルダン川西岸地区とガザ地区も手中に収めた。占領軍は、三つの宗教の聖地が集まっているエルサレム旧市街にブルドーザーを持ち込み、ユダヤ教の聖地「嘆きの壁」に隣接したマガーリバ地区のアラブの一三五家族・六五〇人の家をすべて取り壊して更地にし、ユダヤ教徒礼拝専用の「嘆きの壁前広場」を出現させた。

難民フェダイーンの出現　一九五〇年代後半以降、パレスチナ難民に湾岸産油国で働く機会が訪れた。エジプトで高等教育を受けた青年たちは教師、技師、医者、政府職員として雇われ、元農民は密入国の危険を冒してクウェートに潜り込み、政府役人になったパレスチナ人の斡旋で肉体労働についた。クウェートで働く元パレスチナ学生同盟のメンバーたちが、一九五九年、祖国解放をめざす地下組織の「パレスチナ解放運動」（ファタハ）を結成した。彼らは働きながら、活動資金を貯め、同志の拡充に努めながら解放闘争開始の時機を待った。

ファタハの青年たちは、六七年戦争でヨルダン川東岸地区に七二万五〇〇〇人の難民があふれたとき、難民戦士（フェダイーン）となり対イスラエル武装ゲリラ闘争を開始した。一九六八年三月、ゲリラ基地のあるカラーマ難民キャンプを攻撃したイスラエル軍はフェダイーンと激戦の末に甚大な被害をこうむって退却に追い込まれた（カラーマの闘い）。この戦いを境にアラブ諸国のパレスチナ難民キャンプのパレスチナ人は一斉に沈黙を破り、フェダイーンとの結束に向けて動き出した。

フェダイーンたちは戦うと同時に、ヨルダン川東岸の難民キャンプで住民たちと一緒に暮らしており、ＵＮＲＷＡが診療所や学校を他へ移転すると、旧施設を接収してアラブ諸国から支援に来ている医学生や教師の助けを借りて保健衛生・医療の改善や民族歴史教育を自主的に運営し、爆撃で困難となった農作業を援農隊を組織して手伝い、建物が破壊されるとその修復をはかった。フェダイーンは住民と協力して取り組むことで難民キャンプを活気づかせ、軍事闘争を豊かなものへと変化させたことは、パレスチナ難民代表機関のパレスチナ解放機構（ＰＬＯ）にも影響をおよぼした。

3　「難民コンミューン」の出現

一九六九年二月、アラブ組織の子飼い組織だったＰＬＯは、ファタハをはじめゲリラ勢力の指導のもとに革命組織に変貌し、パレスチナ民族が一丸となって武力による祖国解放闘争に取り組むことを宣言した。ＰＬＯは統一武装闘争司令部を設置し、対イスラエル・ゲリラ活動を本格化させた。

カラーマの戦いに鼓舞されたレバノン南部イスラエル国境の村々は、イスラエル領内でゲリラ活動をするパレスチナ・フェダイーンを支援した。六九年四月、レバノンへ戻ったフェダイーンたちをレバノン軍が逮捕するのをビント・ジュバイル村住民は阻止して軍と対決、レバノン全土はパレスチナ・ゲリラ支持の激しいデモに包まれ、パレスチナ難民蜂起も起きた。レバノンのアラブ民衆がパレスチナ・フェダイーン支持を強めた結果、一一月レバノン政府はＰＬＯと、自国におけるパレスチナ・フェダイーンの対イスラエル軍事活動と難民キャンプの自治を認める「カイロ協定」を締結した。

協定によりレバノン軍は難民キャンプ監視体制を解き、ＰＬＯ管理下で難民自治がはじまった。

一九八一年一一月、私は首都ベイルート西部郊外のシャティーラ難民キャンプを訪れた。自主運営の難民キャンプは昔の隔離された劣悪住宅密集地とは異なり、周辺の街にＰＬＯ経営の食糧・衣服工場、病院などを配しており、それらを稼働させるために高等教育を受けた難民知識人たちが多数協力していた。難民キャンプ自治はアラブの貧しい人びとの医療や社会福祉にも貢献しており、私はアラブ同胞が協力しながら「難民コンミューン」を築いているのを目にした。

4　「中東和平」：無国籍難民管理体制の再編

一九八二年六月、イスラエル軍がＰＬＯ軍事力の殲滅をめざし、西ベイルート郊外のパレスチナ難民キャンプ地域を封鎖して激しい空爆と爆撃を加え、私が訪れたシャティーラ難民キャンプを中心とする「難民コンミューン」は破壊された。八月住民抵抗の前に殲滅作戦が行き詰まるや、アメリカが乗り出し、国際監視軍による難民キャンプと住民の安全保障と引き換えにパレスチナ軍事力のレバノン撤退を提案した。ＰＬＯは提案を受け入れ、ＰＬＯ本部とパレスチナ軍事勢力がレバノンを撤退した。その直後の九月、国際監視軍が消えてイスラエル軍包囲下のシャティーラ難民キャンプは無防備状態となり住民は虐殺された。カイロ協定に基づきパレスチナ難民とアラブの団結で築かれた「難民コンミューン」は、一九七八年に成立した「中東和平合意」に違反するとして破壊された。

「中東和平合意」（キャンプデービッド協定）は、六七年戦争時の米ソ共同提案の国連安保理「中東和平」決議２４２の「イスラエルはアラブ占領地から撤退する」の項目を拒否するイスラエルを擁護して安保理で拒否権を連発するアメリカが、国連を抜きにしてイスラエルと親米サダト独裁のエジプトと三国だけで成立させた協定である。「二国間平和条約を積み重ねていけば中東和平はもたらされる」との合意に基づく「中東和平合意」は、イスラエルのアラブ占領地撤退問題はアラブ解放の問題ではなく、同国と被占領アラブ当事国が平和条約締結後の二国間交渉で扱う問題だとした。またパレスチナ難民がアラブ同胞と結束して祖国解放闘争を企て、既存の国家とは異なる「難民自治」を築くことはゆるされないとした。「中東和平合意」は、超大国アメリカとその経済・軍事支援に支えられたイスラエルの意向と判断がすべてを決定する仕組みだった。

一九七九年、軍事大国エジプトとイスラエルの平和条約締結でアラブ・イスラエル国家間戦争はなくなったが、イスラエルのアラブ領土占領は続き、パレスチナ難民キャンプへのイスラエル軍事攻撃は繰り返され、アラブ間に様々な軋轢が生じはじめ、それらがアラブ内戦に転化していった。開発独裁体制下のアラブ非産油国の民衆は、湾岸産油国での屈辱的な出稼ぎ労働を余儀なくされた。結局、それらの現実のもとで「中東和平」が重視しているのは、中東全域をカバーする米国支配下の石油システムと、オイル・ダラーで潤うアラブ産油国と、イスラエル国家の安全である。

『蘇るパレスチナ』を書いたのは二〇世紀の終盤だった、そしていま、アメリカとイスラエルがタッグを組み、軍事力、マネー等々を駆使して中東を支配する中で、パレスチナ難民に限らず、アラブ諸国の多くの民衆も難民化しつつある。日本の諸地域でも国家の安全保護からはずされた人々が路頭に迷い出ている。中東に限らず世界中で、二一世紀は「難民の時代」の様相を強めている。

（ふじた・すすむ　一九四四年八月生まれ　東京外国語大学名誉教授。〔著書〕「占領下エルサレムのアラブ民衆」、『歴史学研究』一九九二年七月号、「第三次中東戦争」、歴史学研究会編『講座世界史10』東京大学出版会、一九九六年、『21世紀の課題――グローバリゼーションと周辺化』油井大三郎共著、有志舎、二〇一三年）

第三部　一九九〇年代の「仕事」

自著の過去と現在　『弥生時代の始まり』

春成　秀爾

それまでの学説

私の自著といえる最初の本は、一九九〇年三月刊の『弥生時代の始まり』（UP考古学選書）です。文章を書き上げたのは前年の秋、そのあとたくさんの付図を作成するのに時間をとられたようです。

このテーマに関心をもつようになったのは、高校一年生のときに発行された小林行雄さん（京都大学文学部）の『民族の起源』（新潮社、一九五八年）を読んでからのことです。総四八頁の小冊子のうち弥生時代の始まりについて論じているのは一六頁にすぎませんが、「稲と弥生式時代人」、「抜歯の風習」、「縄文式時代の貯蔵食料」の項目を設けて、このテーマについて試行錯誤しながら論を展開しています。少ない証拠に考察を加えて慎重に結論にもっていく論法は推理小説にも似て、小林さんの巧みな文章表現とあいまって、私の心をつよく引きつけるものがありました。

1990年刊

小林さんはそれ以前に、名著『日本考古学概説』（創元社、一九五一年）で、「弥生式文化の興起するために、その主導者として縄文式民族とは異った移住者の、ある程度の量を想定」し、「この問題の解決のためには、弥生式時代の人骨の資料がきわめて乏しいという現状が打破せらるべき」ことを人類学者に期待する一方、「遺物の伝播、文化の変換ということを、あまりにも手軽に考える人々は、なかなかその蔭にある人間の動きに注目しようとしたがらない」考古学者を批判していました。奈良県唐古遺跡の発掘に参加し、その報告書をまとめた小林さんは、弥生前期の木製農耕具が目的ごとに形態が分化し、それらを製作するための石斧もまた機能分化していた事実を目の当たりにしていました。小林さんには、「文化の伝播」だけで縄文人が稲作技術の体系を学び取ることができるとは思えませんでした。それは神戸高等工業学校の建築科を卒業後、ただちに阪大病院の病棟や瀟洒な民間邸宅の設計を任された小林さんの「建築家」としての感覚からくる技術の伝授に対する理解でもあったのでしょう。

人類学者の金関丈夫さん（当時、九州大学医学部）は、かつての師であった清野謙次さん（京都大学医学部）の日本人種論の研究を継承して、一九五三年以来、北部九州・中国地方の弥生遺跡から古人骨の収集に余念がありませんでした。そして、一九五五年、山口県土井ヶ浜遺跡（弥生前—中期、約九〇体）と佐賀県三津永田遺跡（弥生前期—後期、三九体）から発掘した弥生人骨の計測にもとづいて、のちに「集団渡来説」と呼ばれるようになった学説を発表しました（「人種の問題」『日本考古学講座』4、河出書房）。それは「弥生文化とともに、……身長の点では、遙かに（日本石器時代人を）

凌駕する、新しい種族の相当な数が、新渡の種族として日本島に渡来し、北九州地方のみならず、畿内地方にまでひろがった。」「もし身長の点で、古代の南朝鮮人と現代のそれとの間に大差がなかったとするならば、その候補地としてまず挙ぐべきは、この地方である」という具体的な内容でした。

待ってました、とばかりに金関さんの「集団渡来説」を取り込んで論じたのが、小林さんの『民族の起源』です。ところが、この高身長の人骨には、抜歯の風習が認められました。その頃は、抜歯といえば、縄文文化に特徴的な文化要素であって、弥生文化の原郷土と目される朝鮮半島では皆無、中国では西南部に存在したことが古文献で知られているだけでした。金関さんが河南省殷墟と山東省城子崖遺跡から発掘された人骨に少数の抜歯例を見いだして報告したのは一九六〇年のことです。しかし、黄河の中流域では日本列島から遠すぎます。土井ヶ浜人骨は、形質は渡来人系なのに、縄文時代に盛んだった抜歯風習の痕跡をのこしていたというのはどういうことなのでしょうか。小林さんも金関さんもこの矛盾を説明するのに苦心しました。

小林さんは、「新来の弥生式時代人もまた、抜歯の風習をもって日本にやってきたことを想定するか、あるいは、かれらの人数をさらに少数に制限して、土井ヶ浜の弥生式時代人自身が、すでに（縄文式時代人と）混血の状態にあったことを推定するかであろう」と逡巡したあと、「弥生式時代人における抜歯風習の問題は、すべて縄文式時代からの遺産」と考え、「弥生式文化が新来の移住者によってはじめられたという仮説を、すでに確定したこととして宣伝するわけにはゆかぬながらも、かなり強い可能性をもった考え方とみておくことはできるであろう」と小林さん独特の回りくどい文章で論文を閉じています。

金関さんの学問は、のちに「金関学」と称されるようになりましたが、洋の東西を問わず、古文献と民族学に関しても驚嘆すべき幅広く深い知識を包蔵していました。金関さんは、清代の中国貴州省や一九世紀の台湾では、抜歯の施行者やその行事の管理者は女性であるので、抜歯風習は「女性文化」である、と断じました。渡来人たちは縄文人の女性とも結婚したのだから、女性によって、縄文時代の風習が弥生時代まで生きのこったのだ、と説明して渡来人と抜歯との関係について自らを納得させようとしました（「日本人種論」『新版考古学講座』十巻、一九七二年）。

小林さんが『民族の起源』をまとめたときは、一九五一年から一九五八年にかけて杉原荘介さん（明治大学文学部）を委員長とする日本考古学協会弥生式土器文化総合研究特別委員会が西日本各地で二五個所の弥生遺跡を調査した報告書『日本農耕文化の生成』は未刊でした。そのために、縄文／弥生移行期の土器を出土した福岡県夜臼、板付遺跡、鉄器を出土した熊本県斎藤山遺跡、弥生人骨多数が発掘された山口県土井ヶ浜遺跡など、弥生時代の始まりについて考察するうえで重要な資料を利用することができませんでした。

『日本農耕文化の生成』は、図版篇が一九六〇年、本文篇が一九六一年に刊行されました。この報告書を活用して、小林さんの問題提起もうけて、渡来説をより明快に展開したのが近藤義郎さん（岡山大学法文学部）の「弥生文化論」（『岩波講座日本歴史』1、一九六二年）です。近藤さんはこの論文のなかで、弥生文化を「農耕・金属の文化」と規定して、前三世紀に燕・斉などの系統をひく中国東北部の農耕・金属の文化が、戦乱から逃れる難民のような政治的な意味合いが核になって北朝鮮にまで拡大したあと、その文化はさらに南下して、南朝鮮から北部九州に好条件の土地を求めて人々の渡来移住があった、と推定しています。抜歯の風習を渡来系の人がもっていることについては、縄文後・晩期以来、南朝鮮と北部九州の人たちは相互に交流する関係にあり、縄文人が稲や支石墓を受容しているように、渡来人は縄文人の風習を採用し、そのような柔軟性をもっていたがゆえに、彼らに変革の指導性が委ねられたのだ、と説明しました。

弥生時代の始まりの年代を、小林さんは前二、三世紀、杉原さんは前三〇〇年、近藤さんは前三世紀としましたので、弥生文化は中国の戦国時代以後の歴史と接点をもつことになりました。

自著の特徴

土井ヶ浜遺跡の抜歯風習について、その後、分析はありませんでした。一九七三年春、考古学研究会の総会で、私は「弥生時代の始まり」について報告することになりました。そこで私はまず、岡山県津雲貝塚などで知られている縄文時代晩期の抜歯資料の分析にかかり、上顎の犬歯と下顎の切歯と犬歯の抜去が主である事実をつかみました。土井ヶ浜の抜歯例は当時一二体しか報告されていなかったけれども、縄文時代の抜歯型式と比較すると、上顎の左右側切歯の抜去を特徴にしている事実をはっきりと認めることができました。縄文晩期と弥生前期では、同じ抜歯の風習といっても抜歯の対象が異なるのは、その風習をもつ人は系譜を異にしているという証拠です。私は、渡来系とされる土井ヶ浜の人びとの形質と風習は矛盾していないという考えをもつにいたりました（「抜歯の意義2」『考古学研究』二〇―3、一九七四年）。現在では、土井ヶ浜人の抜歯に大陸系統の型式が含まれていることは広く認められています。

私の『弥生時代の始まり』の論理構成は、結局、一九五〇―六〇年代の研究状況つまりは問題意識を根底にして、その後に判明した発掘資料と、諸研究論文を最大限駆使して、その先を見ようと努力したといってよいものです。弥生時代の始まりをあらわす水田稲作、土器の変化、風習、墓制、濠で囲まれた集落、青銅製の祭器、猪・豚、鹿と人との関係、朝鮮半島・中国の前一〇〇〇年紀の考古資料の動向などの断片的な資料の分析結果をつなぎ合わせて、「日本への移住の契機」「集団渡来か文化伝播か」の課題について私見を述べています。

小著では弥生時代の開始年代を紀元前四世紀としています。それは、熊本県斎藤山貝塚から、最新の縄文土器の夜臼式と最古の弥生土器の板付Ⅰ式土器に鉄斧が共伴したという「発掘事実」があったからです。鉄器は、中国の戦国時代の燕国で生産されて日本列島にもたらされたので、鉄器を伴う最古の弥生土器の年代は前四世紀になるというのは、当時の考古学界の共通認識になっていました。そこで、朝鮮半島と石剣・石鏃と支石墓が共通していること、石製武器と環壕集落の存在から集団間の戦いを想定し、大陸から人々が集団渡来したのは、春秋末・戦国時代に朝鮮半島に生じた難民が新天地を求めての移住とする仮説を提示しました。

昭和初期に最古の弥生土器として遠賀川式土器を見いだした小林さん以来の発想を起点とする「文

化伝播か集団渡来か」のテーマについて、正面から向き合って論じたのが小著であり、奇しくも昭和時代最後の年に総括して一つの到達点を示すことになった、と私は思っています。しかし、このテーマを追究し、結論を得るための資料と研究が決定的に不足していたことは明らかでした。

現在の「弥生時代の始まり」

弥生時代の開始問題について根底から変更をうながすことになったのは、二〇〇二年以来、国立歴史民俗博物館の同僚たちと、縄文／弥生移行期の土器に付着している炭化物や木材の炭素14年代の測定をおこない、その成果をだすようになってからです。

それによると、弥生時代の開始年代は前一〇世紀までさかのぼることになりました。中国史でいうと、西周の初期です。この結果に対して、たちまちネックになってきたのは鉄器の問題でした。中国では鉄器は戦国時代からとするのが定説、その鉄器が九州の弥生初期の遺跡から出土しているのですから、弥生時代の始まりは従来のとおり前三、四世紀であって、炭素14年代は間違っており、物理科学による年代決定は考古学の方法を放棄するものであるといった調子のつよい反対意見が提出されました。

弥生前期の鉄器の存在については私も頭をかかえこみました。どこに問題があるのか、私は鉄器の出土状態を検討することにしました。その結果、古いとされてきた鉄器はすべて出土状態の厳密な検討と確認がなされておらず、弥生時代中期以降の鉄器の誤認という結論に達して、鉄器問題をクリアしました。現在では鉄器を根拠にして炭素14年代を否定する研究者はいません。前一〇世紀、前八世紀、前六世紀などの説がありますが、かつてのような前三、四世紀説は影を潜めています。

土井ヶ浜と同じ型式の抜歯風習は、中国東岸の梁王城遺跡や陶湾遺跡などで見つかった春秋時代の人骨で確認されています。形質は高顔・長身で、土井ヶ浜の人骨と共通し、ミトコンドリアDNAも関係の深さを証明しているといいます。しかし、その地域の弥生時代併行期の文化と弥生文化とをくらべてみても、類似しているとはいえません。依然として、弥生時代が始まる頃の文化は、朝鮮半島南部の無文土器文化との共通要素が多く、渡来人は朝鮮半島からと考えるのが穏当でしょう。

最新の宮本一夫さん（九州大学大学院）の論著でも、弥生文化の直接的な故郷は韓国の忠清道から全羅道付近と考えています。宮本さんは、その年代を前八世紀として、その頃に気候の寒冷化と人口の増加があり、朝鮮半島西北部の松菊里文化の荷い手の一部が、稲作の技術をたずさえて北部九州に移動してきたことを主張しています（『農耕の起源を探る』吉川弘文館、二〇〇九年。『東北アジアの初期農耕と弥生の起源』同成社、二〇一七年）。気候変動の詳細が判明し、それを人の歴史の流れをみていくうえで重視する最近の研究動向をよくあらわしています。

「弥生時代の始まり」に関する最新の私の考えは、「在来人と外来人の軋轢」（『季刊考古学』一三八号、二〇一七年）に示しています。土井ヶ浜遺跡の発掘調査がさらに進んだこと、その周辺から弥生前・中期の集落跡がいくつも見つかったこと、土井ヶ浜人骨の抜歯状態がよくわかってきたことなどを踏まえて論じたものです。身体の形質は同じでも、抜歯型式に縄文系と渡来系が認められ、前者は箱式石棺に埋葬され装身具をもっているのに対して、後者は墓穴に直接埋葬され装身具をもっていないことから、母系または父系をたどって縄文人を祖先とみなす人たちが、渡来人を祖先とする人たちよりも上の地位にたっていること、女性が男性よりも優位な位置を占めていることなどの考えを提示しています。この考えだと、渡来系の人たちは故地の葬法で縄文系の人たちを手厚く埋葬する一方、自分たちは縄文系の人たちによって簡素に埋葬されていることになります。大陸系の文物の典型ともいえる弥生青銅器の銅鐸にも、重菱文＋羽状文や流水文など縄文系の文様を施していることから、在来人は新来の人たちから新しい文物や技術を受容するに際して、自らのアイデンティティーを積極的に主張していることを物語っています。いま私は、在来系の人と外来系の人との間には軋轢が存在したことを考えようとしています。これは『弥生時代の始まり』を書いたころの私にはなかった視点です。

諸学者との交流

小林行雄さんは神戸の人でした。私も生まれたのは神戸、小林さんが昭和の初期、少年時代に明石で病気療養中の直良信夫さん（のちに早稲田大学理工学部）と調査した旧明石郡の大歳山、元住吉山、吉田などの遺跡を、それから二五年後、私は中学・高校生時代に訪ね歩いていました。大学生になる前に京都大学の陳列館の収蔵資料を見に行ったときに小林さんにあいさつ、小林さんの神戸時代の知人の話などしたことがありました。多くの研究者から畏敬される学者でしたが、私は親近感をもつことができる先生でした。小林さんが京都大学を退職後、年に一回くらい私は小林さんが設計したという自宅を訪ねました。特別な用事があったわけでもありませんので、しいていえば日本考古学史上の伝説の人と空間と時間を共有するのが目的のような表敬訪問でした。小林さんの『民族の起源』から、当時もその後もつよい影響をうけているのは私一人だけでしょう。その理由は、この論著が自分史の一部を構成しているからだと思っています。

今手元にある新聞のスクラップブックを開いてみると、金関丈夫さんの渡来説を初めて知ったのは一九五六年一〇月一〇日の『朝日新聞』、見出しが「古代のナゾ・女だけの墓、土井ヶ浜遺跡で人骨十五を発掘」の記事ですから、中学二年生のときのことになります。「背の高い人種の男が土地の女と結婚ないし同居していたが、死んだ後はそれぞれの部族の墓地に分れた、といったような推定」を「金関教授の話」として載せています。

金関さんとは一九七三―七四年に、私が弥生土器の起源や抜歯の風習について書いた論文の別刷を送り、それに対して長文の丁寧な感想文をいただいたことからすっかり親しくなり、四〇歳の年齢差を超えてペンフレンド的な間柄でした。金関さんは、祖父が孫に昔話を聞かせているような文体で私宛に手紙を書いているように私には感じられました。天理大学で次男の考古学者・金関恕さん（当時、天理大学文学部、のち大阪府立弥生文化博物館長）に会ったときのこと、最近、父はあれこれ物忘れがひどくなっているけれども、あなたのことはよく覚えているというので、Oさん運転の車に恕さんと同乗、天理市岩室の農家を改造した金関邸を訪ねたことがありました。法政大学出版局から金関さんの著作集がつぎつぎと刊行されていくころで、金関さんは全部もっていくように言われましたが、私はすでに全部そろえていました。ふと思いついて、渡来説を収めた『日本民族の起源』（一九七六年）を記念に署名入りでもらうことにしました。金関さんは、字を書くのが難儀になっていたために、「恵存　春成秀爾学兄」を恕さんが書き、署名だけを自らしたためた、稀有の献辞を記された図書になりました。それから間もなく金関さんと永遠のお別れをする日がきました。

近藤義郎さんが「弥生文化論」を発表したのは三〇代後半のことで、それまでに佐良山古墳群や月ノ輪古墳を発掘調査して考古資料に基づいて古墳時代の歴史叙述を試み、弥生時代の農耕技術とその歴史的性格を論じ、土器製塩の研究も領導するなど、日本考古学界の明らかに先頭を走っていた一人でした。近藤さんが書いた諸論文は卓越した論理構成によって当時の若手研究者を魅了し、影響力ははなはだ大きいものがありました。私は大学に入学する直前に「弥生文化論」を収録した『岩波講座日本歴史1』を購入し、旧石器時代から古墳時代について錚々たる諸学者が論じた最先端の論文を読み、新しい時代の到来を感じました。近藤さんからは大学入学直後に「弥生文化論」の別刷をもらい、一、二年生のころはあたかもバイブルのようにして、この論文をよく読んだものです。

次が傑作を目標に

『弥生時代の始まり』は総一四九頁のまさに小著です。しかし、考古学の研究史ではこのテーマで著された最初の本になりました。このテーマの面白さを導いた小林さん、金関さんは、それぞれ昭和時代の考古学、人類学の研究史のうえで巨星に相当する学者でした。小著は、そのレジェンドの学者たちが解決できなかった一九五〇—六〇年代のアポリアに対して、子、孫の世代に相当する私が提出した、どこか卒業論文的なものです。しかし、金関さんは一九八六年、小林さんは一九八九年に亡くなりましたので、この本を謹呈することはできませんでした。

「UP考古学選書」にこのテーマで一冊まとめるように推薦されたのは佐原真さん（当時、奈良国立文化財研究所）でした。佐原さんも「弥生時代の始まり」については、つよい関心をもち、論点の整理まではおこないましたが（「農業の開始と階級社会の形成」『岩波講座日本歴史』1、一九七五年）、土器や石器など「遺物考古学」が好みだったために、この問題に深入りして総合的に論じるところまでには至りませんでした。しかし、その佐原さんが同じ選書に書いた『斧の文化史』は、世界の考古・民族資料を博捜してまとめた世界に一冊しかない好著であり、著者の学問精神と人柄まであらわす、佐原さんの代表作の一つとなっています。

『弥生時代の始まり』は、その後にまとめた論文集五冊、いま最後の追い込みにかかっている『始原のヴィーナス——旧石器時代の女性象徴』の著書とくらべると、私の代表作とはいえません。いま渡邊さんに求められて小文を書いていると、このテーマをめぐる諸学説と非力な自分が格闘していた若い時代のことがあざやかによみがえってきます。そして、憧れの諸先生方と直接的な交流をもつことができた幸せな時代があったことを思わざるをえません。

『弥生時代の始まり』以後の私の研究については、二年後に上梓する予定の論文集『弥生時代の年代と東アジアの青銅器文化』ではたすことにしています。私は小学生のときに絵物語作家の小松崎茂さんの熱狂的なファンでした。佐倉に引っ越してきてから知遇を得て、小松崎さんの喜寿祝賀会にも呼ばれました。そのときに、私が小松崎さんに「生涯の傑作はどれだと思っていますか」と訊ねたところ、即座に返ってきた答えは、「キミィ、今度発表するのが傑作だよ」でした。私も七〇代のなかば、しかし、この言葉を目標にして生きていくつもりです。

＊　小文で取りあげた学者たちはすべて、私の先生に相当する尊敬する人たちですけれども、ここでは研究史上の人物として「さん」で通させていただきました。

〈はるなり・ひでじ　一九四二年一二月生まれ。国立歴史民俗博物館名誉教授。〔著書〕『図解　日本の人類遺跡』日本第四紀学会、小野昭・小田静夫共編、東京大学出版会、一九九二年、『考古学者はどう生きたか――考古学と社会』学生社、二〇〇三年、『祭りと呪術の考古学』塙書房、二〇一一年〉

「未開と文明」論の模索　『日本古代の国家と都城』

狩野　久

この本は、一九九〇年に刊行してもらったものですが、これには一九六〇年から八〇年前半までに書いた十五編の論文を収めています。私の年齢でいいますと二十代後半から五十代にさしかかる頃までのものです。ある必要から吉田晶さんの強いお勧めがあり、このような形で出版してもらったものです。その時には渡邊さんは編集実務から離れていて、後任の高橋朋彦さんが担当されました。しかし以前から本にまとめることを渡邊さんには勧めてもらっていましたので、出版を私からお願いした相手は渡邊さんでした。そんな事情から今回の企画に拙著も入れてもらったのだと思います。

1990年刊

そんなわけで私の本は二十数年にわたり書いてきたものの寄せ集めですから、あるテーマを追った研究書ではありません。その時々の関心により、或いは職場での研究資料をもとに書いたものですので、「〜の研究」というようなものではありません。四部構成になっていて、

第一部は古代身分制について、第二部は律令国家の諸問題、第三部は古代都城論、第四部は木簡論です。

第一部の主要なテーマは部民論です。五―六世紀の古代社会の身分編制がいかなるものかを部民をテーマにして解明しようとしたものです。そこでの主たる論点は、部民を単なる倭政権の賦役負担者と位置づけるのではなく、畿内の大王による地方豪族に対する支配のあり様がいかなるものかを問題にしようとしたものです。大王と特定の地方豪族の関係は制度的・組織的なものではなく、すぐれて一対一の人格的な隷属を基調とするものというのが私の結論であり、主張の眼目でした。

地方豪族が部民の中核を占める名代子代《なしろこしろ》にされることは、トネリ（大王の身の回りの世話係）、ユゲヒ（護衛役）、カシハデ（食事係）に編成されることを意味します。これらはいわばもっとも原始的な職制であり、人格的な支配のあり様を端的に示すものといってよいものですが、五―六世紀を通じて、大王による列島の地方豪族の服属（地方支配）は、順次そのような名代・子代の編成を中核に進められたものです。さらに興味深いことは、地方豪族が配下の人民を支配するやり方も同じようなものであることが、群馬の古墳の人物埴輪の配列からもうかがわれることです。ヤマトの大王が地方豪族を支配するやり方と、地方豪族が配下の人民を支配する方法が、同質の、すぐれて人格的支配を基調とするものだということです。それは制度・機構を支配の基本とする「国家」が成立する以前の原始社会の支配・従属の関係を示すものと結論することができます。

なおこの論文執筆時に刺激をうけたものとして、明治・大正の法学者穂積陳重が大正八年（一九一九）の帝国学士院の論文集に書いた「諱に関する疑」があります。そこで穂積は名代・子代の名前（反正のタヂヒ、雄略のハツセなど）は大王の実名ではなく、大王の住地（宮殿所在地）の地名に基づくものであることを論じられ、実名（諱、いみな）を忌避する習俗は世界の原始的社会に共通する習俗であるのに、日本がひとりそのような習慣がないとするのはおかしいと論じられた。実際、名代・子代の名前はすべて地名で説明できることが確認できました。

この部民論は、一九七〇年に東大出版会から刊行された歴史学研究会・日本史研究会編『講座日本史1　古代国家』に書かせてもらったもので、その折の編集担当は、まだ若い渡邊さんでした。筆の遅い小生のお尻をたたくべく、拙宅に泊まり込んで原稿の執筆を督励されました。小生にとりその意味でも思い出深い論稿です。

第二部の律令国家論の第一論考の「律令国家の形成」も東西の両研究会による東大出版会、一九八四年刊行の『講座日本歴史　原始・古代1』に載せてもらったものです。そこでは古代史上の重要なテーマである国家の成立を問題にしました。これを論ずることは日本の古代史上の質的な画期がいつかを論ずることです。日本史研究会では一九六〇年代から七〇年代にかけて、日本書紀が描く「大化改新」がどの程度の史実を伝えているものかが、古代史部会の皆さんの最大の関心事で、順次、改新をめぐるさまざまのテーマで発表し合いました。門脇禎二さんをはじめ原秀三郎、佐藤宗諄、鬼頭清明などの諸兄と熱い議論をたたかわせたことを思い出します。この成果をうけて、私のこの論稿も書かれました。

最近は大化改新否定説に批判的な論稿が多く、否定説は旗色が悪いように見受けられますが、大宝令制の影響を強くうけて編纂された『日本書紀』本文の文献批判が、今より以上に進められる必要があると思いますし、何よりも七世紀の政治史をどう理解するかについて、法制の整備の過程だけを追求する方法に疑問を感じています。国政を動かす支配者側とその対象となる一般民衆との間の対抗的な矛盾関係をどう捉えるかという視点がどうしても必要なように思われるのです。抽象的な言い方で恐縮ですが、歴史の動的把握とでもいうべきものでしょうか。一つだけ事例をあげますと、全国的規模で人民を把握するために作られた戸籍の最初のものは、天智九年（六七〇）の庚午年籍です。この後につくられた戸籍は二十年後の持統朝の庚寅年籍（六九〇年）であり、しかも庚午年籍は大宝令制で氏姓の根本台帳として永久保存の対象とされたものです。庚午年籍は近江令の、庚寅年籍は浄御原令の施行に伴う造籍とみるのが通説的な見方ですが、仮にそれを認めたとして両年籍作成をうながした政治的・社会的要請はそれぞれについて別途考察を要する事柄ではないかと考えるのです。国家はそのような政治的な動向の積み重ねの上に成立をみるわけで、律（刑罰法）と令（行政法）をあわせもち、体系的で完成度が高くその後に引き継がれる法典といえば大宝律令ですから、その成立を重視したいと私は考えます。

第三部の古代都城論、第四部の木簡論は、私が所属していた奈良国立文化財研究所での調査研究をもとに、同僚と議論を重ねながらその成果をまとめたものです。第一論文は『大系日本国家史　1古代』（原秀三郎氏編集担当、東大出版会、一九七五年）に書いたもので、都城を問題にするには条坊制と大極殿の成立が重要と考え、その点では藤原京の成立が画期だとしました。しかし都城の立地や官衙の配置やその内容、条坊制の完成度などにつき、藤原・平城両京を比較すると両者には大きな開きのあることが分かります。また平城京第一次大極殿がその規模・位置からみて、中国長安城の大明宮含元殿にも比せられるものとしましたが、この点は平城京の位置づけに係る大事な視点と考えます。しかし日本古代の都城研究は、その後各時代、各地の都城の発掘調査が継続して行われてきており、その成果をもとに一段と研究は進化し、さまざまな成果があがっています。私の都城論についても事実関係で修正を要する事項がいくつかあります。その一つは、『日本書紀』が記す斉明朝の三失政の一つに数えられ、当時の人が「狂心渠（たぶれごころのみぞ）」といったという溝を、私は飛鳥地域の中でのものと解しましたが、その後、酒船石遺跡の東北方や香具山の東北麓などで幅一〇メートルもの大溝がみつかり、天理の石上山の砂岩切石を飛鳥の地に運び石垣などに用いたこと、狂心渠はその石を舟で運ぶためにつくった溝であることが判明しました。天理から飛鳥までは直線距離にして一五キロメートルもあるのです。溝の長さは不明ですが、「狂心渠」といわれた所以です。

木簡はその後、全国各地の遺跡でみつかるようになり、その数は現在では五十万点といいますから、木簡の内容・機能・形状に関する研究は格段に進みました。木簡学会の活動もますます盛んになっています。

以上、簡単なコメントを付しながら拙著の内容を紹介しましたが、これを受けて現在の私の研究関心につき、若干のことを述べておきたいと思います。

これまでもそうでしたが、私の古代史研究で明らかにしたいと思っているテーマは、大きくいえば、日本古代における未開と文明の問題です。前方後円墳の祭祀は日本古代の未開社会を象徴的に示すものと考えているのですが、これを直接研究対象とするには専門外のことでもあり力及びませんが、その延長として日本古代において最も激動の時代といってよい「大化改新」を含む七世紀の政治をどう描くかに強い関心があります。この時代は国家誕生の前史に当る時代であると同時に、未開社会から文明社会への移行期に当る時代です。

なかでも今とくに関心があるのは七世紀後半の時代です。この時代、倭国をとりまく東アジアの国際環境は、白村江の敗戦に象徴されるようにもっとも緊張した時代でした。国内的には東国の蝦夷問題もありました。これに対応すべく東国や九州、さらには瀬戸内海沿岸の各地に城柵や山城が数多く造られました。そのいくつかの発掘調査や整備事業に参加する機会があり、この構造物のもつ軍事的・行政的意味や工事の内容をみると、城の規模の大きさに驚かされますが、それにもまして高石垣の構築などからうかがわれる工事の精度の高さにも目を見張る思いです。これをつくるためには全国の人たちが動員されたことはまちがいありません。天智九年（六七〇）の庚午年籍はまさにこの時期につくられたわけで、年籍作成の直接的な目的はこの工事の傜丁徴発にあったと考えるのです。老い先短い小輩ですが、こういうテーマでもう少し仕事が出来ればと思っています。

〈かのう・ひさし　一九三三年八月生まれ。元岡山大学教授、奈良国立文化財研究所名誉研究員。〔著書〕『日本古代の国家と都城』東京大学出版会、一九九〇年、『発掘文字が語る古代王権と列島社会』吉川弘文館、二〇一〇年〉

人は歴史とどう向き合って来たのか　『歴史と人間について』

小谷　汪之

人間は、自分で自分の歴史をつくる。しかし、人間は、自由自在に、自分でかってに選んだ事情のもとで歴史をつくるのではなくて、あるがままの、与えられた、過去からうけついだ事情のもとでつくるのである。あらゆる死んだ世代の伝統が、生きている人間の頭のうえに悪魔のようにのしかかっている。

1991年刊

これは、マルクス「ルイ・ボナパルトのブリュメール一八日」（一八五二年）の冒頭の一節である（大月書店版『マルクス・エンゲルス全集』8、一〇七頁）。

確かに、我々の存在のうえには、「あらゆる死んだ世代の伝統」が「悪魔のようにのしかかっている」。いいかえれば、我々の存在は歴史によって強く拘束されていて、歴史が我々の存在に課する制約の外で自由に生きるなどということはできないのである。

しかし、我々の存在を拘束し、我々の生き方を制約する歴史に対して、どう立ち向かうかは人によってさまざまに異なりうる。時代の流れに棹さして流されるか、流れに逆らって溺れるか、流れの中に潜って泳ぎつづけるか、いずれにしろ、人の歴史に対する向きあい方はさまざまでありうる。しかも、それらのさまざまな向きあい方が、一人の人間の中に絡まりあって共存することもある。それらさまざまな向きあい方を通して、人はそれぞれに「自分の歴史」をつくるのである。

このことは、どの時代を生きた人にとっても変わりはない。しかし、歴史の激動期においては、「あらゆる死んだ世代の伝統」と新しく生まれ出てこようとするものとの間の矛盾や軋轢がひときわ大きくなる。このような時代においては、人は両者の間に生ずる軋みの中であちらこちらと揺れ動くことになりやすい。

幕末・維新期以降の日本の近代という時代はまさにそういう激動の時代であった。そして、その激動の波紋は、長く尾を引いて、今の時代を生きている我々をも拘束しつづけているのである。

東京大学出版会UP選書の一冊として刊行された拙著『歴史と人間について――藤村と近代日本』（一九九一年）は、この幕末・維新期に始まる歴史的変動の中で、長い生涯を生きた島崎藤村（一八七二〔明治五〕―一九四三〔昭和一八〕年）を事例として、歴史と人間とのかかわり合いを考えようとしたものである。その内容について、ここで細かく書くことは控えるが、その中から二点だけ取り上げて、今日の時点で思うことをのべてみたい。

人は歴史とどう向き合って来たのか（小谷汪之）

1 「幻」と「真実」

一九一三（大正二）年、四一歳の藤村は、後に『新生』で告白することになる姪、島崎こま子（次兄広助の娘）とのインセストの秘密から逃れるように、フランスへと旅立った。その船旅の途上、藤村は狂死した父、島崎正樹（『夜明け前』の青山半蔵のモデル）に語りかけるかたちで、こう言っている。

まだ私がこの旅を思い立たない以前でございます。あなたの墓を建てるために一度帰省したことがございます。その節、私は姉の家へ立ち寄り、あの古い家に残った黒船の図というものを見てまいりました。粗末な木版刷りではありましたが、それを見てもあの異国の船がいかに当時の人の目に映じたかということが思われました。まるでこの図は幽霊の図です、と私は姉にも申したことでした。なんという驚異の念が、なんという不安と狼狽とが、そこに表れておりましたろう。あのまったく別の世界を暗示するかのような、迫り来る外来の威力の象徴とも見るべき幻の船が、いかに青年時代のあなたの心をもなやましたかはほぼ想像されました。（中略）私は自分の乗ってまいりましたエルネスト・シモンの甲板の上で、かつてはこうした異国の船が恐ろしい幻と見られた時代もあったことを胸に浮かべ……ました。ある幻のいかに真実で、真実以上にいかに真実であるかは、人のよく経験するところでございます。（『歴史と人間について』、二七―二八頁）

藤村は、彼の父、島崎正樹が狂死したのは、「黒船」に象徴される「迫り来る外来の威力」の前に、日本が国家的・民族的危機に直面しているという意識があまりにも昂じた結果だと理解していた。確かに、幕末・維新期には、日本は西欧列強によって植民地化されるのではないかという危機意識をもつ人々がたくさんいたであろう。そして、その危機を乗り越えるためには、「王政復古」という政治改革だけではなく、「神道」という国家的・民族的イデオロギーが必要だと考えた人々もいたであろう。藤村の父もそのような人々のうちの一人だったと藤村は考えていたのである。

藤村は、父正樹が狂死した一八八六（明治一九）年から二七年後、フランス船エルネスト・シモン号に乗って日本を離れ、フランスへと向かった。その船上で、「かつてはこうした異国の船が恐ろしい幻と見られた時代もあったことを胸に浮かべ」、もはや日本はそのような国家的・民族的危機の時代を乗り越えることができたという安堵の気持ちをもった。その安堵感は、二〇世紀に入り、特に日露戦争（一九〇四―〇五年）を経た後の時代に、多くの日本人が感じたものだったであろう。

このような、藤村の父や藤村自身の時代（歴史）とのかかわり方はそれとして理解できるとしても、これだけであったら、人間理解としてあまりにも一面的であろう。このような「外的」なことだけで、人が狂気に至るということはそうありそうにもないからである。藤村の父が狂気を発したのには、他の要因もいろいろと働いていたに違いない。

藤村は若い時から、父を死に至らしめたのと同じ狂気の血が自分の中にも流れているのではないかという強迫観念にとらわれていた。自らの姪とインセストの関係に陥った時、藤村の強迫観念はさらに亢進した。長兄から、あの厳格そうに見えた父にも同じような誤りがあったと聞かされたことによって、それは恐怖にまで強められた。木曾馬籠の山中に十数代を重ねた旧家の血統によどむ、血の濁りのせいではないのか、という恐怖であった。

しかし、この血の濁りにかかわる恐怖は、おそらく、藤村の見た「幻」であろう。代々近親結婚を繰り返すと弊害が出るということはありうるが、島崎家に実際にそういうことがあったわけではないだろう。旧家の血統を背負っているという藤村の自意識がそのような「幻」を見させたのだと思われる。

藤村の上引の文章には、この「幻」に関する興味深い指摘がある。

　ある幻のいかに真実で、真実以上にいかに真実であるかは、人のよく経験するところでございます。

藤村の父の見た「黒船」の「幻」も、藤村自身の見た血の濁りの「幻」も、真実以上の真実として、藤村の父や藤村自身を苦しめたということであろう。

藤村が、この、近年はやりの――あるいはもう廃れたのかもしれないが――ポスト・モダン的言説を想起させるようなものの見方を、大正の初年にすでにもっていたということは興味深い。

歴史の「真実」がどうであるかということよりも、歴史的事実を人がどう受け止め、どう解釈したのかということの方が重要だというのはそれなりに理解できる。人はある歴史的事実を自分なりに受け止め、解釈し、それに基づいて行動するのであるから。

しかし、だからといって、歴史の「真実」などどうでもいいということには決してならない。ある歴史的事実の「真実」を追究することを通して、その歴史的事実についての自分の受け止め方や解釈を検証し、そこに誤りを認めれば、それを直していくというプロセスがなければ、人はいつまでも「幻」によって苦しめられつづけることになってしまうからである。

今日、ポスト・モダンが昂じて、ポスト・トゥルース（ポスト真実）などということが喧伝される事態となった。アメリカのトランプ大統領や日本の安倍首相の言動を見ていると、確かに、トゥルース（真実）などどうでもいい、自分の都合でいんちきな「トゥルース」をでっち上げることなどいくらでもできる、と思っているように見える。彼らの言動はまさにポスト・トゥルースの時代を体現していると言っていいであろう。しかし、トゥルース（真実）を無視し、蔑にする者は、トゥルースに照らして自己の言動を省みるという、人間本来の生き方を無視し、蔑にする者である。そのような自己を省みようとしない「政治家《や》」たちが我々をどこに道連れにするのか、今私は一種の恐怖心をもって見守っている。

2 「封建時代の賜物」？

一九一六（大正五）年四月、藤村は第一次世界大戦の戦火から逃れるように、三年に及んだフランス滞在を切り上げて、帰国の途に就いた。ロンドンからケープタウン、ダーバンを経てインド洋を横断し、シンガポールに来かかった船上で、藤村は通り過ぎて来たこれらの土地がすべてイギリスの領土であることに思いを致した。藤村は心中で次のように自問自答した。

ぼくはこんなふうにも考える。インドやエジプトやトルコあたりには古代と近代としかない、と言った人の説にはまったく賛成だ。幸いにもぼくらの国には中世があった。封建時代があった。長崎がシンガポールにならなかったばかりじゃない、ぼくらの国が今日あるのは封建時代の賜物じゃないかと思うよ。（『歴史と人間について』一一八頁）

二〇世紀に入り、日本は幕末・維新期以来の国家的・民族的危機をついに乗り越えることができたと安堵の思いを持った人々は、それでは、何故日本はアジアでただ一国だけ、国家・民族の独立を保つことができたのかという問いと向かい合った。藤村はそれを「封建時代の賜物」と理解したのだが、このような理解は藤村に独自のものというわけではなく、当時かなり広く見られたものである。例えば、戦前日本の代表的な経済学者、福田徳三（一八七四〔明治七〕―一九三〇〔昭和五〕年）も同様の理解を示している。

福田は一九〇三（明治三六）年に書いた論文の中で、日本の歴史は封建制度を経て、概ね西洋諸国と同じような道筋を辿って来たのに対して、朝鮮の歴史は封建制度以前の段階で止まってしまったとした。そのうえで、近代における朝鮮の衰亡の原因は何かという問いを立てて、次のようにいっている。

今此の〔朝鮮衰亡の〕根本の原因を求め藪《もと》めて、余は之を「封建制度の存在せざること」に得たり。韓国は真正なる意義に於いて未だ「国」を為さず。而して又「国民経済」を有せず。之が類例を他国に求るに、我邦にありては鎌倉幕府発生以前、殊に藤原時代……に比すべきか。〔中略〕一見甚だ解釈に苦しむ韓国の社会組織は此に封建制度の欠如なる答案を得て、その真相を得るに庶幾《ちか》からんとす。（拙稿「福田徳三とアジア」『思想』一〇四三号、四〇頁）

藤村が福田の論文を読んでいたなどということはないだろうが、当時同じような考え方がかなり広く見られ、藤村もそれに共感していたということが考えられる。

この「歴史理論」は、封建制度から資本主義への発展という西欧における歴史体験を歴史発展の「王道」とみなし、それとの近似性が、日本の歴史を他のアジア諸国の歴史とは異なる道筋に導いたとする。その意味で、この「歴史理論」はまさに「西欧中心主義」の赤裸々な表現であるが、当時の日本人には納得しやすいものだったのであろう。

これと同類の「歴史理論」は戦後になっても姿を現した。一九六〇年代前半に広く流行した「近代化論」の論客、エドウィン・O・ライシャワーは、封建制度をヨーロッパと日本だけに見られた「まれな現象」であるとして、次のように言っている。

ヨーロッパ以外に完全な封建制度を経験したもう一つの地域――すなわち日本――について見ますと、それが西洋の近代化の刺激に対して急速に反応して、大きな成功を収めることのできた、唯一の非西洋地域であることがわかります。(『日本近代の新しい見方』講談社現代新書、三一頁)

ここには、「西欧中心主義」の問題をはじめとして、さまざまな問題が含まれているが、その一つとして、封建制度という概念の「政治的」利用とでもいうべき問題がある。アメリカ、ケネディー政権の駐日大使、ライシャワーは、六〇年安保改定期に盛り上がった反米運動の沈静化を使命として日本に赴任し、日本の近代を成功の物語とするイデオロギーを鼓吹した。そのさいに利用したのが封建制度という概念であった。こうして、封建制度という概念に「政治的」意味合いが付与された結果、封建制度という概念を純粋に歴史学的概念として議論することが難しくなってしまった。

しかも、近年の歴史学の傾向を見ていると、封建制度といった時代概念そのものを時代遅れの、無用の長物とみなす風潮が顕著になってきているように見える。歴史を社会構成体の継起的発展といった長期的な視点から、大づかみに捉えようとする考え方そのものに、拒絶反応を示したり、嘲笑的な姿勢をとったりする傾向が、特に若い人たちのあいだで広く見られるように思われるのである。

確かに、封建制度があったから、日本は国家・民族としての独立を保つことができたとか、「近代化」に成功することができた、などという議論が空疎な議論であることはいうまでもない。しかし、だからといって、封建制度といった、時代を全体的に捉えようとする概念をすべて否定してしまったならば、歴史の長期的な波動、すなわち全体としての時代像、歴史像をどうやって構想することができるのであろうか。歴史の微に入り細を穿った実証的研究をいくら積み重ねたところで、それが一つの時代像や歴史像に収斂するということはない。ある時代像や歴史像を構想するということは、微細な歴史学的実証とは次元の異なる営みだからである。緻密な歴史学的実証を前提としたうえで、さらにそれぞれの歴史観や世界観に基づいて時代像や歴史像を構想するというのが、歴史学の究極の営みであろう。そのような時代像、歴史像を構想しようとする意思を失った時、歴史学は単なる自己満足や知的遊戯に陥ってしまうであろう。

最後に、自分自身と歴史とのかかわりについて付言するならば、私は社会経済史と称される分野を専門としてきた。それは、一九六〇年代初め、私が歴史学を研究分野として選んだ時、社会経済史が歴史学の主流であったという「外的」要因による。時代の状況が、主体性の確立していなかった私の「頭のうえに悪魔のようにのしかかって」、私を拘束したのである。だからといって、その選択を後悔しているわけではない。大きな時代像や歴史像を構想するうえでは、社会経済史はやはりもっとも重要だと思うからである。しかし、何かそれだけでは充たされないものを感じ続けて来たことも事実である。それは、歴史（時代）と向きあって生きてきた、それぞれの人の生のもつ重みのようなものを歴史の中に探ってみたいという思いであった。本書を書いたのは、そのような思いが昂じた結果である。一人の人間を歴史の中に追跡することによって、ある時代の全体像を捉えるというのは難しいが、その時代の一断面を抉り出すことはできるであろう。本書で密かに試みたのはそんなことであった。

（こたに・ひろゆき　一九四二年二月生まれ。東京都立大学名誉教授。〔著書〕『マルクスとアジア――アジア的生産様式論争批判』青木書店、一九七九年、『歴史の方法について』東京大学出版会一九八五年、『大地の子――インドの近代における抵抗と背理』（新しい世界史①）東京大学出版会、一九八六年、『「大東亜戦争」期出版異聞――『印度資源論』の謎を追って』岩波書店、二〇一三年）

学問的飛躍の準備中だった　『武士と文士の中世史』

五味　文彦

出版した一九九二年は石井進先生が東京大学を退官された年で、当時の私は四十六歳、これが七冊目の著作である。それまでの私は先生の「核の傘」の下で教育・研究活動をしていたと評されていた如く、大きな苦労もなかったが、もはやそうもゆかなくなることがわかっていた。

そのため先生の退官を踏まえつつ書いたのが本書であったように思う。したがって本書は依頼されずに初めて書いた本であって、その後、依頼なしに書いたのは『枕草子の歴史学』（朝日新聞学芸出版、二〇一二年）だけであるから、記憶に残る本であり、当時の我が身を思い出し懐かしさがこみあげてくる。

今、考えると、学問的に新たな次への飛躍を用意していた時期の作品と言うことになろうか。

1992年刊

一　執筆に向けて

私の研究の流れからすれば、鎌倉幕府の歴史書『吾妻鏡』の研究が『吾妻鏡の方法』（吉川弘文館、一九九〇年）の出版で一段落がついたところから、体調不良も重なって本を書く意欲を失っていた。それを脱したのは、初めてワープロを使って『中世のことばと絵』（中央公論社、一九九〇年）を著わし、何とか意欲をとりもどし始めた頃である。

そこで朝廷と鎌倉幕府との関係史を構想するようになった。初めて通史を書いたのは一九八八年の『鎌倉と京』（小学館）であって、そこでは保元の乱から鎌倉幕府の滅亡を対象とし、「武者の世」の到来を告げる保元の乱から叙述を始めていたから、叙述の中心が政治史であった。

それもあって本書は始まりを鎌倉幕府の成立に置き、その形成に与った武士の性格と、京から下ってきて幕府機構の整備に携わった下級官人である文士の動きに光をあてることを考え、書名も「武士と文士の中世史」としたのである。

文士というと、小説家・作家を意味することが多いが、歴史的に見れば文官を意味するものであり、武士とともに鎌倉幕府の形成と発展に寄与した文士の動きに焦点をあてることにしたのである。最初の著書『院政期社会の研究』（山川出版社、一九八四年）で院政期の文士の動きに注目していたので、ある程度の成算はあった。

新たな試みとしては、文士とともに紙背文書に光をあてて利用することにあった。それまでに活用してきた史料は、『院政期社会の研究』では「東大寺文書」、『平家物語、史と説話』（平凡社、一九八七年）では『平家物語』と説話集の『古今著聞集』、『吾妻鏡の方法』では『吾妻鏡』、『中世のことばと絵』では絵巻の『絵師草紙』、『藤原定家の時代』（岩波書店、一九九一年）では『明月記』

など、多様な史料を用いてきたので、ここではそれらを駆使するとともに、反故とされた文書の裏が他の書籍などに再利用された紙背文書を本格的に扱うことにしたのである。

二　武士と文士の四季

全体は四部からなり、第一部は「武士の春」と題して、鎌倉幕府の形成に関わった武士の性格を考え、幕府の機構や制度の整備にあたった文士の活動を見ることで、その歴史的前提である院政期から鎌倉期の政治と社会のあり方を捉えた。

続く第二部の「荘園の夏」においては、院政期に遡って文士の活動を探るなか、荘園公領のうちの公領の経営に関わった文士とともに、荘園の形成に関わった武士と文士の交流を探り、文士の家の在り方を考え、武士と文士の社会環境を捉えた。

第三部は「王朝の秋」と題して、朝廷で活躍した文士の文化活動を、軍記物『承久記』や説話集『宇治拾遺物語』『古今著聞集』、歴史物語『五代帝王物語』、絵巻物『なよたけ物語』などの作品の分析や歌人の動きなどを通じて考え、『吾妻鏡』がいかに誕生したのかを見た。

最後の第四部は「文士の冬」と題し、鎌倉後期から南北朝期にかけての文士の動きを絵巻の『春日権現験記絵』『一遍聖絵』や兼好の『徒然草』の分析を通じて探り、文士の終焉を論じ、その活動が他に代わられてゆく流れを見つめた。

総じて院政期から鎌倉期における政治と文化の流れを文士と武士に注目して探ったことにより、院政期の知行国制の実態、備後国大田荘を通じての平氏と荘園制との関わり、武家政権における地頭制度の展開、後鳥羽院政と在京武士の関係、鎌倉中期の西園寺家をめぐる武士と文士の関係、後嵯峨院政期の物語像、鎌倉後期の都市京都の動向などが明らかになったものと考える。

本書の新味はなんといっても文士の存在とその役割を明らかにしていったことがあげられるが、多くの紙背文書を駆使して論述したこともあげられよう。紙背文書の分析は論文として書くのには有効であっても、こうした通史的な叙述にはなじまないだけに苦労したが、紙背文書から見えてくる社会の一断面を明らかにする手法を定着させたと考える。

院政期の文士の活動を伝える東寺観智院本『東征伝』と半井本『医心方』、鎌倉時代前期の京都の武士の動きを伝える醍醐寺所蔵『諸尊道場観集』、鎌倉後期の中御門家に仕える文士の活動を伝える福井県名田庄熊野神社所蔵『大般若経』などの紙背文書を使って歴史の細部に踏み込むことができたのが大きな成果といえよう。

三　方法と工夫

この時期の大きな課題であった武士論や荘園制論、絵画史料論、文書論、中世文化論などをできるだけわかりやすく叙述することにつとめ、それらの相互連関について指摘したことが最大の成果であろうか。

そのために武士の春に始まって時代の動きを春夏秋冬にたとえて叙述する工夫を行ったり、折々に対話形式の章を設け、問題を投げかけて解説する試みを行ったりした。対話形式の文章は『中世のことばと絵』で初めて用いたものであるが、その効用は論点を直に指摘できることにあるにせよ、対話によって省略する部分が多く生まれ、詳しい議論を展開しないままに終わってしまう弊もある。読むには面白いものの、提出した考察が真剣に受け止められないという問題点がある。

しかし論述するのに行き詰った時にはいつも救ってくれるのである。「どうしてそこで悩むのかなあ。わからなくなったら史料を丹念に読んでみようか」、「どれが一番、問題なのかなあ」という言葉を発して書くことで、何度も救われたのである。ともかく当時の私が論点としていた問題を本書にすべて提出した感があり、それまでの仕事の到達点であるとともに、以後の仕事の出発点となったのが本書なのである。

四　今にいたるまで

この刊行を経てから以後、東大出版会との縁が深まり、渡邊勲氏からの誘いを受け、日本の時代史の中世篇を担当することになった。だが、古代史の担当予定の早川庄八氏が亡くなったことなどもあって、この企画はいつしか沙汰やみになってしまったが、その後、東大出版会の理事長になったのも、本書以来の関係によるのであろう。

その後の私の研究の流れにおいては、本書で展開した武士論は『殺生と信仰――武士を考える』（角川書店、一九九七年）へと、荘園制論は『土地所有史』（渡辺尚志氏と共編、山川出版社、二〇〇二年）へと、絵画史料論は『春日験記絵と中世』（淡交社、一九九八年）へと、文書論は『明月記の史料学』（青史出版、二〇〇〇年）へと、中世文化論は『徒然草の歴史学』（朝日新聞社、一九九七年）、『書物の中世史』（みすず書房、二〇〇三年）へと繋がっている。

本書でもう少し突っ込んでみたかった人物論については、東大寺の再建を担った重源については『大仏再建』（講談社、一九九五年）で、武家政権を切り開いた平清盛については『平清盛』（吉川弘文館、一九九九年）で扱うことになった。個々の論ではなく、通史的な叙述という点では『京・鎌倉の王権』（吉川弘文館、二〇〇三年）へと繋がってゆき、さらに『躍動する中世』（小学館、二〇〇八年）を経て、最近では古代や近世にも手を伸ばしている。

実を言うと自著を語るという誘いには、あまり乗り気ではなかった。まだ研究が進行中なので顧みて思うことを文章にはしたくなかったのだが、かつての自著と今の研究との関わりに注目することによって、忘れていたことを思い出すであろうと思い、引き受けた次第である。なお今、執筆中の本は『日本文化史』である。

（ごみ・ふみひこ　一九四六年一月生まれ。東京大学名誉教授。〔著書〕『院政期社会の研究』山川出版社、一九八四年、『文学で読む日本の歴史　古典文学篇・中世社会篇・戦国社会篇』山川出版社、二〇一五年・二〇一六年・二〇一七年、『日本の歴史を旅する』岩波新書、二〇一七年）

当時の日記帳をひも解いて『北村透谷』

色川 大吉

はじめに

まる二十三年ぶりに東大出版会から刊行された『北村透谷』を読み返してみた。まず、その造本の堅牢で美しいこと、帯の「大濤怒り　激浪躍るにあらずや」という透谷の言葉通りのすばらしい表紙に圧倒される。

そしてその序章の詩的で、力強い文学的叙述。これが満六十九歳になろうとしていた私の文章であろうか、と。そこには千葉卓三郎（五日市憲法起草者）の「哀詩」が引かれていた。

1994年刊

「関山風雪《かんざんふうせつ》　紅河《こうが》の雨　客路《かくろ》十年事《こと》なお違《たが》う　人生空《むな》しく過ぐ旅窓《りょそう》の夢　杜鵑頻《とけんしき》りに勧《すす》む帰るに如《し》かず」と。それは三十一歳で異郷に病没した卓三郎の生涯に、二十六歳で自殺した透谷の運命を重ね合わせたような弔辞である。

「忽《たちま》ち悟る人間十年の事、都《す》べて非なるを。指を屈すれば友輩幾個《ゆうはいいくたり》白骨に化し、壮歳《そうさい》久しく停《とど》まらざらんとす」（透谷「客居偶録」）と。そして、この序の結びに――「あらしが幾度も過ぎた。今後もまた過ぎるであろう。あらしの合間に天空の深みに見覚えのある一点星がいつも光っている。それが透谷である」。この拙い書をその一点星に捧げる、と。

この力のこもった序章を持った『北村透谷』は巻末に示した二十二本もの個別の研究論文を基礎にしている。その集大成の歴史叙述として渾身の力をこめて書き下ろした。

刊行は一九九四年四月、言うまでもなく東大出版会からである。

その構成は次のようになっている。

第一章　劇詩人としての生涯

第二章　政治から文学へ――「透谷と政治」再考

第三章　平和運動と宗教思想

第四章　文学者として――その戦いと死

その「死」とは、二十五歳での自殺であった。これ以上、この本の解説をしようとは思わない。むしろ、それから二十四年の歳月を経て私が省みたいのは、この本がどのように書かれたかの過程を、一九九三年、九四年の私の刻明な日記からふり返ってみることだ。

出版契約から督促、刊行までの紆余曲折

一九九三年七月十七日。『北村透谷』を単行本として出版するという企画は東大出版会との契約以来、三十年間も抱えたままで、編集者も渡邊勲氏から高木宏氏に変り、その鞭撻は非常なものであった。「あとがき」にも記されている。

「透谷没後八〇年の一九七二年にも催促に来られたが、私が『ある昭和史』に集中していて空振りになったし、没後九〇年の一九八四年には秩父困民党蜂起百年、自由民権百年第二回全国大会で、代表委員として私が東奔西走しており、その時も、これが終ったらということで先送りした。ところが、その後も私は『昭和史』の連続研究やチベットの秘境カイラス登山隊長になったりして脱線していたのである。

一九八〇年代の終期にさしかかって、渡邊勲氏の研究室への来訪は頻度を増し、その督促は退路を断つものとなってきた。これまでのように何かと口実をつくって逃げようとする私をなだめ、すかし、「今度こそ決断を」と迫られた。私はその執念と真摯さに打たれ、「こんどこそ一、二年のうちには必ず執筆し、ご期待に応える」と誓ったのである。

透谷の命日は一八九四年（明治二十七年）五月十六日である。その没後百年に当たる一九九四年が目前に迫っていた。まさか、そんな遠い先まで自分が生きているはずがないと、信じていただけに、その年を目の前にして私は狼狽した。「これが最後のチャンスだ。これを逃したら生涯の悔いになる」そう思い、九三年の七月から他のすべての仕事を投げ打って透谷論執筆に集中し、専念することにし

た。その間に、渡邊氏と交替した（渡邊氏が編集局長になったため）担当編集者となった高木氏の督促は非常なもので、ついに一九九四年一月末に脱稿した。その間のことを思うと、両氏には感謝の言葉もない。

その執筆過程を、一九九三年と九四年の私の日記から採録する。これによって、当時の執筆の情況や過程を、具体的に辿ることができるからである。

この本はどのように書かれたか

一九九三年七月十八日　衆議院選挙の投票をすませて那須へ向う。「透谷」の集中執筆のためである。那須は、真夏だというのに肌寒く、夕方、雨上りの林の中を散歩する。夜、透谷論の執筆に専念、また明日からの準備を済ませてから眠る。

七月十九日　この私学共済組合の那須山荘は静かだが、サービスが全く無い。近くに食事ができる店も見当たらないので、蕎麦の出前を頼むか、外出して食品を探さなくてはならない。その上、浴室が暗く、狭い。

夕方、執筆を再開する。深夜までそれに集中。透谷の詩劇「蓬萊曲」を論じた二〇枚ほどの原稿を書き上げる。

七月二十日　昼、気ばらしに雨の後の深い霧の中を散歩。近くの大丸温泉まで上ってゆく。そのいちばん高い所にある川湯まで行ってみる。想像していた以上に良い。川湯の渓谷風呂は天下一品であろう。人造の温泉ではなく、渓流そのものが湯の川であり、そこに浴場が造られていた。私はここに宿を移すことにして部屋を借り、さっそく引っ越す。その部屋は三方に窓があり快適だ。仕事も一段とはかどる。

七月二十一日　新しい仕事場に時を忘れて、第一章の仕上げに没頭した。

七月二十二日　乃木大将が自刃したとき、その家で書生をしていたという青年が、この川湯の宿の主人となっており、その木造の別館を乃木希典《まれすけ》の記念館にしていた。そこを訪ね、晩年の日記などを見せてもらう。私が借りた部屋からその別館が見える。

七月二十三日　偶然、一日だけ青空が出る。喜んでケーブルの乗場まで山徑を歩いて登る。久々の太陽、汗ばむ。眺めが良く、茶臼岳に噴煙が上っている。その夜、仕事、だんぜんはかどる。この日は私の誕生日なのだが、祝ってくれる誰もいない。

七月下旬　猛暑がつづく。久しぶりに八王子の自宅に帰宅すると、山のような雑用が待ち構えていた。二十八日、猛暑とこの仕事への対応から逃げて、クーラーのある都心のオフィスに移る。シャワーを浴び、すぐ執筆にとりかかる。

七月三十日　いまは未明三時、この夜更け、百年前の透谷の『客居偶録《きゃくきょぐうろく》』を読む。明治二十六年（一八九三年）夏の海村での偶居録だ。一語々々しみじみとかみ砕くように読む。「あたかも漢詩の読み下しの如く。凝縮した含意の短文なれど、深く胸を打つものあり。とくに乞食《こつじき》の如き旧会津藩士の曳《ひ》く車に同情し、みずからもそれを押して小亭に招じ、饗応すること。また病床の教え児を憂える一節等々、一々胸に沁みる。今晩少しく悲しきことあり、頭冴える」と。

八月三日　岩波版『透谷全集』（勝本清一郎編）をくり返し読み、沈思黙考。夜、ようやく執筆再開の気分となる。

八月五日　悲報到る。元最高裁判事色川幸太郎（日弁連副会長）、肝臓がんで死去と。これで且て盟約した「三色川」のうち二人までが死んでしまった（作家の色川武大氏は一番若かったのに一番早く死んだ）。夫人に弔電を打つ。こんどは私かと思うと、急がないではいられない。

八月六日　ヒロシマの日。祈りを捧げる。今、透谷の演劇論の章（約百枚分の半分）の清書をつづけている。今日で四割近くになる。夜遅く、土井たか子衆議院の議長に選出され、その手で首相選挙が行われ、細川護熙《もりひろ》が首相に指名された。自民党一党支配三十八年の歴史にようやくピリオドが打たれた。そのきっかけは汚職問題で自民党の自潰によるもの。野党が倒したのではなかった。

八月十三日　夜、八王子の自宅で透谷論の第二章の仕上げにとりかかる。これを何とか済ませてから、日豪学会のため、オーストラリアに行こうと思う。〝ひぐらし〟が鳴き競っている。続稿作成に全力。

八月十五日　敗戦の日だが、故郷佐原へ行く。母の新盆なので墓参のためなり。朝、早く出て、詣り、夜帰る。透谷の「政治論」再考、そのプランを考えつつ列車に揺られて行く。墓詣りしていると、日蓮宗浄国寺の大僧正小島一仁氏が息せき切ってやって来る。この人とは旧友、立話をする。

八月二十五日　なかなか透谷の「政治論」の矛盾に切り込めない。そこでまたも周辺史料をほじくり返していて、気がついたら未明三時半になっていた。ブランデーの力を借り、五時ごろ眠りに落ちる。

八月三十日　猛暑。透谷執筆の資料類を大バックに詰めて、引きずりながら中央線の特急で白馬へ向う。私の大学が借りていた「山の家」の事務所を訪ねて、新築したばかりという快適な山荘を貸してもらう。器具類も完備、上乗。この日からぶっつけ本番に「透谷と政治」再考を書き急ぐ。史料はあらかじめカードをとったり、大学ノートに書写したりしてきている。晩飯は近くの蕎麦屋に行って済ます。涼しく能率が上る。

白馬高原二日目も快適なり。散歩すると白馬のスキー場がすぐ近くに見える。高原は、もう秋の気配でススキが白い穂を出し、夕陽に映えている。秋の七草も散見する。ここは標高七五〇メートル程。八方尾根が見上げられる。

この日、執筆のピッチあがる。昼食は近くのレストランで。夜は飯抜き、センベイとお茶ですます。ひたすら書く、書く。

自発的な〝かんづめ〟の連続

九月一日　移動する。次の山荘は白馬から車で三、四時間もかかる。美ヶ原の北側の新しく開かれた別荘地「美しの国」という。不便な所だった。しかも、ここの山の家は小さく古く、汚く、期待して来ただけにがっかりする。それに近くに店が何一つない。とうとう第一夜は夕食抜き。買いこんで来た稲荷寿司のみ。仕方ない。透谷論の執筆にのみ専念する。

九月四日　明日からはまた自発的〝かんづめ〟になりにゆく。こんどは海辺の私学共済の保養所「相洋閣」を四泊五日で借りた。執筆に疲れたら泳げるだろうと期待しての上だった。ところが実際に行ってみて失望した。提供された部屋は六畳一間で小さく、トイレも浴室も外にしかない。プールは浅く汚れているし、海は暗く荒れ模様、仕方なく深夜まで第二章「政治から文学へ」の執筆に集中、台風が近づいているらしい。

九月七日　キャンセル料を取られたが、この宿が嫌になって雨の中、タクシーを頼んで逗子の町に出る。駅前の寿司屋に入り、冷酒で魚などを食べ、夜、電車を乗り継いで、私の渋谷の仕事場へと逃げこむ（渋谷公園通りの高層マンションの一室）。こちらの方が三倍も広いし、気持ちが良い。深夜まで執筆。翌日もここに閉じこもって、透谷論の核心である「政治から文学へ」論をどんどん書き進める。石坂美那子のこと（透谷の妻となる）でも新しい解釈を考える。調子が出る。結局、ここに五連泊して核心部分をほぼ書き上げた。

九月十日　東京経済大学の授業がはじまった。常勤の教授だからこれを休むわけにはゆかない。とくに受持のゼミナールは、九月上旬に北海道美瑛町の大学の研修施設でやることに決まっている。この間は合宿中だし、他の原稿の執筆は不可能だ。それにその直ぐ後、私は日豪学会のため、オーストラリアに行くことになっている。

九月十九日　ＪＡＬ（日航）の夜行便でキャンベラに向う。西川長夫夫妻、網野善彦君、芳賀徹君らと顔を合わせる。同じ機内で偶然、上野千鶴子さんと同席する。この人、初対面なのに少しも人見知りしない。道中、透谷論の原稿を読み直そうと、持ってゆくが頭痛がして仕事にならない。めったにない機会なので学会の報告が終わったあと、この大陸をドライブしてやろうという気になる。レンタカーを借りて一人で行くつもりでいたら、「私も行きたい」と上野さんが乗ってくる。そこで案を練って東海岸を南下し、南極に最も近い辺境タスマニア島にまで行ってみることにした。折から一ドル六八円という物凄い円高で、宿もレストランもレンタカーもドル払いなので、ひどく安い感じがした。この旅のことはここでは省略する。

十月十八日　『透谷』の執筆再開。いよいよ第二章の大詰め。核心の問題「政治と文学」の再考に迫る。渋谷のマンションの一室、プライベートな仕事部屋は集中できる。未明まで執筆し、シャワーを浴びてベッドに倒れこむ。

十月十九日　八王子の家から飯島敏雄君が電話をしてくる。ニューライト（新右翼）の理論家野村秋介が、「朝日新聞社」の重役室でピストル自殺したと。五十六歳とか。野村とはテレビ朝日の「朝まで生テレビ」で三度ほど対決したことがある。かれとは徹底対決する約束をしていたのに、その機会を失った。

十月二十四日　『透谷』第二章「政治再考」ばかりでなく、「ミナ子との関係」に入ったため、一三〇枚を越えた。二十五日、第二章ほぼ完了。東大出版会に電話し、二十八日に取りにきてくれと伝える。一三〇枚位だというと、「エェッ」と大声をあげている。

十月二十八日　編集部の高木さん、原稿をとりにくる。その後、私は高知の自由民権集会に出席し、その後、水俣へと飛ぶ。不知大海総合調査団の友人、砂田明さん死去の弔問である。石牟礼道子さん熊本から帰ってくる。

十一月五日　愛知大学で、「民衆史と伝記研究——透谷再考」を講演し、感銘を与える。

十一月十五日　深夜冴えてくる。透谷の文学論の続きを書き、「第四章　文学者として—その戦いと死」のメモをとる。

この頃、政治情勢は悲観的だ。自民党の主導で小選挙区制が通りそうだ。小選挙区制になれば自民党一強体制が出来ることが目に見えているのに、野党にその危機意識がない。

十一月二十二日　透谷論執筆に集中したいと気持ちの上では思っているのに、現実には沢山の集会や講演に歩いていて多忙なのだ。切迫した政治情況でのこうした要請に押し切られて執筆を中断していることを悔やむ。

十一月二十六日　岩波書店の会長室で岩波雄二郎さんと逢う。私の新書『わだつみの友へ』を激賞。その後、寿司屋へ案内され饗応される。

十一月二十九日　『北村透谷』完成のため再び執筆ラインに就く。少しの時間をも惜しんで第二章を完成させるために深夜まで頑張る。この間にも私に運動に参加するよう、呼びかけが来る。とくに私が代表をつとめる「日市連（日本はこれでいいのか市民連合）」からもＦＡＸでどんどん呼びかけが入ってくる。私としても発言したい。デモにも加わりたい。だが歯を食いしばって耐える。ジッとこらえる。

透谷の平和活動と宗教思想をめぐって

十二月三日　残っていた透谷論の第三章「平和運動と宗教思想」の草稿を読み直す。「よし」と思う。つづけて次節の執筆にとりかかり、深夜に到る。定期便の激励電話がくる。ありがたし。

十二月四日　朝四時までやり、十一時には再開。未明、『朝日』の夕刊を開いて、小田切秀雄さん(透谷研究の先達)のエッセイを読んで驚く。「透谷没後百年を前に」という大見出し。その終りのところに「透谷研究の中心の一人色川大吉による書下ろしの透谷論が五月に出る」と書かれていたのだ。

今日も終日、透谷の第三章に全力を投入、外には嵐が吹いているが唇をかんで沈黙を守ったまま、やむなく「貝《かい》」になる。ふと見れば庭のピラカンサの実が赤くたわわ。柿の実も枝が折れるほどに。山茶花《さざんか》は終りかけ、わずかに紅葉を残しているだけ。連日、働き過ぎで下痢をし、自分が可哀想になってくる。

十二月七日　朝四時まで原稿を書きつぐ。調子が出ると、まる一日テーブルにすわっていて、四〇〇字詰原稿用紙で約二〇枚分進む。それにコピーした資料をはりつける。

十二月八日　昼、東大出版会の高木さんに第三章九〇枚を渡す。さあ、残るは最後の一章になった。ようやく刊行の見通しが立った。あとひと月、ラストスパートだ。

十二月九日　大学のゼミ二つ（昼と夜の学部の）こなして帰る。
十二月十三日　終日執筆。第三章完成、約百枚、これで三三〇枚は越えたろう。第四章第一節の仕上げにすぐ着手。十五日には渡したい。いよいよ八合目だ。頂上はまだ見えてこないが、ここで倒れても一冊の本にはなるとの安心感が生まれた。最初の出版契約以来、三十四、五年は経つ。みんな今度こそ出すよと言っても信用しない。小田切さんも言っていた、「みんなほんとですかと言っていたよ」と。
十二月十四日　無理を続けてきたため、右の肩から腕のつけね、腕の上半分がしびれ、痛みはじめてからもう半月余り経つ。右の腕のしびれで重い荷物を下げられない。大きな膏薬を貼る。

ついに、完成へと向かう

十二月十六日　出版会編集部の高木さん、毎週とりにくる。今日は第三章の最終節の完成原稿を渡す。第四章は年末の二十八日までにぎりぎり渡したい。
十二月二十二日　公務で大学へ。出版会の渡邊勲さん（今、編集理事）、わざわざ研究室に来訪。岩波書店の『文学』編集長の星野さん、「透谷特集号」のことで相談にくる。
十二月二十三日　執筆に集中。年末だというのに電話が多くて邪魔になる。目をつぶり耳をふさごう。外を見ないでただ内へ。今年は透谷に明けて透谷に終ろうとしている。書下ろし五百枚というのは大変なことなのだと改めて思う。あと五十枚ほど残してしまった。

本格的に書きはじめた七月から数えても、もう半年になる。四十代、五十代には三か月で出来たろうことが、今は倍近くかかる。もちろん雑用や外泊がふえたことも影響しているが、それだけではない。体力、知力の衰え。その現実を見据える。

十二月二十六日　年の暮れ、透谷論も大詰め、四百枚にさしかかるころから、右腕がしびれ、上がらない。若いつもりでいても、確実に老化し、劣化していたのだ。何しろすぐ七十歳になるのだから。

十二月二十七日　箱根湯本の宿に、自主的に「かんづめ」になる。湯治をかねて、一日に三度も湯につかり、肩のつけねを揉み、凝《こ》りをほぐす。その夜は十二時まで執筆。

翌二十八日、急ぎ帰京。国分寺の大学の研究室に戻り、高木さんに残りの原稿を渡す。二十九日は年末年始の交際や義理での挨拶回りなどから逃げ、心機一転のため、NHK取材班に同行してインドに向うことにする。日程や宿屋、交通機関の手配はすべて取材班任せ。気楽な旅である。私の役割はただ『世界わが心の旅――インド篇』での質問に応えればよいだけ。

悠々たるインド、私たちは首都デリーからガンジス河に沿ってベンガル湾口（カルカッタ）まで下る旅。デリー、アグラ、カジュラホ、バナラシと寄ってゆく。聖地バナラシ（ベナレス）に着いたときは黄昏。季節は真冬なのに、炎熱、猛暑のため疲労困憊した。正月元日はベナレスからブッダガヤへ。翌日、アンタッチャブル（不可触賤民）の居住区ともいわれるハリジャンの村を訪ねる。三日、お釈迦様の聖地ナーランダへ。五日、ガンジスの下流の大都会カルカッタ（コルカト）へ。ここでグループは解散し、私はひとり南インドへ、ベンガル湾の砂浜に立つ。帰国したのは一月七日であった。

二月四日　岩波書店で「透谷の百年」という座談会をやる。桶谷秀昭・野山嘉正氏らと、である。『透谷全集』（全三巻）を刊行したのは岩波であるから、その雑誌『文学』に特集号を組んだのもうなずける。この間にも私の『透谷』のゲラ刷がドンドン出ていたのであり、その第三章の初校ゲラを高木さんにこの日、返している。

二月七日　夜、久々に山田宗睦さんに電話する。相変らず歯切れのよい若々しい声だ。私と同年なのに元気だ。「東大出版会はいつ辞めたの」と聞いたら、三十四歳の時だという。私に『北村透谷』の執筆をすすめたのは昭和三十二年であったから随分前の話だ。東大出版会の新企画「近代日本の思想家」シリーズ（全十一巻）の一冊に加えてくれたのだ。その当時、彼は気鋭の哲学者として売り出しており、出版会では編集部長をつとめていた。

今度『透谷』を書き上げたよと報告したら、喜んでくれ、祝福してくれた。それにしてもあれから三十六年も経つなァと感慨に耐えなかった。

『北村透谷』の「序」「あとがき」「参考文献一覧」など、すべてを完成させた。「あとがき」にはこの長い年月の経緯を自分の研究史と重ねて平易に記した。これでようやく完全に終ったのだ。明日二月九日、高木さんに手渡す。残りは最終校正のみ、これで予定通り四月末には出版できると思う。

この間に渡邊勲さんが実質的な編集責任者として督励し、見守ってくれた功績はまことに大きい。改めて深い感謝を捧げる。また、実務を担った高木宏さんの功績も忘れることはできない。御二方の名前は私の『北村透谷』と共に歴史に刻まれて残ることであろう。

のことであった。『北村透谷』初版の刊行は、一九九四年四月二十五日である。私が七十歳になろうとしていた前年

（附記）この執筆記録の陰に、この過酷な二年間を支えてくれた「家人」がいたことを忘れることができない。その恩人はすでにこの世にはいない。

（いろかわ・だいきち　一九二五年七月生まれ。東京経済大学名誉教授。〔著書〕『明治精神史』黄河書房、一九六四年、『新編 明治精神史』中央公論社、一九七三年、『ある昭和史　自分史の試み』中央公論社、一九七五年、『追憶のひとびと――同時代を生きた友とわたし』街から舎、二〇一二年、『戦後七十年史　１９４５―２０１５』講談社、二〇一五年、『あの人ともう一度』日本経済評論社、二〇一六年）

「三十七人の著者」と共に編集稼業「五十年」

渡邊　勲

本書「はじめに」を書き、「あとがき」も書かせていただいた「私」ですが、本書本文の最後にこんな一文を、しかもやや長めの文章を書くことをお許しいただいた「三十七人の著者」に感謝すると共に、本書をここまでお読みいただいた読者の皆様に厚く御礼申し上げます。

以下において私は、「三十七人の著者」と「五十年」について語りますが、それは私が本書の企画・編集者だから、というだけではありません。理由は二つ、その一は、本書を構成している「著者と自著」の時代背景を知るには、「私の時代」を語らねばならない、その二は、私の編集活動の中に先生方の「自著」を位置づけるには、私の「五十年」を時期区分して考えてみる必要がある、ということです。この考えを反映させて作ったのが、本書の目次、「第一部　一九七〇年代の『仕事』」／「第二部　一九八〇年代の『仕事』」／「第三部　一九九〇年代の『仕事』」ですが、ご理解いただきたいのは、この目次に示した区分と表現は、機械的な十年刻みのそれではない、ということです。

では、著者と共に編集者として生きて来た私の「時代」を語ります。

前史、そして一九七〇年代の「仕事」

五十年前の一九六七年から始めます。私は、仙台の大学で日本思想史を学びました。一九六七年一月には集中講義で来仙された色川大吉先生の「北村透谷」の講義を聴きました。本書を締め括る色川先生の語りをお読みいただければ、この時代のことを感じていただけるはずです。

この年の四月、四年生になった私は、文学部の掲示板に張り出されていた「求人広告」を見て、初任給の高い出版社、講談社、筑摩書房、東京大学出版会（二万六千円）を選んで応募しました。結果として、東大出版会のみが内定通知をくれました。同じ時期に、「血盟団事件：井上日召の思想と行動」というテーマで卒論の準備を始めていた私は、それなりに「丸山眞男」を読んでいたのですが、面接の時にその話が出て、得意げにアレコレと語ったことが、幸運?を呼び込んだのでしょうか。ご承知のように丸山先生は、当時の東大出版会の大看板「著者」だったのです。

こうして一九六八年四月、私は東大出版会の編集部に雇用されました。編集稼業は「本作り」修行から始まるのですが、まずは目の前に積まれている原稿を本にすることを学ぶのです。やがて私は、編集という仕事は、「本作り」から始まって「本作り」に終る（このことは後述します）、ということを学びますが、この時期の私は、「本の材料となる原稿」は誰かが私の前に積むもの、という理解でした。「つくり」の第一段階の時期にあった、ということになります。

一九六九年一月、安田砦が陥落します。が、その前年来の東大紛争期には、全学封鎖のために授業など行われていません。それでも多くの先生方は研究室に詰めていました。そんな本郷構内を私は、毎日のように、「原稿とゲラ」をもって飛び回り、多くの先生の名前を知りました。特に文学部史学科の各研究室、それに史料編纂所、社会科学研究所などの先生方を身近に感じることが出来るようになったのです。

このような時に、歴史分野担当の先輩編集者が退職しました。そのために空いた穴を私が埋めることになりました。就職して二年目、歴史分野の編集者として位置づけられた私は、その編集者が動かしていた歴史学研究会・日本史研究会編『講座日本史　全十巻』を担当することになったのです。このことが今考えればですが、私の編集者人生「五十年」を決定づけることになります。時代は既に一九七〇年代に入っていますが、これからしばらく『講座日本史』に関わったことを語らせていただきます。

この講座は、戦後日本の歴史学界に大きな影響力を持った二大学会の共同編集によるもので、通称「第二次講座」とも呼ばれていました。第二次とは、第一次がある、ということです。「第一次講座」は一九五六年六月から五七年八月にかけて刊行された『日本歴史講座　全八巻』を指しますが、この講座の序論執筆者を紹介しておきます。今日、「戦後歴史学」の担い手として語り継がれている歴史家たちです。西と東の日本歴史学界の様子も伝わってきます。第一巻・藤間生大、第二巻・松本新八郎、第三巻・林屋辰三郎、第四巻・奈良本辰也、第五巻・遠山茂樹、第六巻・宇佐美誠次郎、第七巻・井上清、第八巻・石母田正。

こうして「第二次講座」の担当者となった私は、ある時ある先生から、東大アカデミズム史学を支える大学出版部であるべき東大出版会が、なぜ市井の左翼系歴史学会の編集する大型講座を次々と出版するのかと、真顔で質問されたこともありました。が、幸いそんなことには無智で無頓着だった幼き編集者の私は、誰からであろうとどんな原稿であろうと「原稿を集める・原稿をいただく・原稿をとる」ことの快感を、この講座の担当者になってから、味わうことが出来るようになって行ったのです。

『講座日本史　全十巻』は一九七〇年五月に刊行を開始し、七一年六月に完結します。全十巻「講座」を十四か月で刊行し終えるのは並大抵のことではなかったのですが、そこには、私からはほんの少し後輩にあたる編集者、大江治一郎君の「とり」「つくり」力がありました——彼は専ら第八巻を担当しました。

さて、「講座」の初版定価は四八〇円だったのですが、一年半後には、六八〇円を経て七四〇円になっていました。極端な高度経済成長・物価上昇期だったのですが、この講座は、当時、出版会のトップだった大物上司が「これだけ売れてくれれば左翼でも構わんよ」と口にするほど、売れに売れました。この時代の雰囲気を見事に反映していたと、今も思います。

さてもう少し、この「講座」の話をします。この全十巻講座の原稿の総本数は（項目数計算で）一〇二本、関わった執筆者数は一一〇人でした。講座の編集委員は全員（序論執筆者）、極めて著名な日本史研究者で、各論執筆者は若手実力者を中心に編成した凄い陣容だったそうです。もちろん若手執筆者のことまで、あの頃の私には分かりません、ただ間違いなく言えることは、この講座の担当者となって初めて私は、「著者」という社会的存在を、しかも一挙に百人からの「著者」を、「優しい先生や兄貴のような存在として」感じることが出来るようになり、「著者と編集者の絆は、両者の人間関係の中から生まれる」ということを知ったのです。

さて、この段落の結論を書きます。この講座でお世話になった先生から生まれた企画、そして私の「作った本」の総数は、単著だけなら三三人・三六点、大型編集企画を含めれば五十数点、そしてこの「講座　全十巻」から四八年後の本書に、生き残って（失礼！）ご登場いただいた「著者」は十二人、おられるのです。お名前を上げさせていただきます（敬称略、講座内の執筆順）。

第一巻　古代国家　狩野　久、原秀三郎、佐藤宗諄
第二巻　封建社会の成立　（この巻には私が「作った本」の著者が六人もおられますが、全員お亡くなりです。無念！）
第三巻　封建社会の展開　峰岸純夫、横井　清
第四巻　幕藩制社会　松本四郎
第五巻　明治維新　中村　哲、ひろた・まさき
第六巻　日本帝国主義の形成　坂野潤治、宮地正人
第七巻　日本帝国主義の崩壊　姫田光義
第八巻　日本帝国主義の復活　（残念乍、ご存命者とのお付合いはありません。）
第九巻　日本史学論争　和田春樹
第十巻　現代歴史学の展望　（残念乍、この巻には本書への参加者はおられません。）

本書のタイトルは「三十七人の著者、自著を語る」です。その三十七人中の十二人はこの講座が取り

結んでくれた「著者」なのです。そして間違いなく言えることは、一九七〇年代の、私の「作った本」と「仕事」を特徴づけてくれるのは、『講座日本史』から獲得した「著者」との豊かな人間関係に依拠したものである、ということです。

『講座日本史　全十巻』を刊行し終えてからの私は、この講座で親しくなった先生、この講座で感動的な原稿を頂いた先生、との個別のお付き合いを始め、深めていきました。企画を立てる編集者への道を模索し始めた、ということでしょうか。

しかし「企画を立てる」ことが編集者にとって、いかに大変な・重要な・決定的ともいえる「仕事」であるかが分かり始めるには時間がかかりました。「講座」完結後も私は当時の上司や先輩によって、「本作り」を仕込まれ続けていました。「講座　第六巻」の執筆者・坂野潤治先生の担当を命ぜられたのはそんな時でした。結果として本書のトップを切っていただくことになった坂野先生との、二〇一八年の今も続いている「著者と編集者」との交流は、このようにして始まりました。そして偶然のように同時期に、「第六巻」の宮地正人先生の本作りも担当させていただきました。お二方とも東大文学部国史学科の助手を経験されましたが、当時の日本歴史学界の若手ホープとして群を抜いておられたのでしょう。一九七〇年代初頭、私はこのような先生方の側にあって、単独著作型学術書の「つくり」を学んでいったのです。

またこの時代の私の「京都通い」はかなりのものでした。『講座日本史』の編集は日本史研究会の拠点、京都でも行われたわけですが、その延長です。佐藤宗諄先生や中村哲先生のお仕事に食い込んでいったのはこんな時でしたさて、上司や先輩が著名な大先生方のご推薦をもとにして企画し、持ち込んで来た原稿を、読者に買ってもらえるような「本」に仕上げていく「本作り」を学習中だった私が、「提案者・渡辺」名で書くことを許された初めての「企画書」は『荘園の世界』と命名したUP選書でした。それは、未熟な編集者だった私が、この時代に絶大なる影響を受けた稲垣泰彦先生から頂戴したお話がもとになっていました。稲垣先生は東大史料編纂所古文書部の重鎮で『講座』第三巻の「序論」執筆者としてお付き合いさせていただいておりました、私はまだ三十歳にもなっていません、本当の若輩者でしたが、先生と古文書室の先生方、特に、後にもご登場いただきますが佐藤和彦先生と笠松宏至先生には、可愛がっていただきました。稲垣泰彦編『荘園の世界』の刊行は一九七三年三月でした。先生は後に、ご主著となる『日本中世社会史論』（一九八一年七月刊行）を作らせて下さいましたが、その刊行から一年もしないうちに、五十九歳で、この世を去られました、今もなお悲しくて悔しい思いが募ります。

話は変りますが、実は私が企画した（企画書を書いた）単独著書（著者にとっての「自著」）第一号は横井清先生の『中世民衆の生活文化』でした。この「本」からは「とり」と「つくり」についても多くのことを学びましたが、日本史学系の学術書を、箱から出してカバー（しかもフル・カラー絵入り）で包む、そんなことを思いついた最初の企画であり、本作りであったのです。ほぼ同じころでしたが、岡山大学のひろた・まさき先生が、『講座』から学んだ「福沢諭吉」を「本」にしたい、との私の願いを受け止めて、わざわざ東大出版会に立ち寄って下さいました、あの時のことは今も鮮明に覚えていま す。もちろん企画書は、私が書きました。

先ほどUP選書『荘園の世界』の紹介をしましたが、この時期に私が作ったもう一冊のUP選書『中世奥羽の世界』（一九七八年）については、執筆者のお一人、私の仙台学生時代の大先輩、入間田宣夫先生に語っていただきました。先生には一九八六年刊の「自著」も語って下さいましたが、少し後に取り上げる『大系日本国家史』『一揆』の執筆にもご参加いただきました。

一九七〇年代の「仕事」には、その後の三十数年の「運命」に関わるような出来事がまつわりついていますが、語り始めるとキリがありませんので、出来るだけ簡単に、三つの大型企画の編集（原稿取りと本作り）について語り、そして、一九八〇年代へと移っていきたいと思います。

刊行年は一九七四—七五年ですが、『古島敏雄著作集　全六巻』の意味は私にとって実に大きかった、と今も思います。戦後日本の農村調査・史料発掘調査研究グループの中心におられた東大農学部教授にして歴史学者、古島敏雄（一九一二—一九九五）、大きいお名前でした。この企画はもちろん、当時の私にどうこう出来るものではありません、編集担当理事の石井和夫氏の手になるものでしたが、この「仕事」のお手伝いをしながら私は、先生の側ではしゃぎ回りました、そして古島先生の人脈に近寄ることが出来、その後の編集活動の糧とさせていただきました。十年後に『古島敏雄著作集　第七巻—第十巻』（一九八三年）の推進者となって下さった椎名重明先生、そして神立春樹先生（両先生とも本書にご登場いただきました）との出会いが実現したのは、この頃の古島先生のお陰でした。両先生には、今日まで深いご交流を頂いておりますが、神立先生のご著作中の第一作は、私が「作った本」でした。

そしてこの時期の私は、東京郊外国立市の一橋大学歴史共同研究室を、東京大学本郷構内以外のもう一つの仕事場のように思って通っていました、それは何故か。今は亡き先生方ですが、そこには永原慶二先生、佐々木潤之介先生、中村政則先生、西田美昭先生、がおられたのです。やがて全員、私の大切な「著者」になって下さるのですが、実はこの時期に、ここで動き始めた大企画が『大系日本国家史　全五巻』(一九七五―七六年)だったのです。この「仕事」については本書では峰岸純夫先生と深谷克己先生とに語っていただきました。両先生にとっては「自著を語る」とは言えないのですが、この「大型企画本」が一九七〇年代の歴史学界にとって極めて重要な、大きな意味があったことは間違いありません。またこの大系の第一巻古代の責任者であった原秀三郎先生は「自著」と共に、この「仕事」についてしっかりと語り直しておられますし、同巻執筆者のお一人、狩野久先生、第三巻近世の執筆者、松本四郎先生も自著を語る中で触れて下さいました。

二一世紀の現代には、改めて語るべき、語らねばならない「国家と国家史」の諸問題があります。さらに言えば当時、対抗軸として設定されていた「人民」や「民衆」はどこへ行ってしまったのか、再発見していただかねばなりません。私の頭の中ではこの『大系日本国家史　全五巻』と、刊行は一九八一年になりますが、『一揆　全五巻』は表裏の関係にありました。「一揆」は「社会史」的な発想に影響されていますが、私の中では「国家と人民」が歴史を作るのだ、と思い込んでいたからです。峰岸先生と深谷先生が共に、この二大シリーズについて語って下さったのは、私の無理をお聞き入れ下さった結果であるかもしれませんが、前近代史研究者として、この両者をきちんと重ね合わせて、今、語らねばならないとお考えになったのだ、と、私は思います。

『大系日本国家史』の企画推進者だった今は亡き佐々木潤之介先生は、自著名を『幕藩制国家論　上・下』(一九八四年刊行、「つくり」は高橋朋彦君)と命名されましたが、その頃「幕藩制という言葉を最初に使ったのは古島先生だよ」と教えて下さった上で、歴史用語も、いったん流通し始めると訳も分からずに飛び交ってしまうが、「幕藩制」と「国家」を結び付けた意味は大きいんだよ、とも言われました。

今一つ、「一九七〇年代」を代表する「仕事」として、野沢豊・田中正俊編集『講座中国近現代史全七巻』（一九七八年）を紹介させて下さい。この講座企画は、東京都立大学教授であった里井彦七郎先生の追悼記念の意味を持っていました。この講座に集まってこられた様々なタイプの研究者を見事に統率されたのが野沢・田中両先生を筆頭とする編集委員の方々でした。そこに、姫田光義先生と吉沢南先生とがおられたのです。姫田先生は怖くて・優しくて本物の兄貴のようでした。本書に『中国近現代史』のまとめ役として登場していただいたのは、この時代の私にとって、作っていただいた本（先生の「自著」ではありません）が、大学における「教科書」を考える上で、実に大きな意味を持っていたからです。吉沢先生は私より少し年上の兄そのものでしたが、一九七八年四月から二年間、ベトナム・ハノイに留学されました。この間の吉沢先生に私は、『UP』誌上に「ハノイからの通信」を掲載するようにお願いしました。二年間で一二回に及んだ通信をまとめたのが『ハノイで考える』です（刊行は一九八〇年、表紙裏に「ハノイを考える」とありますが、この部分は帰国後の執筆部分です）。次に語る「新しい世界史」でもお世話になった吉沢先生は、二〇〇一年に逝かれました、残念無念です。

また、私が日本古代史研究者として敬愛していた井上光貞先生が東大を退官され、佐倉市の国立歴史民俗博物館準備室長になられてから（一九七八年。一九八一年に初代館長）、私の「歴博」通いが始まり、多くの様々なタイプの先生方との出会いがあり、その中には東北大学から転勤されたばかりの山折哲雄先生もおられました。本書では「一九八〇年代」にご登場いただきましたが、東北大学時代の先生のお仕事には、同大学卒の私は早くから注目しておりました、その成果が『霊と肉』（一九七九年一月刊）だったのです。

さて、ここで「私の一九七〇年代」を締め括ります。その一は、仙台の学生時代に獲得していたと信じていた私の「ロシア革命」観を一変させた、和田春樹『農民革命の世界——エセーニンとマフノ』（一九七八年）、その二は、二〇一八年の今もなお、著者と編集者の人間関係を維持していただいている笠松先生のお仕事であった、と思います、

一九八〇年代の「仕事」

一九八〇年代とは、私が三六歳から四五歳までの十年間です。自分で言うのもおこがましいのですが、この時代の私は、編集者として脂が乗り切っていたというのでしょうか、もちろん歴史系の編集者としてですが、あらゆる分野に興味と関心があって、言葉は悪いかもしれませんが、何にでも手を出した時代です。そのために？猛烈に忙しかった時代、家に仕事を持ち込んで「妻や子供たち」に迷惑ばかりを掛けました。単行本の学術書を一番多く手掛けたのもこの時代です。本書にご登場いただくことが出来た先生は（刊行順に申しますと）日本古代史の原秀三郎先生、宗教史の山折哲雄先生、インド史の中村平治先生、日本近世史の松本四郎先生、フランス経済史の権上康男先生、アメリカ史の油井大三郎先生、ということになりますが、分野の多様性には我ながら驚きます。

またこの時代に私が中心となって推進した大きな仕事はいくつかありますが、ごく簡単に整理してお

きます。その第一は、先の「第二次講座　第三巻」でお世話になった脇田晴子先生からのお話にどう対応するか、でした。お話とは、結果としては一九八二年二月の刊行開始となる日本女性史総合研究会編『日本女性史　全五巻』のことです。脇田先生が、そして東大出版会が「女性史研究」と「ジェンダー論・ジェンダー史研究」で学界をリードすることになる、その出発点に位置するのが『日本女性史　全五巻』でした。ここで、ちょっと脇道に入って、この「全五巻」についてもう少し語ります。全五巻の構成は、第一巻・原始古代、第二巻・中世、第三巻・近世、第四巻・近代、第五巻・現代、執筆者総数は四四名、ですが、うち男性執筆者は一七名、でした。そこには本書の「著者」でもある佐藤宗諄先生（第一巻）、五味文彦先生（第二巻）、ひろた・まさき先生（第四巻）がおられます。「著者」という仕事が、編集者からすれば「企画し本を作る」という仕事が、時の流れと共に折り重なっていく人間関係の中に、存していることが分かります。

この『日本女性史　全五巻』とほぼ同じ時期に、一九七〇年代末に編集が始まっていた『一揆　全五巻』の刊行が始まりました（一九八一年一月刊行開始）。

この時代の、主体的なというか東大出版会側の大きな変化は、後輩編集者の高橋朋彦君が歴史分野の戦力として大きく成長し、共同して企画を「たて」、原稿を「とり」、そして彼が専ら「つくり」を担当することが始まったことです。以後、彼は急成長していき、編集者として自立しますが、実は先に書いた『日本女性史』も『一揆』も彼がほぼ完全に「とり」と「つくり」を担ってくれました。そしてそのような時期に、「第三次講座」の編集が開始されたのです。「第三次」の意味はお分かりですね。歴史学研究会と日本史研究会との共同編集による講座、私を育ててくれたのは第二次講座、でしたが、その第二次講座からほぼ十年後の一九八一年に編集委員会が立ち上げられ、企画の「たて」が始まりました。刊行開始は一九八四年十月、『講座日本歴史　全十三巻』として一九八五年十一月に完結します。この第三次講座は編集者サイドで語ればほぼ百パーセント、高橋朋彦君の仕事でしたが、私にも色々な意味で、大きく影響していました。

さて、時間が少し遡りますが、一九八〇年六月刊行の城戸毅著『マグナ・カルタの世紀』（本書にもご登場）には「歴史学選書」というシリーズ名が付されています。このシリーズ名を生み出すことになる企画意図、あるいは企画の背景について少し語ります。

一九七〇年代の「講座日本史」から出発した私の目は、東大文学部史学科の先生方の「仕事」にきちんと向いていませんでした。「国家史」も「一揆」も「女性史」も「第三次講座」も、その結果だけからは、そのように見えるでしょう。そして私は「東京大学出版会たるもの、地元の仕事を軽視しているのではないか」という批判を強く感じていました。そのような追いつめられた気分の中に居た私は、東大出版会の歴史系編集者として、「こんな雰囲気を一挙に打破して、誰もがあっと驚くようなシリーズを作るぞ」と思ったのです。最初の、実質的なご相談相手は「第二次講座」のお陰でお付合いが始まった国史学科の石井進先生でした。そして石井先生を媒介者として、当時の三学科主任教授、井上光貞先生（国史）・西嶋定生先生（東洋史）・柴田三千雄先生（西洋史）にご参集いただき、史学科の全教授・助教授による講義をふまえた「書下しの単著」シリーズを作りたいとお願いしたのです。基本的には、先生方のご賛同を得たのですが、講義内容と連動している原稿です、そう簡単には集まりませんでした。

私は、シリーズ名を「東大歴史選書」にするつもりだったのですが、石井先生には「東大を振るのはダサイ」と反対されました。この「歴史学選書」は本書にご登場いただいた高村直助先生のお仕事も含めて、九冊の刊行で（最終は、柴田三千雄先生の『パリのフランス革命』ですが、東大御退官後一九八八年の刊行になりました）、事実上終わります。事実上、と書いたのは、この選書の企画意図は二〇一〇年代の今も消えていないはずだと思うからです。というより『東京大学出版会　図書目録二〇一七年』には、このシリーズが「継続刊行」中と記されているのです、このことに関わって少し語らせて下さい。いま紹介した目録の「歴史学選書」の欄には次のように記されています。

歴史学の研究は、〝過去〟を研究対象として新しい事実を発掘するとともに、その過去の上に成立している〝今日〟という時代を〝明日〟に向って見直す学問として、日々に自己革新の歩みを進めている、そのような研究の現場を映し出すシリーズ。（以下略）

この文章は元々、シリーズ第一冊目『マグナ・カルタの世紀』の帯文としてキャッチフレーズ「〝歴史学選書〟刊行始まる！」に添えられたものですが、実は当時、石井進先生のご指導を得て私が書いた文章の一部なのです。ここまでアレコレ書いたのには若干の理由があります。先に紹介した文章を踏まえ、かつ今もなお「継続刊行」のこのシリーズを本気になって復活させて、新しい「歴史学選書」を出版するために、二〇一八年の文学部史学科三学科の主任教授会において、ご検討いただきたいものと存じます。これは本気です。

石井先生は「歴史学選書」には登場されませんでしたが、『中世を読み解く　古文書学入門』（刊行は一九九〇年になりましたが）を作って下さいました。また同じ時期にですが、先生は『中世の罪と罰』（一九八三年）にご参加下さいました。この「罪と罰」の起源は、笠松宏至「第1回　お前の母さん……」に始まる『UP』誌上の連載ですが、やがて四人の先生方の超人気連載となり、先生方のことを、中国文化大革命に引っ掛けるようなニュアンスで、日本中世史研究の「四人組」である、なんてことになって、連載を軸にして作ったこの本は売れに売れました。四人組とは誰か、網野善彦、石井進、笠松宏至、勝俣鎮夫の四先生です。詳しくは「第一部　一九七〇年代」の笠松先生の語りをご参照下さい。なお石井先生は二〇〇一年十月に突然お亡くなりになりました。

話が前後しますが、一九八二年刊行の姫田光義（代表）『中国近現代史　上・下』について記しておきます。先にも少し書いたことですが、この本は、教科書として企画し、その通りに作りましたが、このことは姫田先生が熱っぽく語って下さいました。そして共同執筆者だった阿部治平先生に惚れてしまった私は、後に『中国の自然地理』（訳書、一九八六年刊）を出させていただくことになりました。共訳者になって下さった駒井正一先生が、早くに亡くなられたのは残念無念ですが、この本についての思い出は数々あります。

教科書と言えば、東京学芸大学の四先生（竹内誠・佐藤和彦・君島和彦・木村茂光）に編集して作っていただいた『教養の日本史』があります。東大史料編纂所古文書部の佐藤和彦先生が、東京学芸大学に移られたときは本当に寂しくて仕方なかったのですが、その佐藤先生がこの企画の話を私に持って来て下さったのです（先生は二〇〇六年に亡くなられました）。本書では竹内・木村両先生に、「自著を語る」形式ではないのですが、「対談」形式でこの教科書の意義について語り合っていただきました。

さてまた大きく舞台が変わります。先にも少し触れましたが、「第三次講座」の編集委員会を開催していた時期のことです。これから語ろうとしていることは、高橋輝次編『原稿を依頼する人、される人――著者と編集者の出逢い』（燃焼社、一九九八年）という本に、「主語は私――ある企画作りの体験から」と題して書いたものからの引用です。少し長くなりますが、お許しください。なお後に書くことになりますが、「主語は私」という表現にご留意ください。

隔月に東京と京都を往復しながら、日本史講座の編集委員会を積み上げていた頃のことである。（中略）その全過程を百パーセント凝視しつづけ共に考え抜いてきた（つもりの）私に、未達成感というか空白感というか、うまく説明しきれない何かがまとわりついていた。その何かは、あえて言ってしまえば、「日本史」という枠組みが否応なく背負わなくてはならない、一国史的なあるいは自国史ゆえの「閉塞感」に関わりがあったに違いない。東西ドイツの統合、東欧・ソ連邦体制の崩壊、「冷戦」構造の激変など、「歴史学」を直撃することになる事態は未だしながら、今から思えば、僅かずつにしてもその予兆の出揃い始めていた、一九八〇年代初頭のことである。

ちょうどその頃、吉沢南氏から一つの相談を持ちかけられた。それは「若手の近現代史研究者を糾合して、世界史的な視点から、歴史の読み替えにつながるような大それた目標に向っての、研究会を作りたい。研究会の成果をまとめて出版することも考えたい」というものであった。私は即座に反応した。得体の知れない「閉塞感」から脱するためにも、この話は私の正面で受け止めたい、と思ったのである。

こうして、研究会名「現代歴史学研究会（略称：現歴研）」の第一回研究会を開催したのは、一九八一年三月三一日のことでした。リードして下さったのは、吉沢先生と小谷汪之先生、そして南塚信吾先生でした。現歴研は、一九八二年には「新しい世界史　全一二巻」シリーズに向かって進み始めていました。刊行開始巻は一九八六年十二月刊の小谷汪之『大地の子　インドの近代における抵抗と背理』でした。小谷先生には本書では、あえて一九九〇年代の「自著」について語っていただきましたが、「新しい世界史」にとっては、今は亡き吉沢南先生と共に大貢献者であることは間違いありません。このシリーズの完結巻は、藤田進先生の『蘇るパレスチナ』（一九八九年五月）でしたが、本書で「新しい世界史」シリーズ中の自著について語っていただいたのは、増谷英樹・南塚信吾・木畑洋一・吉見義明・伊藤定良・清水透・藤田進の七先生です。なお油井大三郎先生には単独ご著書『戦後世界秩序の研究』（一九八五年刊）を中心にして語っていただきましたが、勿論このシリーズには欠かせない著者でした。こうして、一九八〇年代の私の「仕事」はこのシリーズをもって完結・完了した、ということになります。

一九九〇年代の「仕事」、そして退職（二〇〇五年三月末日）

一九八〇年代後半の私には、「UP考古学選書　全一三巻」（一九八八年刊行開始）というシリーズの「仕事」がありました。明治大学文学部の戸沢充則先生と国立歴史民俗博物館の佐原真先生とご相談させていただきながら企画を立てました。残念ながら両先生ともお亡くなりになりました（戸沢先生：

二〇一二年没。佐原先生：二〇〇二年没）が本書では、この「選書」にご執筆いただいた春成秀爾先生に自著『弥生時代の始まり』（一九九〇年三月刊）を語っていただきました。また佐原先生『斧の文化史』（一九九四年四月刊）の図版のほとんどは、春成先生に画いていただいたものです、そんなこともあってあの頃の私は、よく歴博に通いました。

そしてほぼ同時期、私たちは、歴史学研究会編『講座世界史　全一二巻』の編集委員会と執筆者会議に没入していました。この講座は、今は亡き西川正雄先生が歴史学研究会委員長だった時に、東大出版会と組んで進めて行く、とご提案下さった大企画でした。刊行は、一九九五年五月開始、一九九六年七月完結となりましたが、私にはもはや「作った本」とは言えませんが、深く「関わった本」となりました。印象深いのは、この講座の「発刊の辞」の次のことばです。

世界史を外国史と考える、という根深い（日本人の）習性を打破すべく、日本史も包摂した、……単なる各国史の集合体としてではない世界史を目ざした。

因みに西川先生を代表とする「講座世界史」編集委員会には、本書で自著を語っていただいた次の先生方のお名前（敬称略・掲載順、木畑洋一・小谷汪之・姫田光義・南塚信吾・宮地正人・吉沢南）もあるのです。一九八〇年代の私の「仕事」の中心に座っている「シリーズ新しい世界史」との深い結びつき、著者と編集者の歴史的な結びつきについては、感慨深きものがあります。

話は全く変わりますが実は、私は一九九二年七月の理事会（東大出版会は財団法人なので、理事会が最高意思決定機関なのです）において、編集局長兼常務理事という役職に就くことになりました。前月の六月に私の（編集の入口から出口まで導いて下さった）大恩人、斎藤至弘専務理事が逝去されたのです。この役職についてからの私は、編集の現場からは距離を置かなくてはならなくなりました。これまでの私は、編集者として、何をなす時にも、「主語」であるべきだと思い込んで来たのですが、もはやそれは捨てなければなりません。何故なら主語は、現場の編集者のものだからです。幸い、私の編集現場だった場所には高橋君が、そしてさらに彼の後継者である高木宏君が「主語」として活動していました。

狩野久先生は、私の第二次「講座」以来の大切な先生ですが、先生の本は高木君の「作った」ものです。小谷先生には「新しい世界史」だけではなくUP選書『歴史の方法について』（一九八五年刊）という名著でもお世話になりましたが、先生には本書で語る「自著」としてはUP選書『歴史と人間について　藤村と近代日本』を選んでいただきました。実はこの本は、私が「たて・とり・つくり」のすべてをお任せいただいた最後の本となりました。

五味文彦先生には私の専務理事時代には、著者としてだけではなく、東大出版会理事長として、言葉では尽くせないようなご配慮をいただきましたが、私が現場にいたころの企画「日本時代史　全六巻」の編集会議では、坂野潤治先生ともご一緒にですが、「著者と編集者」として真剣に語り合ったことを忘れることが出来ません。残念ですがこの企画は、私が「現場」から距離を置いてしまったために実現には至りませんでした。

そして本書を締め括っていただくことになった色川大吉先生の『北村透谷』（一九九四年四月刊行）

について私は、東大出版会PR誌『UP』(一九九四年五月号)「学術出版」欄に「『北村透谷』の軌跡」という文章を書いております。少し引用させてください。

著者の「三六年間の宿題を果たした」思いが、一八九四年五月十六日、二十五歳の若さで自死した透谷の「没後百年」という記念すべき年に重ね合わされ、読者を本書へと誘ってくれる。

著者と「透谷」、そして読者が重なっています。ただ一言申し上げておきます、この本は三六年前の一九五八年に山田宗睦氏によって「シリーズ近代日本の思想家」中の一巻として「たて」られ、そして三十数年後「とり」「つくり」で奮闘したのは高木宏君、私は「主語」にはなれませんでした、ちょっと悔しいです。

財団法人組織の現場理事の立場にあった私は、二〇〇五年三月末日理事退任と同時に東大出版会の六〇歳定年規定通りに退職することになります。東大出版会における最後の一三年間の私は、とりわけ専務理事となった数年間は、今でも信じられないような多忙な毎日でした。もちろんわずかとはいえ「本作り」もしましたが、この時期の業務日誌や日記、手帳などをめくると、内外の「会議、会議」の日程で埋まっています。もはや編集現場からは遠くに離れていたために、自分を「主語」にして編集を語る資格は、完全に失っていました

六〇歳定年退職後、どこかに再就職するなどということは全く頭をよぎらず、東大出版会の常務理事、そして退職間近の数年間は専務理事にもなってしまって、編集現場にあっての活動がまったく出来な

かったことを悔やんでおりましたので、「一路舎」などという名前で「個人事業主」登録をして、企画・編集活動を再開しました。それが、十二名の歴史研究者と有志舎・永滝稔氏と組んで始めた研究会「戦後第一世代の歴史研究者は二十一世紀に何をなすべきか（略称：戦後派研究会）」でした。七年余をかけた研究会活動の成果として、『21世紀歴史学の創造　全九巻』（二〇一二年五月―一三年十月刊行、有志舎）を実現することが出来ました。

因みに、戦後派研究会のメンバーであって、同時に本書「三十七人の著者」でもある先生方を、登場順にご紹介します（敬称略）。宮地正人、油井大三郎、増谷英樹、南塚信吾、木畑洋一、伊藤定良、清水透、藤田進、小谷汪之。著者と編集者の歴史的なつながりが良くお分かりになると思いますが、編集者の活動は、著者との人間関係の発展の上にしか成り立たないということを、ここでもご理解いただきたいと思います。

私の「五十年」を追いながら多くの「著者」に思いを馳せてきましたが、このようにして過去を振り返ることは、ここで終わりにします。次には、「一介の老編集者」が現時点でもなお、自らの体験を踏まえて語り残しておきたいことを記しておきます。

著者と編集者の「仕事」――「たて・とり・つくり」

長々と「五十年」を語ってしまいましたが、その意図するところは、「時代」と「著者と編集者」とを重ねて考えてみること、結果としてこの本の読者に「過去の本」の意味を訴えること、さらには過去において、本書に登場した「自著」の読者であった方々に、あの「本」をお手元に置き直していただきたい、ということでした。次には、思い切って時代を離れて「編集者とは何か」「本とは何か」について考えながら、本書を構成してくれた「自著」の成り立ち方を、まとめておきたいと思います。

これまで私は、「本を作る」とか「原稿を取る」「企画を立てる」ことについて、かなりいい加減な表現で語って来ました。が、言うまでもなく、敢えて言えば、今も昔も、出版業にとってこの三機能は、著者と読者とを結び付ける上での編集者の役割の、中核的な位置を占めている、と、私は思っています。「敢えて言えば」と前振りしたのは、「今と昔の」違いをこの点に置く傾向が、近年、驚くほど強いからです。ここではこの問題を考えてみます。

色川大吉先生『北村透谷』（一九九四年刊行）のところでも少しご紹介したのですが、東大出版会PR誌『UP』の「学術出版」欄に（W）名で、一九九二年八月号―二〇〇五年三月号まで一五二回にわたって書いた一回七百字の小文の束を、当時の私を知るためにですが、通読しました。時代を反映しながら、学術出版社の、あるいは大学出版部の苦闘の姿が、自分が書いたとは思えないような内容で展開しており、読んでいて実に面白かった。その中から少しですが、引用させてください。一九九八年八月号『UP』掲載のごく一部です。

出版界にあって編集者の仕事について語るとき、必ず引き合いに出されるのが「たて・とり・つくり」（著者の先生方には甚だ失礼な表現だが）である。「たて」とは読者を意識しながら著者の構想を企画としてたてる、編集者の最も重要な仕事、「とり」はその著者から企画にそった原稿をとり切る営み、そして「つくり」とは原稿の束から、著者のこの一冊にかける思いと読者の期待を感じながら、本という総合作品を彫り出し・つくり上げる、編集者の最も基本的な「力」である。専ら「たて」るだけの編集者や「とり・つくり」専任の編集者は、本会には存在しない。若い時代には、先輩編集者の指導のもとで原稿とりに走り回ったり本づくりに追われることで、多くの時間が過ぎていったことも確かだが、つくりの知識もなくとりの苦しみ(喜び)も知らない編集者に、企画のたてられようはずもない。(以下略)

このような「たて・とり・つくり」の観点から、「三十七人の著者」に語っていただいた様々な「自著」について考える、ということは同時に、私の「つくり」修行時代から始まって、「とり・つくり」時代へ、そして「たて・とり・つくり」時代へ、やがては「つくり」から離れ、著者と編集者の最も重要な接点である(両者の人間関係の要で「今日のように」絶対に機械には任せられない)「とり」からも距離を置き、ついには「たて」ることすら出来なくなり、自分を編集現場の「主語」とすることが出来なくなってしまう、そんな過程を追跡することを意味します。

私は、編集者の役割は「本作りに始まって、本作りに終る」と考えているのですが、初めの「本作り」は「本の内容(本文)」を表現する原稿から出発します。つまり、著者から取って来た原稿を割付け、印刷所で組んでもらい、出てきた校正刷(ゲラ)を著者の主導によってくり返し校正し、最後にはゲラの最終頁に編集者の手で「責了(責任校了)」と刻する、ことです。では後者の「本作り」とは何か、それは、編集者は読者を意識して、印刷所・製本所、そして紙屋さん、装丁のプロ、デザイナーさんとの共同作業を通じて、「本」という総合作品を作り上げることを意味しています。本書において私は、この「二つの本作り」を担当することが出来た「本」については、「たて」ていなくとも、「とり」から外れていても私の「作った本」という表現をしています。一方で、「たて・とり」に関わりがあっても「つくり」に参加できなかった時には「関わった本」と表現しています。つまり実質的に企画（たて）していても、「つくり」を別の編集者（多くの場合は後輩にですが）に委ねた場合には「作った」とは言えない、これが私の信念です。本書で「三十七人の著者」に語っていただいた「自著」のほとんどは「私の作った本」ですが、「関わった本」も含まれていますこと、何卒ご理解下さい。

まとめに代えて——歴史研究と女性

この企画がある程度煮詰まって来た時に私は、仙台時代以来の友人に「いまこんなことをやってるんだ」と言いながら、「三十七人の著者」の一覧表を見せました。彼は興味深そうに眺めてから、フッと顔を挙げて私にこう言いました。「君は、女性の研究者とは組んだことがなかったのかい」と。実は「三十七人」の中に女性がいないことに私も気がついてはいました、が、やはり彼のことばは衝撃的でした。私は即座に「それは時代のせいだろう」と応対して少しばかり議論しましたが、私の中に「何故か」という思いが残りました。

一九七〇年代の「第二次講座」に執筆しておられる女性は三名です。その中のお一人、脇田晴子先生と組ませていただいた「仕事」のことは書きましたし、ご存命ならばこの企画には欠かせない御方であったことは間違いありません。が、私の「作った本」の著者として女性研究者がほとんど居られないことは事実です。

先ほど、第二次講座に女性は三名のみ、と記しましたが、その後の第三次講座・第四次講座はどうだったか、さらに、では「戦後歴史学」を担った象徴的な第一次講座に女性は参加していたのか、分野を「世界史」に広げてみるとどうか、単なる資料としてですが、整理してみました。

日本歴史講座　全　八巻　（第一次講座、一九五六―五七年）　八二人中、〇名、〇・〇％
講座日本史　全　十巻　（第二次講座、一九七〇―七一年）　一一〇人中、三名、二・七％
講座日本歴史　全十三巻　（第三次講座、一九八四―八五年）　一二七人中、三名、二・四％
日本史講座　全　十巻　（第四次講座、二〇〇四―〇五年）　一〇四人中、七名、六・五％
講座世界史　全十二巻　（一九九五―九六年）　一八一人中、一六名、八・八％

この五つの「講座」は戦後日本の歴史学研究の全体状況を反映しているはずです。そして二つの共通点があります。その一は、多くの執筆者を糾合して「たて」られた大型の「講座」であることですが、その二は編集主体が歴史学研究会という在野の研究団体であることです（日本史研究会のことは脇に置きます）。そこで私は手許にあった歴史学研究会の「会員名簿」（二〇一五年版）をめくってみました。名簿登録者数は一八七四名ですが、表示名だけでは性別不明の一七名を除いた一八五七名中に占める女性会員数は、三四〇名、比率は一八・三％でした。

これらの事実を前にしても、私には、何も語ることは出来ませんし、語る資格もありませんが、この国の「歴史学」研究のあり様について、その担い手の性別や役割分担などに分け入って考えてみる必要はないのか、という疑問は残ります。そして本書の「三十七人の著者」の中に、一人の女性研究者もおられないこと、この事実を語って、この一文を閉じたいと思います。

（わたなべ・いさお　一九四四年一〇月生まれ。元東京大学出版会職員、現在は一路舎として活動。〔著作〕「主語は私――ある企画作りの体験から」、高橋輝次編『原稿を依頼する人、される人――著者と編集者の出逢い』燃焼社、一九九八年、「解説2「吉沢南の歴史学」を考える」、吉沢南著『同時代史としてのベトナム戦争』有志舎、二〇一〇年、「網野善彦先生と共に考える」、岩波書店編集部編『回想の網野善彦――「網野善彦著作集」月報集成』岩波書店、二〇一五年）

読者の皆様へ――「あとがき」に代えて

本書「はじめに」にも書きましたが、年老いた一介の編集者が何故こんな「本」を作りたいと思ったのか、もう一度、確認させていただきます。

この「本」のことを考え始め、頭の中が白くなってきたころ（二〇一六年晩秋）、何とかこの霧を晴らしたい、そう思って私の「大切な著者」お二人にご相談しました。私の本音は、「こんな本を共同編集したい」というものだったのですが、お二人のご返答は、「それはお前の問題だ、編集者が思い付くことだ、協力はするが一人で考え、一人で進めてみろ」というものでした。

そんな返答を得た私は、もうこんなことは止めてしまおうか、とも思いましたが、とにかくまずは「私は一体どんな本を作って来たのか、私が作った本の著者はどのような方々であったか」についての、データを集積・整理しなければならないと思い至り、「私が作った本」と「その本の著者・編者・執筆者」の一覧表を作成しました。そして、これはとても辛い調査でしたが、一覧表中の方々の生没年調査を行いました。こんなことを書いている「一介の編集者」の年齢は七三歳（二〇一七年十月）です。私たちの時代の、出版社・編集部の世界では、編集者は著者に仕える存在という雰囲気が色濃く残っていましたので、はっきり申し上げて、私がお世話になった「著者」は、最も若い方で同世代、平均的には確実に五―七歳から十歳以上は年長の方々でした。調査の結果、先生方の多くが、亡くなっておられました。

このような資料作りと調査を経て、四十数名の著者と「自著」（大型企画・編集本も含む）のリストが完成したのは二〇一七年に入ってからでした。このリストを前にして考えたことは、こうして選び抜いた「著者」に、如何にしてわが意を伝えるのか、ということでした。もちろん今現在も深いお付き合いをしている著者、日常的にメールの交換をしている方々もいますが、随分のご無沙汰で、年賀状を差し上げることもなくなってしまった著者もおられます。そのような方々に向かっていきなり「私一人の勝手な思い込み企画」へのご執筆をお願いして、よいものかどうか、ましてや突然お手紙を差し上げることなど、出来るはずがないと、考え込みました。

こんな時に、身近におられる何人かの先生方に、わが思いをお伝えしご相談しました。先生方からは、いくつかの前向きなお言葉をいただきました。そして私は覚悟を決めて、電話かけ作戦を始めました。電話口に出てこられた奥様から、先生のご体調のことや最近のご様子などを伺って愕然としたこともありましたし、電話に出て下さった先生から直接に「ワタナベ君、それは無理だよ」と言われたこともありました。

しかし、多くの先生方は元気一杯なお声で、本当に久しぶりにお話させていただき、弾んだ会話の中から、研究者としての意欲的な生き方を感じ取らせていただくことができ、私の方が励まされました。私が電話口で申し上げたお願いには、ほとんどの先生が、戸惑われながらも、「考えてみるよ」

と言って下さいました。このような過程を経てようやく、二〇一七年三月、「三十九人の著者」（この時点では「三十九人」でしたがその後色々なことがあって「三十七人」になりました）に、この企画の「趣意書」を郵送することができたのです。以下に「趣意書」の要点（企画の意図）部分を引用しておきます。

趣　意　書

元東京大学出版会の編集者であった渡邊勲は、「私の作った本」の著者に対し、次のようなお願いをさせていただきます。このお願いは「三十九人の著者」に向かって投じております。何卒、趣意をご理解いただき、ご高配賜りますようにお願い申し上げます。

＊　書名案について
　　渡邊勲編集「三十九人の著者、自著を語る――編集者の願いに応えて」
＊　依頼原稿枚数について（略）
＊　編集者が願っている内容について
　①「私の作った本」の今日的意味を再確認していただく。先生にお願いする「著書」は次のとおりです。（略）
　②「著書」の成った時代を、著者の現状認識との比較の視点から語りながら、次世代・若い世代の研究者、学生・若者に向かって、物申していただきたい。

③ 二一世紀を生きる歴史家としての、社会科学研究者としての「声」（近況報告）を聞かせて下さい。

右の三点を軸にした歴史家の社会科学研究者の「語り・叫び声」を集約した「前代未聞の本」を作らせていただきたい、と考えております。（以下略）

この「趣意書」中の「編集者が願っている内容について」に関わっての「三十九人の著者」の反応は極めて多様でした。かなり否定的な対応――そんなこと出来るはずがない。何の意味があるのか、せいぜい思い出話しか出来ないよ、だがワタナベ君の頼みは断れないからな――から、積極的・肯定的なお言葉――あの自著の意味は失われていない、しっかり語りたい。過去を語ることから前に進むエネルギーを得たいものだ。あの本が時代の象徴であったことを語りたい――まで、この段階では、三十九名全員から「執筆承諾」のご返信をいただくことが出来て、二〇一七年四月この企画は動き始めました。

このようにして「三十九人の著者、自著を語る」という企画を立て、（結果として）三十七人の著者による一冊の著書（共著）を構想したわけですが、構想し企画することと「本」として刊行し切ることとの間には、かなりの距離があります。この「本」の場合、本の独特の性格がその距離を広げているかのようですが、このことについての私の考えと感じ方を、記しておきます。

先ほど「趣意書」として紹介した「企画の意図」は、「自著を語るこの本の三十七人の著者」によって、三七通りに解釈される可能性があり、その結果として「著者が自著について語った内容」は多様性に富み（つまりはバラバラで）一冊の本にはまとめ切れない、そんな可能性がありましたし、さらに言えば、この企画はもともと東大出版会という学術専門書出版社の「本」と学問研究の世界とを結び付けた場所に生まれたものですから、言わば、広々とした読書界や世間的常識からすれば、極めて限定的な世界における営みに過ぎないことは、初めから分かっていることでした。しかし、企画意図として強調した通り、「時代の中で自著を、様々に語る」、このことさえ統一されているならば、その内容が、そして語る際の問題意識が多様であることは、この「本」の積極面である、さらに踏み込んで言えば、「三七通りの多様な語り」が共鳴し合って、「統一された本の世界」を作り得る、その可能性は十分にある——これが、私の願いとなり、私の結論となりました。そしてこの「前代未聞の本」が出来上がったのです。

最後に、本書の「たて・とり・つくり」全般にわたってご配慮いただいた知泉書館のスタッフの皆様、とりわけ社長の小山光夫氏に対し、「三十七人の著者」と共に、深甚なる感謝のことばを述べさせていただきます。本当に有難うございました。

二〇一八年四月

一路舍　渡邊　勲

渡邊 勲（わたなべ・いわお）
1944 年生まれ。元東京大学出版会職員，
現在は一路舎として活動。

〔三十七人の著者　自著を語る〕　ISBN978-4-86285-274-8

2018 年 4 月 25 日　第 1 刷印刷
2018 年 4 月 30 日　第 1 刷発行

編　集　渡　邊　勲
発行者　小　山　光　夫
製　版　ジ　ャ　ッ　ト

発行所　〒113-0033 東京都文京区本郷1-13-2
電話03（3814）6161 振替00120-6-117170
http://www.chisen.co.jp
株式会社 知泉書館

Printed in Japan　印刷・製本／藤原印刷